August Heiligstedt

Präparation zum Buche Hiob

Mit den nötigen die Übersetzung und das Verständnis des Textes erleichternden Anmerkungen

August Heiligstedt

Präparation zum Buche Hiob
Mit den nötigen die Übersetzung und das Verständnis des Textes erleichternden Anmerkungen

ISBN/EAN: 9783743659148

Hergestellt in Europa, USA, Kanada, Australien, Japan

Cover: Foto ©Lupo / pixelio.de

Weitere Bücher finden Sie auf **www.hansebooks.com**

Präparation

zum

Buche Hiob

mit

den nötigen die Übersetzung und das Verständnis des Textes
erleichternden Anmerkungen

von

Dr. August Heiligstedt.

In zweiter verbesserter Auflage

herausgegeben

von Pastor **O. Unbekannt**
in Sittendorf.

Die Wörter, welche nur einmal im A. T. vorkommen (ἅπαξ λεγόμενα), sind mit einem Stern zur Rechten bezeichnet, z. B. פִּינָה* Fett, Schmeer (15, 27).

Ursprüngliche und eigentliche Bedeutungen von Wörtern, welche durch „d. i." u. s. w. erklärt werden, oder seltenere, oder nur an den betreffenden Stellen vorkommende, oder sonst hervorzuhebende Bedeutungen sind mit *Cursiv*schrift gedruckt worden, z. B. בְּנֵי אֱלֹהִים *Söhne Gottes*, d. i. Engel (1, 6), הָלַךְ *dahin gehen*, (7, 9), קָצִיר *Ast, Zweig* (14, 9), קוּם *Bestand haben* (15, 29). — Die Wortbedeutungen, welche nicht ganz gewiss sind, sind durch g e s p e r r t e Schrift bezeichnet worden; andere Bedeutungen der betreffenden Wörter bei anderen Erklärern findet man in den Anmerkungen, z. B. חֳרָבוֹת T r ü m m e r (3, 14), in der Anmerkung: And.: P y r a m i d e n.

Wo von den Verbis die abgeleiteten Verbalstämme (Conjugationen) *Niphal, Piel* u. s. w. vorkommen, werden des beschränkten Raumes wegen in der Regel dieselben aufgeführt, ohne, wie es im Wörterbuche geschieht, den einfachen Verbalstamm *Qal* mit anzugeben. Doch ist in vielen Fällen dies auch nicht nötig, da aus der Bedeutung der abgeleiteten Verbalformen die der einfachen Form *Qal* leicht gefolgert werden kann.

In der Voraussetzung, dass die Leser mit den gewöhnlichen Verbal- und Nominalformen, Suffixen u. s. w. bekannt sind, sind nur die schwierigeren Wortformen erklärt worden, z. B. 19, 23: יָקֳפוּ 3. *Pl. Impf. Hoph.* v. חָקַף in *Pausa*.

Die Strophenabteilung ist durch neue Absätze (Alinea) angedeutet worden.

In den Anmerkungen findet man die schwierigen Stellen übersetzt. Die wörtliche Übersetzung ist mit *Cursiv*schrift, aber die erläuternde und hie und da umschreibende Erklärung mit gewöhnlicher Schrift (Antiquaschrift), und was von der Erklärung hervorgehoben werden soll, ist g e s p e r r t gedruckt worden. Für Leser, denen es an einer gründlichen Kenntnis der hebräischen Grammatik fehlt, wird häufig auf die hebr. Grammatik von Gesenius, wo aber diese nicht ausreicht, auf die von Ewald (*Ausführliches Lehrbuch der hebräischen Sprache des alten Bundes*, 8. Ausgabe, und *hebräische Sprachlehre für Anfänger*, 3. Ausg.) verwiesen. Für die Inhaber der Nägelsbach'schen Grammatik findet man hinter der Vorrede eine vergleichende Tabelle der citierten §§ von Gesenius' Grammatik und der entsprechenden §§ der Grammatik von Nägelsbach.

Halle, im November 1870.

A. Heiligstedt.

Vergleichung

der citierten §§ von Gesenius' Grammatik (20. Aufl.) mit den entsprechenden §§ der Gramm. von Nägelsbach (3. Aufl.)

Gesenius.	Nägelsbach.	Gesenius.	Nägelsbach.
20, 2, *b*.	5, II, 6, An. 1.	70, 2, Anm.	34, Anm. 2.
20, 2, *c*.	—*).	72, Anm. 9.	36, Anm. 4.
23, 2.	10, II, Anm.	73, 1.	37, 1.
23, 4.	44, Anm., A.	74, Anm. 4.	10, II, Anm., *b*.
29, 3, *b*.	11 *f*, Anm.	(vgl. 23, 3).	
29, 4, Anm.	11 *b*.	75, Anm. 3, *d*.	—
32, Anm. 4.	13, 2.	75, Anm. 3 am Ende.	38, Anm. 1, *g*.
36.	16.		
37, 1, Anm.	17, 2, 3.	75, Anm. 4.	38, Anm. 2.
44, Anm. 4.	21, Anm. 3.	75, Anm. 5.	—
45, 2.	95 *e*.	75, Anm. 6.	—
47, Anm. 3.	23, Anm. 3.	75, Anm. 17.	39, Anm.
48, 3, Anm.	23, Anm. 5, *a*.	75, Anm. 19.	41, 10, 2.
48, 5.	23, Anm. 5, *a*.	75, Anm. 20.	39, Anm.
49, 2.	24, 2.	75, Anm. 21, *a*.	39, Anm.
53, 2.	18, 3, *b*.	75, Anm. 21, *b*.	39, Anm.
53, Anm. 4.	—	75, Anm. 21, *c*.	39, Anm.
54, 2, *b*.	23, Anm. 9.	75, Anm. 22.	39, Anm.
55, 1.	18, III, 2, A., 1, 4.	76, 1.	—
56,	—	76, 2, *b*.	—
60.	40, 4, *b*.	80, Anm. 2, *f*.	47, Anm.
60, Anm. 3.	40, 4, Anm.	87, 1, *a*.	42 b, 5.
60, Anm. 4.	40, 6, *Piel*.	87, Anm. 1.	—
60, Anm. 5.	—	90, 2, *a*.	43, 3.
63, Anm. 1.	—	90, 3, *a*.	43, 1.
64, Anm. 1.	—	91, 1, An. 1, *b*.	—
65, 1.	—	91, 1, Anm. 2.	44, Anm., B.
67, Anm. 1.	31, Anm. 2.	93, 6, 3.	46, An. 4, Ad 3.
67, Anm. 3.	31, Anm. 2.	93, 9, Anm.	46, An. 2, Ad 7.
67, Anm. 8.	31, Anm. 1.	97, 1.	—
67, Anm. 11.	31, Anm. 1.	100, 2, *c*.	—
67, Anm. 12.	—	100, 4.	53, Anm.
68, Anm. 1.	32, 7.	103, 2, *a* **).	—
69, Anm. 3.	11 *f*.	103, 2, *c*.	55, 1 u. 4, Anm.

*) Der Strich bedeutet „fehlt."

Gesenius.	Nägelsbach.	Gesenius.	Nägelsbach.
106, 2 (vgl. 83, Anm.).	59, 1.	127, 4 b.	87 f.
		127, 4 c.	87 h.
107, 3, e.	—	127, 5.	—
107, 4, a.	60, 4.	128, 1, c.	89, 3, a, 3.
108, 2, b.	61, 3, Anm.	128, 2, b.	89, 3, b, 1.
108, 3, c.	61, 4.	128, 2, c.	89, 3, b, 3.
109.	71, Anm. 3.	128, 2, Anm.	89, 3, b, Anm.
109, Anm., 2.	—	129, 2, a.	88, 8.
109, Anm. 1.	—	131, 1.	92, 2, c.
112, 1, Anm. 3.	73, 3.	131, 2.	93, c.
112, 2.	64, 5.	131, 3, a.	93, d.
113.	72, 1.	131, 3, Anm. 1.	93, Anm. 2.
114, 2.	64, 3.	131, 3, Anm. 2.	93, d, Anm.
114, Anm. 1.	63, 4, b.	131, 4, b.	92, 2, b.
116, 1.	63, 4, c.	132, Anm. 1.	95 b.
116, 3.	65, 2, f.	132, Anm. 2.	99, 3.
116, 5.	64, 4.	134, 1.	96, 2.
117, 2, Anm.	68, Anm. 1.	134, 2, c.	97, 1, b. u. 2, b.
118, 1.	70 b u. c.	134, 2, Anm. 2.	99, 3.
118, 1, a.	70 b.	135, 2.	—
118, 1, b.	70 c.	136, 1, a.	108, 2, a.
118, 2.	70 d.	136, 1, b.	108, 2, b.
118, 3.	70 g.	136, 1, c.	108, 2, c. u. d.
118, Anm.	—	137, 2.	60, 6, b.
121, 4.	78, 1, b.	137, 3, a.	101, 2, b.
121, Anm. 1.	60, 5, 4.	137, 3, b.	101, 2, a.
121, Anm. 2.	78, 2, Anm.	137 *).	—
121, Anm. 3.	77, 2.	138, 1, Anm. 1.	69, 1, Anm. 1.
122, 2.	14, Anm.	138, 1, Anm. 2.	69, 2, a.
122, 2, Anm.	79, 2.	138, 1, An. 3*).	—
123, 1.	80, 2.	141.	112, 7.
123, 3, a.	80, 6.	142, 2.	95, 3 e.
123, 3, b.	80, 6.	142, 3, a.	95, Anm., 1.
123, 3, c.	80, 6, 3.	142, 3, b.	95, Anm., 2.
124, Anm. 4.	81, 3.	142, 3, c.	95, Anm., 4.
126, 2.	84 c.	143, 1.	100, 1.
126, 3, a.	84, d.	143, 1, Anm.	100, 2.
126, 4.	84, f.	143, 1, a.	100, 2.
126, 4*).	84 f.	143, 1, b.	100, 2.
126, 6, d.	—	145, 1, c.	—
127, 3, b.	—	145, 2.	—
127, 3, d.	89, 3, c.	145, 2, Anm.	97, 2, b.
127, 4, a.	87 i.	146, 1.	105, 3.

Gesenius.	Nägelsbach.	Gesenius.	Nägelsbach.
146, 3.	105, 4, *b*.	154, 3, *b*.	—
147, *a*.	105, 4, *b*, 3.	154, 3, *c*.	112, 5, *d*, *a*.
148, 1.	105, 6.	154, 3, *e*.	112, 5, *b*, *d*.
152, 1.	106, 3.	154, 4.	112, 8.
152, 1 *a*. Ende.	—	155, 1, *a*.	111, 1, *b*, 11.
152, 3.	106, 1.	155, 1 *a*. Ende.	109, 1, *a*.
153, 1.	107, 1.	155, 2, *a*.	111, 3.
153, 2.	107, 3, *b*.	155, 2, *f*.	106, 7.; 110, 2, *a*.
154, 2, *a*.	112, 6.	155, 2, *g*.	—
154, 2, Anm.	112, 6.	155, 4, *a*.	110 2, *e*.
154, 3, *a*.	112, 5, *a*, *a*.	155, 4, *c*.	109, 1, *a*.

Abkürzungen.

Das Abkürzungszeichen ist ein schräger Strich, z. B. S. 1, Z. 11 v. u.: 'ה für הִתְיַצֵּב (Hiob 1, 6). 'פ bedeutet פְּלֹנִי, d. i. *aliquis*. 'וגו bed. וְגוֹמֵר *et complens*, d. i. und so weiter. „Q. u." bed. „*Qal* ungebräuchlich"; „im Q. u." bed. „im *Qal* ungebräuchlich"; „v. u." bed. „vom ungebräuchlichen"; dass. = dasselbe; f. = für; eig. = eigentlich; m. = mit; s. = siehe; s. v. a. = so viel als; spr. = sprich; *codd.* = *codices*. Die Buchstaben *a*, *b* u. s. w. nach Versnummern bezeichnen das 1., 2. Versglied u. s. w., z. B. im 3. Cap.: V. 19 *a* = V. 19, 1. Gl. (Versglied); V. 21 *b* = V. 21, 2. Gl.

Die beim Drucke etwa hie und da abgebrochenen Vocale (namentlich *Qamess*) können von den Lesern leicht ergänzt werden.

Cap. I. 1. אֶרֶץ Land, שֵׁם Name, הָאִישׁ הַהוּא *derselbe* Mann, תָּם (v. תָּמַם) unsträflich, fromm, יָשָׁר gerade, rechtschaffen, יָרֵא fürchtend, יְרֵא אֱלֹהִים gottesfürchtig, סָר *Part.* v. סוּר weichen, abweichen, סוּר מֵרָע von Bösem weichen, Böses meiden. — 2. נוֹלַד (*Niph.* v. יָלַד) geboren werden. — 3. מִקְנֶה Besitz, צֹאן kleines Vieh, Schafe, גָּמָל (*Pl.* גְּמַלִּים) Kamel, צֶמֶד Paar, Joch, בָּקָר Rinder, Rindvieh, אָתוֹן Eselin, עֲבֻדָּה Dienerschaft, Gesinde, רַב viel, מְאֹד sehr, גָּדוֹל gross, בְּנֵי־קֶדֶם *die Söhne des Ostens*, Morgenlandes, d. i. die Morgenländer.

4. מִשְׁתֶּה συμπόσιον, *convivium*, Gastmahl, אִישׁ *jeder*, אָחוֹת Schwester, שָׁלַח schicken, senden, קָרָא rufen, einladen, mit לְ; אָכַל essen, שָׁתָה trinken, עִם mit[1]). — 5. כִּי *wann*, wenn, נָקַף im Kreise gehen, kreisen, *Hiph.* הִקִּיף (s. v. a. *Qal.*) ringsum gehen, *ablaufen*, קָדַשׁ heiligen, הַשְׁכֵּים (*Q.* u.) früh aufstehen, בֹּקֶר Morgen, הֶעֱלָה darbringen, opfern, עוֹלָה Brandopfer, מִסְפָּר Zahl, אָמַר *denken*, אוּלַי vielleicht, חָטָא sündigen, בֵּרַךְ den Abschiedsgruss geben, Lebewohl sagen, *verabschieden*, *verlassen*, לֵבָב Herz, כָּכָה (f. כֹּה כֹּה = כָּה כָּה) so, also[2]).

6. בּוֹא kommen, בְּנֵי אֱלֹהִים *Söhne Gottes*, d. i. Engel, הִתְיַצֵּב (*Q.* u.) sich hinstellen, עַל־יְהֹוָה 'ה sich *vor* Jahve stellen,

---

[1]) Die *Perff. consec.* וְהָלְכוּ, וְקָרְאוּ u. s. w. drücken eine Wiederholung in der Vergangenheit aus: „*und seine Söhne pflegten hinzugehen* u. s. w.", G. § 126, 6, *d.* E. § 342 *b.* — אִישׁ בֵּיתוֹ *im Hause eines jeden* *an seinem Tage.* בֵּית *Acc.* des Orts, G. § 118, 1. יוֹמוֹ *Acc.* der Zeit, § 118, 2. — שְׁלֹשֶׁת vor dem *Fem.*, G. § 97, 1. [2]) מִסְפַּר כֻּלָּם *Acc.*: *nach ihrer aller Zahl*, G. § 118, 3. — עָשָׂה *er that*, d. i. er pflegte zu thun, G. § 127, 4, *h*.

vor ihn hintreten (seine Fragen und Befehle erwartend), גַּם auch, שָׂטָן Widersacher, הַשָּׂטָן der Widersacher (vorzugsweise), der *Satan*, תָּוֶךְ Mitte, בְּתוֹךְ in der Mitte, mitten unter, unter[1]). — 7. מֵאַיִן woher? עָנָה antworten, mit d. *Acc.* d. P.; שׁוּט umherschweifen, umherziehen, הִתְהַלֵּךְ umhergehen, umherwandeln. — 8. שִׂים לֵב das Herz richten, acht haben, m. עַל *auf* etwas; עֶבֶד Knecht. — 9. חִנָּם (חֵן mit der Adverbialendung ם‎ָ) umsonst, ohne Belohnung, יָרֵא fürchten.

10. שׂוּךְ zäunen, umzäunen, שׂ׳ בְּעַד jem. *ringsum verzäunen*, d. i. ihn schützen, schirmen, מִסָּבִיב von allen Seiten, ringsum, מַעֲשֶׂה das Thun, Werk, יָד Hand, בֵּרֵךְ segnen, מִקְנֶה Besitz (von Vieh), Herden, פָּרַץ *intr.* sich zerstreuen, פ׳ בָּאָרֶץ sich im Lande ausbreiten[2]). — 11. אוּלָם u. וְאוּלָם aber, שָׁלַח m. יָד die Hand ausstrecken, נָגַע berühren, anrühren, antasten, m. בְּ; בֵּרֵךְ s. zu V. 5[3]). — 12. רַק nur, יָצָא herausgehen, hinweggehen[4]).

13. יַיִן Wein, בְּכוֹר erstgeboren[5]). — 14. מַלְאָךְ Bote, חָרַשׁ pflügen, רָעָה weiden, עַל־יַד *zur Seite*, neben[6]). — 15. נָפַל fallen, einfallen, שְׁבָא Sabäa, Sabäer, לָקַח nehmen, נַעַר Knabe,

---

[1]) הַיּוֹם *den Tag*, d. i. zu der Zeit, damals, G. § 109, Anm. 1. E. § 277 *a.* — Die richtige Aussprache von יהוה ist יַהְוֶה (v. הָוֶה = הָיָה, E. § 162 *a*). [2]) אַתְּ für אַתָּה, G. § 32, Anm. 4. [3]) אִם־לֹא *fürwahr! gewiss!* G. § 155, 2 *f.* E. § 356 *a.* — עַל־פָּנֶיךָ (wofür auch אֶל־פ׳, vgl. 2, 5. 13, 15.) *auf dein Angesicht*, d. i. dir ins Gesicht, frei und offen, vgl. 6, 28. 21, 31. Jes. 65, 3. [4]) מֵעִם *von* (etwas) *weg*, G. § 154 2, *a.* [5]) הַיּוֹם, s. zu V. 6. — וּבָנָיו וגו׳ *und seine Söhne und Töchter* waren *essend und trinkend*, d. i. während seine Söhne und Töchter assen und tranken (V. 14), *da kam ein Bote* u. s. w., vgl. V. 16. 17. 18. G. § 134, 2, *c.* E. § 341 *d.* [6]) הַבָּקָר הָיוּ וגו׳ *die Rinder pflügten.* הָיָה mit dem *Part.* umschreibt das *Imperfectum*, G. § 134, 2, *c.* — Der *Pl.* חֹרְשׁוֹת, weil בָּקָר *collect.* ist, und das *Fem. Pl.*, weil hier בָּקָר weibliche Rinder (Kühe) bezeichnet, G. § 146, 1. — Das *Suff. masc.* in יְדֵיהֶם bezieht sich auf ein *Fem.*, G. § 121, Anm. 1.

Hiob. Cap, I, 15 — II, 5.

Knappe, הִכָּה (*Hiph*. v. im *Q*. u. נָכָה) schlagen, erschlagen, פֶּה *Schärfe*, הִכָּה לְפִי חֶרֶב *mit* der Schärfe des Schwertes schlagen, נִמְלַט (*Q*. u.) sich retten, entrinnen, בַּד (v. בָּדָד) Absonderung. לְבַד m. *Suff*. allein, הִגִּיד (*Q*. u.) anzeigen, melden¹). —
16. עוֹד noch, אֵשׁ Feuer, בָּעַר brennen, verbrennen, m. בְּ ²). —
17. כַּשְׂדִּים Chaldäer, שִׂים setzen, stellen (ein Heer), *aufstellen*, ראשׁ *Haufen*, Heereshaufen, פָּשַׁט m. עַל über etwas herfallen, es überfallen. — 18. עַד *während*, m. dem *Part*. — 19. רוּחַ Wind, מֵעֵבֶר von jenseit, מִדְבָּר Wüste, נָגַע schlagen, *stossen*, m. בְּ an etwas; פִּנָּה Ecke, נְעָרִים *Kinder*, παῖδες, מוּת sterben. —
20. קוּם aufstehen, sich erheben, קָרַע zerreissen, מְעִיל Oberkleid, Gewand, גָּזַז scheren, ראשׁ Haupt, שָׁחָה sich bücken, *Hithpal*. הִשְׁתַּחֲוָה sich neigen, niederfallen, anbeten³). — 21. עָרוֹם u. עָרֹם (verkürzt aus עֵירֹם v. עוֹר, vgl. E. § 163, c.), בֶּטֶן Mutterleib, שׁוּב zurückkehren, שָׁמָּה dahin, מְבֹרָךְ (*Part. Pu.* v. בָּרַךְ) gesegnet, gepriesen⁴). — 22. תִּפְלָה Abgeschmacktheit, dah. das Ungereimte, Unrechte, נָתַן תִּפְלָה לֵאלֹהִים Unrechtes, Sündhaftes gegen Gott begehen⁵).

Cap. II. 1⁶). — 2. אֵי מִזֶּה woher? — 3. חָזַק fest sein, *Hiph*. fest an etwas halten, m. בְּ; תֻּמָּה (*f*. v. תֹּם) Unschuld, Frömmigkeit, הֵסִית (*Hiph*. v. im *Q*. u. סוּת, G. § 72, Anm. 9.) reizen, verleiten, m. בְּ *gegen* jem.; בִּלַּע verschlingen, *verderben*, חִנָּם umsonst, *ohne Ursache*, ohne Verschuldung⁷). — 4. עוֹר Haut, בְּעַד um, für, נֶפֶשׁ Leben⁸). — 5. נָגַע anrühren,

---

¹) Der Volksname שְׁבָא als *Fem*. construiert, G. § 107, 4, *a*.
²) עוֹד זֶה וגו' *noch* war der eine redend, da kam der andere, s. zu V. 13. — זֶה — זֶה dieser — jener, der eine — der andere, G. § 124, Anm. 4. ³) וַיִּשְׁתָּחוּ *Impf. consec.* in *Pausa*. ⁴) יְצָתִי st. יָצָאתִי, G. § 74, Anm. 4. — שָׁמָּה *dahin*, näml. in den Schoss der Mutter Erde, vgl. Sir. 40, 1. — ⁵) בְּכָל־זֹאת *bei alle dem*. ⁶) הַיּוֹם, s. zu 1, 13. ⁷) וַתְּסִיתֵנִי בוֹ *und doch hast du mich gegen ihn gereizt*. Das *Impf. cons*. mit Übergang von Gegenwärtigem in Vergangenes, vgl. 11, 3 f. E. § 342 *a*. ⁸) עוֹר בְּעַד וגו' *Haut um Haut*,

1*

antasten, m. אֶל־; עֶצֶם Knochen, Gebein, בָּשָׂר Fleisch¹). —
6. אַךְ nur, שָׁמַר bewahren. — 7. שְׁחִין Geschwür, כַּף רֶגֶל Fuss-
sohle, קָדְקֹד Scheitel²). — 8. חֶרֶשׂ Scherbe, הִתְגָּרֵד *(Q. u.)*
sich schaben, יָשַׁב sitzen, אֵפֶר Asche³). — 9⁴). — 10. נְבָלָה
(f. v. נָבָל) die Thörichte, Thörin, קִבֵּל empfangen, annehmen,
שָׂפָה Lippe⁵).

11. רֵעַ Freund, רָעָה Übel, Unglück, אִישׁ jeder מָקוֹם Ort,
יָעַד den Ort oder die Zeit bestimmen, *Niph.* נוֹעַד *recipr.* sich
gegenseitig wohin bestellen, sich verabreden wohin zu kommen,
יַחְדָּו (eig. ihre Vereinigungen) zusammen, נוּד beklagen, m. לְ;
נִחַם *(Q. u.)* trösten⁶). — 12. נָשָׂא erheben, רָחוֹק fern, מֵרָחוֹק
von ferne, הִכִּיר *(Q. u.)* erkennen, בָּכָה weinen, קָרַע zerreissen,
מְעִיל Oberkleid, Gewand, זָרַק streuen, עָפָר Staub⁷). — 13. גָּדֹל
u. גָּדַל gross sein, כְּאֵב Schmerz, מְאֹד sehr⁸).

Cap. III. 1. אַחֲרֵי־כֵן darauf, nachher, פָּתַח öffnen, auf-

---

d. i. Gleiches um Gleiches, *und alles was der Mensch hat, giebt er um
seine Seele,* sein Leben, d. i. und so giebt der Mensch alle seine Habe
hin, um sein Leben, das ebensoviel wert ist als alles Verlorene zusammen, zu behalten. ¹) אֶל־פָּנָיו, s. zu 1, 11. ²) וַיַּךְ *Impf.
cons.* v. הִכָּה *schlagen,* G. § 76, 2, *b.* — Statt des *K'thib* עַד liest
das *Q'ri* (m. vielen *codd.)* וְעַד nach dem gewöhnlichen Sprachge-
brauche (vgl. Deut. 28, 35. Jes. 1, 6). ³) וְהוּא יֹשֵׁב וגו׳ ein
Zustandsatz: *während er sass* u. s. w., E. § 168 c. 341 a.
⁴) עֹדְךָ־בְּתֻמָּתֶךָ ein Fragesatz ohne Fragewort: *noch hältst du fest
an deiner Frömmigkeit?* vgl. V. 10. G. § 153, 1. — בָּרֵךְ וגו׳
sage Gott Lebewohl, lass Gott fahren, *und stirb!* ⁵) כְּדַבֵּר־תְּדַבֵּרִי
wie eine der Thörinnen, (irgend) eine Thörin, *redet, redest du.* —
וְאֶת־הָרָע לֹא נְקַבֵּל *und das Böse sollten wir nicht annehmen?* Über
das ausgelassene Fragewort vgl. 10, 9 u. s. zu V. 9. — בְּכָל־זֹאת,
s. zu 1, 22. ⁶) הַבָּאָה (all dieses Unglück) *das gekommen war,*
Perf. mit vorgeseztem Artikel, welcher für das *Pron. relat.* steht,
G. § 109. ⁷) הַשָּׁמַיְמָה *gen* Himmel, himmelwärts, G. § 90, 2, *a.*
⁸) וְאֵין־דֹּבֵר ein Zustandsatz; *indem keiner, ohne dass einer ein
Wort zu ihm redete,* s. zu V. 8.

Hiob. Cap. III, 1—9.

thun, פֶּה Mund, קִלֵּל verfluchen¹). — עָנָה *anheben* zu reden. —
3. אָבַד untergehen, vertilgt werden, הֹרָה *(Pu.* v. הָרָה) empfangen werden, *concipi;* גֶּבֶר Mann, *männliches Kind,* Männlein, Knabe²). — 4. דָּרַשׁ suchen, מַעַל (v. עָלָה) eig. das Obere, dann *Adv.* oben, מִמַּעַל von oben, הוֹפִיעַ *(Q.* u.) glänzen, leuchten, נְהָרָה* Licht, Tageslicht. — 5. גָּאַל zurückfordern, צַלְמָוֶת Todesschatten, שָׁכַן sich niederlassen, lagern, ruhen, עֲנָנָה* Gewölk, בָּעַת *(Q.* u.) schrecken, כַּמְרִירִים* (v. כָּמַר) Verfinsterungen³). —
6. לָקַח hinwegnehmen, אֹפֶל Dunkel, Finsternis, חָדָה sich freuen, שָׁנָה Jahr, מִסְפָּר Zahl, יֶרַח Monat⁴). — 7. גַּלְמוּד unfruchtbar, רְנָנָה Jubel. — 8. נָקַב (= קָבַב) verwünschen, verfluchen, אָרַר verfluchen, עָתִיד bereit, *befähigt,* fähig, עוֹרֵר *(Pil.* v. עוּר) erregen, aufregen, לִוְיָתָן (eigentlich לִוְיָה, Windungen habend, vielgewunden; daher Schlange), Drache⁵). — 9. חָשַׁךְ finster sein, כּוֹכָב Stern, נֶשֶׁף Dämmerung, קִוָּה hoffen, m. לְ *auf* et-

---

¹) יוֹמוֹ *sein Tag,* d. i. sein Geburtstag. ²) V. 3: *Untergeh' der Tag, an dem ich geboren ward, und die Nacht, die sprach: Empfangen ist ein Knabe:* יֻלַּד, אָבַד und הֹרָה mit dem Tone in *penultima* wegen folgender Tonsilbe, G. § 29, 3, *b.* — אוּלַּד בּוֹ und אָמַר sind Relativsätze ohne אֲשֶׁר, G. § 123, 3, *b* u. *a.* — Das *Impf.* אוּלַּד als *praesens praeteriti,* vgl. אָמוֹת V. 11. G. § 127, 4, *c.* E. § 136 *b.* ³) צַלְמָוֶת ist nach der masoretischen Punktation aus צֵל und מָוֶת zusammengesetzt; da aber solche Zusammensetzungen im Hebräischen ausser den Eigennamen nicht vorkommen, so ist צלמות als einfaches Wort צַלְמוּת *Finsternis, schwarze Nacht* (vgl. צֶלֶם Schatten, aramäisch טלם u. äthiopisch צלם schwarz, finster sein) vgl. קַדְרוּת, מַלְכוּת u. a., E. § 270 *c.* — Für כְּמִירֵי ist כַּמְרִירֵי (nach Analogie von Wörtern, wie סַגְרִיר, שַׁפְרִיר) zu lesen, E. § 157 *a.*
⁴) הַלַּיְלָה הַהוּא absolut vorangestellt: *„jene Nacht, was jene Nacht betrifft — es nehme sie Dunkel hinweg!",* G. § 145, 2. — אַל־שָׁנָה *sie freue sich nicht* (näml. ihres Daseins) *unter den Tagen des Jahres! —* יִחַדְּ Jussiv v. חָדָה, G. § 75, Anm. 3, *d.* ⁵) אֹרְרֵי וגו' *die Tagesverflucher, welche befähigt sind, den Drachen aufzuregen.* Über den Artikel vor עֲתִידִים s. G. § 109, Anm. 2. E. § 335 *a.*

was; רָאָה m. בְּ ansehen, anschauen, mit Freuden auf etwas sehen, עַפְעַפַּיִם Wimpern, שַׁחַר Morgenröte, עַפְעַפֵּי שׁ׳ Wimpern der Morgenröte, d. i. die ersten Strahlen der aufgehenden M.¹) — 10. סָגַר schliessen, verschliessen, דֶּלֶת Thür, Du. דְּלָתַיִם Doppelthüren, fores, Thüren, Pforten, בֶּטֶן Mutterleib, הִסְתִּיר (Q. u.) verbergen, verhüllen, m. מִן vor etwas; עָמָל Mühsal, Ungemach²).

11. רֶחֶם Mutterleib, Mutterschoss, מוּת sterben, גָּוַע sterben, verscheiden³). — 12. מַדּוּעַ (contr. aus מַה־יָּדוּעַ wie belehrt, vergl. τί μαθών) warum? קָדַם entgegenkommen, m. d. Acc.; בֶּרֶךְ Knie, Du. בִּרְכַּיִם; שַׁד Du. שָׁדַיִם Mutterbrüste, יָנַק saugen⁴). — 13. עַתָּה nun, dann, שָׁכַב sich legen, liegen, שָׁקַט ruhen, rasten, יָשֵׁן schlafen, אָז dann, נוּחַ ruhen⁵). — 14. מֶלֶךְ König, יוֹעֵץ Ratgeber, Rat, בָּנָה bauen, erbauen, aufbauen, חָרְבָּה Wüste, Pl. חֳרָבוֹת Trümmer⁶). — 15. אוֹ oder, שׂר (v.

---

¹) יָקַו — וָאַיִן sie hoffe auf Licht (nämlich des Morgens) und es sei nicht da, nicht vorhanden, es komme nicht! יָקַו Jussiv v. קָוָה. — יִרְאֶה Jussiv in unverkürzter Form, vgl. 1 M. 1, 9. G. § 127, 3, b. ²) בְּטָנִי f. אִמִּי בֶּטֶן (Ps. 22, 11). — וַיַּסְתֵּר וגו׳ und (weil) sie so nicht Mühsal verbarg vor meinen Augen. Die Negation des ersten Versgliedes wirkt im zweiten fort, wie im V. 11. G. § 152, 3. ³) V. 11: Warum starb ich nicht vom Mutterschosse an, d. i. sogleich nachdem ich geboren war, war nicht aus dem Mutterleibe hervorgegangen und verschied, d. i. verschied nicht, nachdem ich aus dem Mutterleibe hervorgegangen war? — Über die Bedeutung des Impf. אָמוּת s. V. 3, und über וְאֶגְוָע nach vorhergegangenem Perf. vgl. V. 13 u. s. E. § 357 b. ⁴) וּמַה וגו׳ und was, warum (kamen mir entgegen) Brüste, dass ich sog? כִּי dass drückt (besonders in Fragen) eine Folgerung aus, wie 6, 11. 7, 12. 17. 10, 6. 13, 26 u. a., E. § 337 a. — אֵינֶנִּי, s. z. V. 3. ⁵) V. 13: Denn dann, in diesem Falle, hätte ich mich gelegt, und rastete, wäre eingeschlafen, dann wäre mir, hätte ich Ruhe. Über die Perff. שָׁכַבְתִּי u. יָשַׁנְתִּי mit folgenden Impff. siehe zu V. 11. — יָנוּחַ impersonell. ⁶) הַבֹּנִים וגו׳ die Trümmer, Steinhaufen, d. i.

שָׂרַר) Fürst, זָהָב Gold, מִלֵּא mit dopp. Acc.: mit etwas füllen, בַּיִת Haus, כֶּסֶף Silber¹). — 16. נֵפֶל Fehlgeburt, טָמַן verbergen, עוֹלֵל Kind²). — 17. שָׁם daselbst, dort, רָשָׁע Frevler, חָדַל u. חָדֵל aufhören, רֹגֶז Toben, ר' ח'! vom Toben ablassen, abstehen, יָגִיעַ ermüdet, כֹּחַ Kraft³). — 18. יַחַד zusammen, allzumal, אָסִיר Gefangener, שַׁאֲנַן (Pil. v. im Q. u. שָׁאַן) ruhig sein, rasten, נֹגֵשׂ Treiber, Dränger, Frohnvogt⁴). — 19. קָטֹן klein, גָּדוֹל gross, עֶבֶד Knecht, חָפְשִׁי frei, אָדוֹן Herr⁵).

20. עָמֵל der Mühselige, Leidende, חַיִּים (Pl. v. חַי) Leben, מַר bitter, betrübt⁶). — 21. חָכָה hoffen, harren, m. מָוֶת לְ; Tod, חָפַר graben, nach etwas graben, m. dem Acc.; מַטְמוֹן Schatz⁷). — 22. שָׂמֵחַ Part. Qal v. שָׂמַח sich freuen, גִּיל Frohlocken, Jubel, שִׂישׂ sich freuen, frohlocken, כִּי wann, wenn, מָצָא finden, קֶבֶר Grab⁸). — 23. גֶּבֶר Mann, דֶּרֶךְ Weg, נִסְתָּר (Q. u.) verborgen sein, חָסַךְ (Hiph. v. סָכַךְ) umschliessen, mit

---

Prachtgebäude, welche doch zuletzt in Trümmer zusammensinken, sich aufbauten. הָרָבוֹת And.: Pyramiden. ¹) זָהָב לָהֶם ein Relativsatz: die Gold hatten, G. § 123, 3, b. ²) V. 16 schliesst sich an V. 13 an: Oder gleich verborgener, verscharrter Fehlgeburt, wäre ich nicht, hätte ich kein Dasein u. s. w. — לֹא רָאוּ אוֹר ein Relativsatz. ³) שָׁם dort, d. i. bei den Toten, in der Unterwelt, וִיגִיעֵי כֹחַ Ermüdete an Kraft. ⁴) לֹא וגו' ein Untersatz zum Vorhergehenden, mit dem Verb. fin. wegen לֹא: „indem oder weil sie nicht hören" u. s. w., E. § 341 b. ⁵) V. 19 a.: Klein und Gross ist dort derselbe, Niedere und Hohe, Arme und Reiche haben dort gleiches Schicksal. הוּא derselbe, vgl. Ps. 102, 28. Jes. 41, 4. E. § 314 b. — מֵאֲדֹנָיו von seinem Herrn, G. § 108, 2, b. ⁶) Das Subjekt von יִתֵּן ist Gott. — מָרֵי נֶפֶשׁ Betrübte in der Seele, im Herzen, Herzbetrübte. ⁷) V. 21 b: und die nach ihm graben mehr als nach Schätzen. — Die Part. in V. 21 f. sind im 2. Gl. ins Verb. fin. übergegangen, G. § 134, Anm. 2. — Das Impf. cons. וַיְחַפְּרֻהוּ bezieht sich auf die Gegenwart, G. § 129, 2, a. ⁸) אֱלֵי־גִיל bis zum Jubel, sogar mit Jubel, E. § 219 b.

בְּעַד: ljem. *umzäunen*, d. i. ihm den Weg überall versperren, den Ausweg überall abschneiden [1]). — 24. לִפְנֵי *pro, für, statt, wie* (vgl. 4, 19. 1 Sam. 1, 16), לֶחֶם Brot, Speise, אֲנָחָה Seufzen, נָתַךְ sich ergiessen, שְׁאָגָה Brüllen, Gestöhn [2]). — 25. פַּחַד Schrecken, Beben, פָּחַד erschrecken, beben, אָתָה kommen, mit dem *Acc.*: kommen *über* jem., ihn treffen, יָגֹר fürchten, בוא mit לְ: kommen *über* jem., ihm ankommen [3]). — 26. שָׁלָו sicher, ruhig sein, רֹגֶז Unruhe, Ungemach [4]).

Cap. IV. 1. עָנָה antworten. — 2. נִסָּה (Q. u.) versuchen, לָאָה ermüden, müde, *verdriesslich* werden (vgl. V. 5.), einer Sache müde sein, עָצַר aufhalten, zurückhalten, m. בְּ; מִלָּה (Pl. מִלִּים) Wort, Rede, יָכֹל können, vermögen [5]). — 3. יִסֵּר züchtigen, zurechtweisen, רַב viel, רָפֶה schlaff, חִזֵּק stärken [6]). — 4. כָּשַׁל straucheln, wanken, הֵקִים aufrichten, aufhelfen, בֶּרֶךְ Knie, כָּרַע sich beugen, sinken, אִמֵּץ festigen. — 5. נָגַע berüh-

---

[1]) לִנְגְּבַר schliesst sich an V. 20 an. [2]) Über das *Impf. cons.* וַיִּתְּכוּ s. zu V. 21. — Das *masc.* וַיִּתְּכוּ bezieht sich auf ein *nom. fem.* (שַׁאֲגֹתַי), vgl. 16, 22. E. § 191 *b*. [3]) V. 25: *Denn ein Beben bebe ich, und* (sogleich) *trifft es mich*, d. i. bebe ich vor etwas, so trifft es mich (sogleich), *und was ich fürchte, das kommt mich an.* פָּחַד פָּחַד *ein Beben beben*, d. i. vor etwas beben, E. § 281 *a.* — וַיְאַתָּיֵנִי *Impf. cons.* von אָתָה m. *Suff*, vgl. 30, 14. G. § 75, Anm. 4. [4]) Die *Perff.* in V. 26 mit Präsensbedeutung, G. § 126, 3, *a*. — וַיָּבֹא רֹגֶז *und da kommt das Ungemach*. [5]) V. 2: *Wirst du, versucht man ein Wort an dich, verdriesslich werden, es übel nehmen? doch Worte zurückzuhalten, sich der Rede zu enthalten, wer vermag es?* נִסָּה — אֵלֶיךָ ein Bedingungssatz ohne אִם, vgl. 7, 20. 19, 4. — 3. *Sing.* Pi. נִסָּה *man versucht*, G. § 137, 3, *a*. — מִלִּין *aram.* Pl. v. מִלָּה f. מִלִּים vgl. 15, 13. 24, 22. 31, 10. G. § 87, 1, *a*. [6]) יָדַיִם רָפוֹת] Der Du. mit dem *Pl.* des *Adj.*, vgl. V. 4. G. § 112, 1. Anm. 3. — Die *Impff.* in V. 3 f. von wiederholten Handlungen in der Vergangenheit, vgl. 1, 5. G. § 127, 4, *b*.

ren, m. עַד reichen, hinreichen bis an etwas, es anrühren, antasten; נִבְהַל (Q. u.) bestürzt werden, erschrecken[1]. — 6. יִרְאָה Furcht, Gottesfurcht, כִּסְלָה Hoffnung, Vertrauen, תִּקְוָה Hoffnung, תֹּם Unschuld[2]).

7. זָכַר gedenken, נָקִי rein, unschuldig, אָבַד umkommen, אֵיפֹה wo? יָשָׁר redlich, נִכְחַד (Q. u.) vernichtet werden[3]). — 8. חָרַשׁ pflügen, אָוֶן Unheil, זָרַע säen, עָמָל Mühsal, קָצַר ernten[4]). — 9. נְשָׁמָה Hauch, Atem, רוּחַ Hauch, אַף Zorn, כָּלָה vergehen, hinschwinden. — 10. אַרְיֵה Löwe, שַׁחַל Brüller, Löwe, שֵׁן Zahn, כְּפִיר junger Löwe, נִתַּע* (Niph. v. im Q. u. נָתַע = נָתַץ) ausgeschlagen werden[5]). — 11. לַיִשׁ Löwe, בְּלִי nicht, מִבְּלִי ohne, טֶרֶף Raub, לָבִיא Löwin, הִתְפָּרֵד sich zerstreuen, zerstreut werden.

12. גֻּנַּב gestohlen werden, שֶׁמֶץ leiser Laut, Flüstern, Geflüster[6]). — 13. שְׂעִפִּים Gedanken, חִזָּיוֹן (Pl. חֶזְיוֹנוֹת) Gesicht, Vision, נָפַל fallen, תַּרְדֵּמָה tiefer Schlaf, אִישׁ Mensch[7]). —

---

[1]) V. 5: *Weil es nun an dich kommt, so wirst du verdriesslich, weil es dich antastet, so erschrickst du!* Die Femm. תָּבוֹא u. תֵּגַע bezeichnen das *Neutr.*, G. § 137, 2.   [2]) Im 2. Gl. ist das וּ vor תֹּם das ו *consecut.*: „deine Hoffnung (was die betrifft) — ist die nicht die Unschuld deiner Wege, dein unschuldiger Wandel?" G. § 145, 2. E. § 348 a.   [3]) מִי הוּא נָקִי אָבָד *wer ist, der* (welcher) *unschuldig umkam?* vgl. 13, 19. 17, 3. Jes. 50, 9. E. § 325 a.   [4]) כַּאֲשֶׁר וְגוֹ׳ *wie ich gesehen*, erfahren *habe, die Unheil pflügen* u. s. w.   [5]) נִתָּעוּ welches eigentlich nur von dem letzten Subj. ausgesagt werden kann, ist per Zeugma auch Prädikat zu den beiden ersten Subjekten, vgl. 10, 12. E. § 339 c.   [6]) V. 12: *Und zu mir wurde gestohlen*, stahl sich, kam verstohlen (heimlich) *ein Wort*, eine Offenbarung, *und mein Ohr vernahm ein Geflüster davon.* — Das *Impf. cons.* יְגֻנַּב ist durch das eingeschobene אֵלַי דָּבָר von seinem ו getrennt worden, ohne in das *Perf.* verwandelt zu werden. E. § 346 b. — מֶנְהוּ poet. f. מִמֶּנּוּ, G. § 103, 2, c.   [7]) V. 13: *In Gedanken aus*, herrührend *aus Nachtgesichten*, Traumgesichten, *wann tiefer Schlaf auf die Menschen fällt.*

14. קָרָא (= קָרָה) begegnen, ankommen, befallen, רְעָדָה Zittern, רֹב Menge, רֹב עַצְמוֹתַי *die Menge meiner Gebeine*, d. i. die Gesamtheit m. G., alle meine G., הִפְחִיד beben machen, durchbeben, durchschauern[1]). — 15. רוּחַ *Geist*, עַל־פָּנַי *vor mir, an mir*, חָלַף vorübergehen, סָמֵר emporstarren, sich sträuben, שְׂעָרָה Haar, *coll.* Haare, בָּשָׂר Fleisch, Leib. — 16. עָמַד stehen, still stehen, הִכִּיר erkennen, מַרְאֶה Ansehen, Aussehen, תְּמוּנָה Gebilde, Gestalt, לְנֶגֶד gegenüber, vor, דְּמָמָה leises Lüftchen, Säuseln[2]).

17. אֱנוֹשׁ Mensch, צָדֵק gerecht sein, עֹשֶׂה (*Part.* v. עָשָׂה) Schöpfer, טָהֵר rein sein, גֶּבֶר Mann[3]). — 18. הֶאֱמִין trauen, mit בְּ; מַלְאָךְ Bote, Engel, שִׂים setzen, תָּהֳלָה (v. u. תהל [im Aethiop.] irren) Irrtum[4]). — 19. אַף *geschweige denn, wie viel weniger* (vgl. G. § 155, 2, *a*. E. § 354 *c.*), שָׁכַן wohnen, bewohnen, חֹמֶר Lehm, בָּתֵּי חֹמֶר Lehmhäuser, Lehmhütten, עָפָר Staub, יְסוֹד Grund, דִּכָּא (*Q.* u.) zermalmen, zerstören, לִפְנֵי *wie* (s. 3, 24), עָשׁ Motte[5]). — 20. בֹּקֶר Morgen, עֶרֶב Abend, כָּתַת zer-

---

[1]) Das Subjekt zu הִפְחִיד ist פַּחַד. [2]) Die *Impff.* in V. 15 f. schildern aufs lebendigste als gegenwärtig (wie unser *Praesens historic.*) vergangene Handlungen: (V. 15) „*Und ein Geist geht an mir vorüber* u. s. w.", G. § 127, 4 *c*. E. § 136 *b*. — דְּמָמָה וָקוֹל *ein Säuseln und eine Stimme*, das ist eine säuselnde Stimme. [3]) מֵאֱלוֹהַּ *von seiten Gottes*, vor Gott, d. i. nach Gottes Urteil (vgl. δίκαιος πρὸς θεῶν καὶ πρὸς ἀνθρώπων *gerecht vor den Göttern und den Menschen*, d. i. nach dem Urteile der Götter und der Menschen), vgl. 4 M. 32, 22. [4]) V. 18 *b*: *und in seine Engel setzt er Irrtum*, d. i. er legt ihnen Irrtum bei (vgl. 1 Sam. 22, 15). [5]) V. 19: *Wie viel weniger die, welche Lehmhäuser*, d. i. aus Erde (1 M. 2, 7. 3, 19. Hiob 10, 9. 33, 6) gebildete *Menschenleiber, bewohnen, deren* (nämlich der Leiber) *Grund im Staube ist*, die auf Staub gegründet, an die Erde gefesselt sind, *die man zermalmen kann*, die zerstörbar sind (so leicht) *wie eine Motte* (näml. leicht zerstörbar ist). — Das *Impf.* יְדֻכְּאוּם drückt ein *Können*, eine Möglichkeit, aus, G. § 127, 3, *d*. E. § 136 *e, b*.

Hiob. Cap. IV, 20—V, 5.

schlagen, *Hoph.* zerschlagen werden, שִׂים (für שִׂים לֵב, vgl. 23, 6. 24, 12. 34, 23) *acht geben* (auf etwas), לָנֶצַח auf ewig, auf immer¹). — 21. נָסַע *(Niph.* v. נָמַע) ausgerissen werden, יֶתֶר Strick, *Sehne,* חָכְמָה Weisheit²).

Cap. V. 1. קָרָא rufen, יֵשׁ es ist, עָנָה antworten, קָדוֹשׁ heilig, פָּנָה sich wenden³). — 2. אֱוִיל der Thor, הָרַג töten, morden, כַּעַשׂ Unmut, פָּתָה *(Part.* v. פָּתָה) der Einfältige, Unverständige, קִנְאָה Eifer, Ereiferung⁴). — 3. הִשְׁרִישׁ *(Q.* u.) wurzeln, Wurzel schlagen, נָקַב verfluchen, נָוֶה Wohnung, Wohnstätte, פִּתְאֹם augenblicklich, plötzlich. — 4. רָחַק fern sein, יֵשַׁע u. יֶשַׁר Heil, הִדַּכֵּא *(Hithp.* v. דָּכָא [s. 4, 19], G. § 54, 2, *b)* zertreten, unterdrückt werden, שַׁעַר das Thor, הִצִּיל *(Q.* u.) retten⁵). — 5. קָצִיר Ernte, רָעֵב hungrig, אֶל *bis zu,* d. i. sogar (E. § 219 *c),* צֵן *Pl.* צִנִּים Dornen, Dornhecke, שָׁאַף erschnappen, nach etwas schnappen, m. d. *Acc.;* צַמִּים Schlinge, Fall-

---

Die 3. *Pl.* mit unbestimmtem Subjekt, vgl. 6, 2. 7, 3. G. § 137, 3, *b.* ¹) מִבֹּקֶר — מֵשִׂים *Vom Morgen bis zum Abend,* d. i. in Tagesfrist (vgl. Jes. 38, 12), *werden sie zerschlagen, zertrümmert, ohne einen, der acht giebt,* d. i. ohne dass man es beachtet, **unvermerkt**, unversehens. — יֻכַּתּוּ 3 *Pl. Impf. Hoph.* v. פָּתַת in *Pausa,* mit Verdoppelung des 1. Rad. (G. § 67, A. 8). Eine andere Lesart ist יֻכַּתּוּ mit Verdoppelung des 1. u. 2. Rad. (E. § 193, *c).* ²) V. 21: *Ist's nicht so? wird ausgerissen ihre Sehne in ihnen,* d. i. ihre innere Lebenssehne, ihre Seele (vgl. Jes. 38, 12), *so sterben sie und nicht in Weisheit,* und zwar ohne Weisheit. נָסַע בָּם ein Bedingungssatz, s. zu V. 2. ³) עוֹנֶה *Part.* v. עָנָה m. *Suff.* — קְדֹשִׁים *Heilige,* d. i. Engel. ⁴) V. 2*a*: *Vielmehr den Thoren mordet Unmut.* כִּי nach der in V. 1. enthaltenen Verneinung: *vielmehr, nein!* vgl. 22, 2. 31, 18. — לֶאֱוִיל bezeichnet bisweilen den *Acc.,* wenn, wie hier (nach G. § 145, 1, *c.),* das Objekt vor das *Verbum* gesetzt ist, vgl. 21, 22. Jes. 11, 9. E. § 292 *e.* ⁵) בַּשַּׁעַר *im Thore,* d. i. vor Gericht, vgl. 31, 21. Jes. 29, 21.

strick, חַיִל Vermögen, Habe¹). — 6. אָוֶן Unheil, אֲדָמָה Erdboden, צָמַח sprossen, wachsen, עָמָל Mühsal²). — 7. רֶשֶׁף Flamme, בְּנֵי רֶשֶׁף Söhne der Flamme, d. i. Funken, הִגְבִּיהַ hoch machen, עוּף fliegen, ה' ע' hoch fliegen machen, d. i. in die Höhe, aufwärts fliegen³).

8. אוּלָם aber, דָּרַשׁ m. אֶל- sich (Hilfe suchend) an jem. wenden, שִׂים m. אֶל- jem. etwas vorlegen, vortragen, דִּבְרָה Sache, Rechtssache, causa⁴). — 9. גָּדוֹל gross, Pl. f. גְּדֹלוֹת magna, Grosses, חֵקֶר Erforschung, נִפְלָאוֹת (Part. Pl. f. Niph. v. פָּלָא) mirabilia, Wunderbares, Wunder, מִסְפָּר Zahl⁵). — 10. מָטָר Regen, שָׁלַח senden, חוּץ (Pl. חוּצוֹת) Strasse, Trift. — 11. שָׁפָל niedrig, מָרוֹם Höhe, קָדַר schmutzig sein, in schmutzigen Kleidern einhergehen, trauern, Part. קֹדֵר ein Trauernder, שָׂגַב hoch sein, sich erheben, aufsteigen⁶). — 12. הֵפֵר (Hiph. v. im

---

¹) V. 5: Er, dessen (vgl. 8, 14) Ernte isst der Hungrige, und sie sogar aus den Dornen, d. i. den seinen Acker schützennen Dornhecken, nimmt, und Fallstrick, d. i. Verderben, schnappt nach ihrer Habe. אֶל- vor einer andern Praep. bis zu, d. i. sogar, vgl. 3, 22. (עַד Nah. 1, 10. Spr. 6, 26), E. § 219 c. — Das Suff. in חֵילָם bezieht sich auf den אֱוִיל und seine Kinder (V. 4). ²) V. 6: Denn nicht u. s. w. ³) V. 7: Sondern der Mensch wird zur Mühsal geboren, so wie die Funken in die Höhe fliegen. כִּי sondern, vielmehr, s. zu V. 2. יוּלָד f. יוּלָד Impf. Hoph. v. יָלַד vgl. 1 Mos. 40, 20. — Das וְ, mit dem das 2. Gl. beginnt, ist das וְ der Vergleichung, vgl. 12, 11. 14, 12. 19. 34, 3. G. § 155, 1, a. E. § 340 b. בְּנֵי רֶשֶׁף And.: Söhne des Blitzes, d. i. blitzschnell fliegende Raubvögel. ⁴) V. 8 a: Aber ich, ich würde mich an Gott wenden. ⁵) וְאֵין חֵקֶר indem keine Erforschung ist, d. i. unerforschlich; עַד־אֵין מִסְפָּר bis keine Zahl ist, d. i. sonder Zahl, unzählig. ⁶) V. 11: Um zu setzen, heben Niedrige zur Höhe, um Niedrige hoch zu erheben, dass Trauernde aufsteigen, emporkommen, sich emporschwingen zum Heil. Der Inf. (שׂוּם) ist im 2. Gl. ins Verb. fin. (שָׂגְבוּ) übergegangen, G. § 132, Anm. 2. — יֵשַׁע Acc., G. § 118, 1, a.

Q. u. פָּרַר) brechen, vernichten, vereiteln, מַחֲשָׁבָה Anschlag, Plan, עָרוּם listig, תּוּשִׁיָה (v. u. יָשָׁה) Anschlag, Plan¹). —
13. לָכַד faugen, חָכָם weise, klug, עָרוּם* List, עֵצָה Rat, נִפְתָּל (Q. u.) verdreht, d. i. falsch, hinterlistig, sein, Part. hinterlistig, verschmitzt, נִמְהָר übereilt, überstürzt, vereitelt werden²). —
14. יוֹמָם bei Tage, פָּגַשׁ stossen, treffen auf —, מָשַׁשׁ (im Finstern) hin und her tasten, tappen, צָהֳרַיִם (Du. v. צֹהַר) Mittagslicht, Mittag³). — 15. הוֹשִׁיעַ (Q. u.) retten, חֶרֶב Schwert, חָזָק stark, אֶבְיוֹן arm⁴). — 16. דַּל niedrig, arm, תִּקְוָה Hoffnung, עֹלָתָה ist עוֹלָה (contr. aus עַוְלָה) Frevel, Bosheit, mit doppelter Femininendung (G. § 80, Anm. 2, f.), קָפַץ verschliessen.

17. אֶשֶׁר nur im st. constr. Pl. Glückseligkeiten des —, Heil dem —, הוֹכִיחַ (Q. u.), züchtigen, מוּסָר (v. יָסַר) Zurechtweisung, שַׁדַּי (v. שָׁדַד) der Allmächtige, מָאַס verschmähen⁵). —
18. הִכְאִיב Schmerz verursachen, verwunden, חָבַשׁ (Impf. יַחְבֹּשׁ in Pausa יֶחְבָּשׁ, E. § 93 a, vgl. § 130 c.) verbinden, מָחַץ schlagen, רָפָא heilen⁶). — 19. צָרָה (v. צָרַר) Bedrängnis, Not, הִצִּיל erretten, נָגַע berühren, treffen, m. בְּ; רַע Böses, Übel. — 20. רָעָב Hunger, פָּדָה erlösen, מִלְחָמָה Krieg⁷). — 21. שׁוֹט

---

¹) וְלֹא vor dem Imp.: dass nicht, damit nicht, E. § 345 a. — תְּעַשֶּׂנָה (mit der seltenen defektiven Schreibung) f. תְּעֲשֶׂינָה, G. § 75, Anm. 6. ²) נִמְהֲרָה 3. Perf. f. Niph. in Pausa. ³) פַּלָּלָה Acc. der Zeit: wie in der Nacht, G. § 118, 2. ⁴) V. 15: Und so rettet er vom Schwert (nämlich jener Weisen und Klugen [vgl. V. 12 f.], unter welchen gewaltthätige Machthaber, Tyrannen [vgl. V. 15 b.], zu verstehen sind) aus ihrem Rachen, und aus der Hand des Starken den Armen. Die Impff. cons. in V. 15 f. von der Gegenwart, s. zu 3, 21. ⁵) V. 17 a: Siehe, Heil dem Menschen, den Gott züchtigt! יוֹכִיחֶנּוּ אֱלוֹהַּ ein Relativsatz. ⁶) תִּרְפָּינָה f. תִּרְפֶּאנָה, G. § 75, Anm. 21, c. ⁷) V. 20 a: Im Hunger, in der Hungersnot erlöst er dich vom Tode. Das Perf. פָּדְךָ bezieht sich auf die Zukunft, G. § 126, 4. — יְדֵי חֶרֶב die Hände, d. i. die Gewalt des Schwertes, vgl. Ps. 63, 11. Jer. 18, 21. Ez. 35, 5. Jes. 47, 14.

Geissel, לָשׁוֹן Zunge, נָחְבָּא (Q. u.) verborgen, *geborgen* sein, יָרֵא sich fürchten, mit מִן *vor* etwas, שֹׁד Verwüstung, Verheerung, כִּי *wann*, wenn¹). — 22. כָּפָן Hunger, Hungersnot, שָׂחַק lachen, m. לְ etwas verlachen, verspotten; חַיָּה Tier, חַיַּת הָאָרֶץ die wilden Tiere, das Wild des Landes²). — 23. אֶבֶן Stein, שָׂדֶה Feld, בְּרִית Bund, הִשְׁלָם befreundet sein mit jem., m. לְ. — 24. יָדַע erkennen, *wahrnehmen*, erfahren, שָׁלוֹם Heil, Wohlbefinden, אֹהֶל Zelt, פָּקַד mustern, נָוֶה Wohnung, Wohnstätte, חָטָא verfehlen, vermissen³). — 25. רַב viel, zahlreich, זֶרַע Same, Nachkommenschaft, צֶאֱצָאִים (v. יָצָא) Sprösslinge, Nachkommen, עֵשֶׂב Kraut. — 26. כֶּלַח reifes Alter, קֶבֶר Grab, עָלָה aufsteigen, sich erheben, גָּדִישׁ Garbenhaufe, עֵת Zeit⁴). — 27. חָקַר erforschen, כֵּן so, also, יָדַע *merken*⁵).

Cap. VI. 2. לוּ *o si! o wenn doch!* שָׁקַל wägen, *Niph. pass.*, כַּעַשׂ Unmut, הָיָה *K'thib* (nur hier u. 30, 13) = הַוָּה

---

¹) V. 21 *a*: *Bei der Zunge Geissel*, wann die (boshafte) Zunge geisselt, bei Verleumdung und Lästerung (vgl. Jer. 18, 18), *wirst du geborgen sein*. ²) אַל־תִּירָא *du fürchtest dich doch nicht* (— meine ich —), du darfst dich nicht fürchten, vgl. Jes. 2, 9. E. § 320 *a*. 324 *b*. ³) *Und so wirst du wahrnehmen, dass wohlbehalten dein Zelt ist, und musterst du deine Wohnung, so wirst du nichts vermissen.* וְיָדַעְתָּ in V. 24 (wie in V. 25) ist *Perf. cons.* u. schliesst sich an V. 22. an. — שָׁלוֹם als *Adv.*: *wohl, wohlbehalten*, E. § 296 *d*. — וּפָקַדְתָּ נָוְךָ ein durch das וְ *cons.* eingeführter Bedingungssatz, E. § 357 *a*. — לֹא תֶחֱטָא *du wirst nicht*, d. i. nichts, *vermissen*, E. § 303 *c*. ⁴) כַּעֲלוֹת וגו׳ *wie ein Garbenhaufe aufsteigt*, d. i. (auf die hoch gelegene Tenne) eingebracht wird *zu seiner Zeit*, zur rechten Zeit, d. i. wann die Ähren die volle Reife erlangt haben, vgl. Ps. 1, 3. ⁵) V. 27: *Siehe, dies ist es, was wir* (d. i. ich und meine Freunde) *erforscht haben, so ist es; vernimm es und merke es dir!* חֲקַרְנוּהָ ein Relativsatz. — שְׁמָעֶנָּה *Imper*. m. *Suff*. 3. S. *f*. mit (dem beim *Imper*. seltenen) *Nun epenth.*, E. § 250 *b*.

Hiob. Cap. VI, 2—9.

Q'ri Verderben, Unglück, מֹאזְנַיִם Wage, נָשָׂא aufheben, *aufziehen* (in der Wagschale), יַחַד zusammen, zugleich ¹). — 3. חוֹל Sand, יָם Meer, כָּבֵד schwer sein, עַל־כֵּן deswegen, darum, לָעַע oder לוּעַ lallen, *kindisch, unachtsam reden* ²). — 4. חֵץ Pfeil, שַׁדַּי der Allmächtige, חֵמָה Gift, שָׁתָה trinken, רוּחַ Geist, בִּעוּתִים Schrecknisse, עָרַךְ rüsten, hier m. d. *Acc.: gegen* jem. *rüsten, gegen* ihn *anrücken, ihn bestürmen* ³). — 5. נָהַק schreien, פֶּרֶא der wilde Esel, דֶּשֶׁא Gras, גָּעָה brüllen, שׁוֹר Rind, בְּלִיל Gemengsel, Mengfutter, *farrago* ⁴). — 6. תָּפֵל Ungesalzenes, Fades, מִבְּלִי ohne, מֶלַח Salz, טַעַם Geschmack, רִיר Schleim, Speichel, חַלָּמוּת * Dotter, ח' ר' *Schleim des Dotters*, der den Dotter umgebende Schleim, d. i. Eiweiss. — 7. מֵאֵן (*Q.* u.) sich weigern, נָגַע anrühren, דְּוַי Krankheit, *Unreinigkeit, Ekeles*, דְּוֵי לַחְמִי *das Ekele meiner Speise*, d. i. meine ekele Speise ⁵).

8. שְׁאֵלָה Bitte, תִּקְוָה Hoffnung⁶). — 9. הוֹאִיל (*Q.* u.) belieben etwas zu thun, wollen, דָּכָא zermalmen, נָתַר springen

---

¹) V. 2*b*: *und zöge man mein Unglück in der Wage zugleich damit* (nämlich mit dem Unmut) *auf!* Über den *Inf. absol.* s. G. § 131, 3, *a*, und über den *Inf. Qal.* vor *Niph.* s. § 131, 3, Anm. 2. — Die 3. *Pl.* יִשְׂאוּ mit unbestimmtem Subjekt, siehe zu 4, 19. ²) V. 3*a*: *Denn nun*, jetzt *ist es* (nämlich das auf mir lastende Leiden) *schwerer als der Sand der Meere*, d. i. schwerer als die schwerste Last (vgl. Spr. 27, 3. Sir. 22, 18). ³) V. 4 *a* u. *b*: *Denn die Pfeile des Allmächtigen sind bei mir*, stecken in mir, *deren Gift mein Geist trinkt*, einsaugt. ⁴) עֲלֵי־דֶשֶׁא *beim Grase*. ⁵) V. 7: *Meine Seele weigert sich es anzurühren, es ist wie meine ekele Speise*, d. i. wie die mir (durch Verderbnis) ekel gewordene Speise. Das Objekt zu לִנְגֹּעַ, der *Acc. es* ist ausgelassen, G. § 121, Anm. 2. — Das *Masc.* הֵמָּה als *Neutr.*: *es*, E. § 172 *b*. ⁶) V. 8: *O dass doch käme, gewährt würde meine Bitte und Gott meine Hoffnung gäbe, erfüllte!* מִי יִתֵּן die bekannte Wunschformel, von welcher alle Verba (Jussive) in V. 8—10 abhängen, G. § 136, 1, *c*.

(s. 37, 1), *Hiph.* abspringen lassen, *losmachen,* lösen (die gleichsam gebundene Hand), ausstrecken, בְּצַע abschneiden [1]). — 10. נֶחָמָה Trost, סָלַד* *(Q.* u.) frohlocken, חִילָה* Schmerz, חָמַל schonen, כָּחַד *(Q.* u.) verleugnen, אָמַר Wort, קָדוֹשׁ heilig [2]). — 11. כֹּחַ Kraft, יָחֵל *(Q.* u.) harren, ausharren, קֵץ Ende, הֶאֱרִיךְ נֶפֶשׁ *die Seele lang machen,* d. i. Geduld haben, sich gedulden [3]). — 12. אֶבֶן Stein, בָּשָׂר Fleisch, Körper, נָחוּשׁ ehern [4]). — 13. הַאִם = הֲלֹא (E. § 356 *a),* עֶזְרָה Hilfe, תּוּשִׁיָּה *Hilfe, Rettung,* נִדַּח *(Niph.* v. נָדַח) verstossen, verscheucht werden [5]).

14. מָס* (v. מָסַס) der Verzagte, רֵעַ Freund, חֶסֶד Liebe, עָזַב verlassen [6]). — 15. אָח Bruder, בָּגַד treulos sein, *täuschen,* נַחַל Bach, אָפִיק Bett, Flussbett, עָבַר *übertreten,* überschwellen [7]). — 15. קָדַר schmutzig, *trübe* sein, קֶרַח Eis, הִתְעַלֵּם sich verbergen, שֶׁלֶג Schnee [8]). — 17. עֵת Zeit, זֹרַב* *(Pu.* v. im *Q.*

[1]) V. 9 *a: Und (dass doch) Gott wollte und mich zermalmte* f. wollte mich zermalmen, G. § 142, 3, *a.*   [2]) V. 10: *So wäre noch mein Trost und frohlocken wollte ich in dem Schmerze, den* er (Gott) *nicht schont,* d. h. schonungslos verhängt, *dass ich nicht verleugnet habe die Worte,* Gebote des Heiligen, des heiligen Gottes. Über וַאֲסַלְּדָה und וּתְהִי siehe E. § 347 *a.* — לֹא יַחְמֹל ein Relativsatz. [3]) Über כִּי s. zu 3, 12.   [4]) V. 12: *Oder ist Kraft der Steine* u. s. w.? אִם oder nach מָה (V. 11), wie sonst (in disjunctiven Fragen) nach הֲ.   [5]) V. 13: *Ist nicht meine Hilfe an mir vernichtet?* d. i. an mir ist alle Hilfe verloren, *und Rettung von mir gestossen?*   [6]) V. 14: *Dem Verzagten* gebührt *von seinem Freunde Liebe, und dem* = selbst dem, *der die Furcht des Allmächtigen verlässt,* aufgiebt. Das *Adject.* מָס ist (wie sonst das *Part.,* G. § 134, Anm. 2) im 2. Glied ins *Verb. fin.* (יַעֲזֹב) übergegangen.   [7]) V. 15: Doch meine *Brüder,* Freunde *täuschten wie ein Bach, wie das Bett von Bächen, welche übertreten. —* יַעֲבֹרוּ ein Relativsatz.   [8]) מִנִּי poet. = מִן, vgl. 7, 6. 9, 3 u. a., G. § 90, 3, *a. —* V. 16 *b* eine *constructio praegnans: auf die herab der Schnee sich birgt,* d. i. auf die der Schnee herabfällt und schmelzend zu Wasser wird, und so als Schnee sich verbirgt (seine Schneenatur verliert) oder schwindet, G. § 141.

u. זָרַב = צָרַב) versengt werden, נִצְמַת vernichtet werden, verschwinden, חָמַם warm, heiss werden, נִדְעַךְ *exstingui*, versiegen, מָקוֹם Ort, Stelle [1]). — 18. לָפַת beugen, אֹרַח *Reisezug, Karawane* (vgl. 31, 32), תֹּהוּ Öde [2]). — 19. הִבִּיט (*Q.* u.) blicken, hinblicken, הֲלִיכוֹת Reisezüge, Wanderzüge, Karawanen, קִוָּה (*Q.* u.) hoffen — [3]). — 20. בּוֹשׁ zu Schanden werden, בָּטַח vertrauen, חָפֵר erröten [4]). — 21. חֲתַת Schrecken [5]). — 22. הָבוּ *Imp. Pl.* v. יָהַב geben, כֹּחַ *Vermögen, opes*, שָׁחַד schenken, בְּעַד für [6]). — 23. מִלֵּט (*Q.* u.) retten, צַר

---

[1]) V. 17: *Zur Zeit wann, sobald als sie* (durch die Sommerhitze) *versengt werden, sind sie* plötzlich *vernichtet, wenn es heiss wird, versiegt von ihrer Stelle.* בְּעֵת ein *stat. constr.* vor einem Relativsatze: *zur Zeit wann* oder *sobald als*, G. § 123, 3, *b*. E. § 286 *i*; 332 *d*. — Die *Perff.* von plötzlich eintretenden Handlungen, E. § 343 *a*. — בְּחֻמּוֹ (*Inf. m. Suff.*) *wenn es heiss wird*, E. § 295 *a*. [2]) V. 18: *Reisezüge, Karawanen beugen*, lenken ab *ihren Weg*, machen einen Umweg (nach jenen Bächen hin), *sie steigen hinauf* (zu den Bergwassern) *in die Öde und kommen* (weil sie in den ausgetrockneten Bächen kein Wasser mehr finden) *um*. — Für יִלָּפְתוּ ist יִלְפְּתוּ zu lesen. [3]) קַוּוּ־לָמוֹ) *sie hofften sich*, d. i. innig, G. § 154, 3, *e*. E. § 315 *a*. [4]) כִּי־בָטַח) *weil man vertraute*. Die 3. *Sing.* mit unbestimmtem Subjekt, G. § 137, 3, *a*. — Das *Suff. f.* in עָדֶיהָ als *Neutr.* (vgl. V. 29): *bis dahin*. [5]) V. 21*a* nach dem masoret. Texte: *denn nun seid ihr geworden ein Nicht*, d. i. nichtig. Andere lesen statt כִּי כֵּן, und statt לֹא (mit LXX, *Vulg., Syr.* und *Luth.*) לִי. Demnach: *So seid ihr nun für mich geworden*, d. i. so (wie jene versiegten Bäche die Karawanen getäuscht haben) habt ihr auch mich (in der Erwartung, dass ihr mir in meinem Leiden beistehen würdet) getäuscht. — תִּרְאוּ bildet mit וַתִּירָאוּ ein Wortspiel: *„ihr schauet Schrecken und schaudert"*; vgl. 37, 24. Ps. 40, 4. 52, 8. [6]) הֲכִי *ist's dass? num quid? etwa?*, vgl. 2 Sam. 9, 1, E. § 324 *b*. — שִׁחֲדוּ *Imper. Pl. Qal. f.* שַׁחֲדוּ, E. § 226 *d*.

Heiligstedt, Präparation zum Buche Hiob.

Bedränger, Feind, עָרִיץ gewaltthätig, Wüterich, פָּדָה erlösen[1]).
24. הוֹרָה lehren, belehren, הֶחֱרִישׁ schweigen, שָׁגָה irren, fehlen, הֵבִין lehren, erklären, m. לְ der Pers. u. d. *Acc.* der Sache. — 25. נִמְרַץ (Q. u. = נִמְלַץ Ps. 119, 103) süss sein, יֹשֶׁר Geradheit, אִמְרֵי יֹשֶׁר *Worte der Geradheit*, d. i. gerade, aufrichtige, ehrliche Worte, הוֹכִיחַ verweisen, tadeln, rügen [2]). — 26. מִלָּה Wort, חָשַׁב denken, gedenken, רוּחַ Wind, נוֹאָשׁ (*Niph.* v. im Q. u. יָאַשׁ) verzweifeln, *Part.* נוֹאָשׁ ein Verzweifelnder [3]). — 27. אַף auch, sogar, יָתוֹם Waise, הִפִּיל fallen lassen, werfen, mit und (wie hier) ohne גּוֹרָל *das Los werfen*, כָּרָה kaufen, mit עַל *über* jemanden *handeln, einen Handel schliessen* [4]). — 28. הוֹאִיל wollen, פָּנָה blicken, m. בְּ auf jem.; כָּזַב lügen [5]). — 29. שׁוּב umkehren, עַוְלָה Unrecht, צֶדֶק Recht [6]). —

---

[1]) Der *Imper.* (מַלְּטוּנִי) ist in das *Impf.* (תִּפְדּוּנִי) übergegangen, E. § 350 a.   [2]) V. 25 b: *aber was rügt das Rügen von euch*, das von euch ausgehende Rügen? worauf beziehen sich eure Vorwürfe? Der *Inf. absol.* הוֹכֵחַ als *Substant.*, E. § 156 c.   [3]) V. 26: *Gedenket ihr Worte,* blosse Worte (im Gegensatz von Thaten) *zu rügen? aber dem Winde* (vgl. 8, 2. 15, 2. 16, 3) gehören, in den Wind gehen, vom Winde fortgetragen verhallen *die Worte des Verzweifelnden* (ohne jemandem zu schaden, und man darf sie daher nicht allzustreng beurteilen). הוֹכֵחַ *Inf. constr.* G. § 65, 1. E. § 131 b.   [4]) *Sogar um eine Waise würdet ihr das Los werfen, und würdet über euern Freund handeln*, ihn verhandeln. Über die *Impff.* תָּפִילוּ u. תִּכְרוּ vgl. 3, 13. 16. E. § 136 f. — כָּרָה And.: (Gruben) graben f. nachstellen.   [5]) V. 28: *Und nun, wollet doch auf mich blicken! und fürwahr, euch ins Gesicht werde ich nicht lügen!* הוֹאִילוּ—בִי *wollet, blicket auf mich,* f. wollet auf mich blicken, G. § 142, 3, b. — Über עַל־פְּנֵיכֶם s. zu 1, 11. — אִם *gewiss nicht!* vgl. 1, 11. G. § 155, 2, f. E. § 356 a.   [6]) *Kehret doch um* (näml. von dem unrechten Wege, den ihr eingeschlagen habt)! *nicht geschehe Unrecht* (näml. von eurer Seite) *und kehret um, noch ist mein Recht*

— 30. לָשׁוֹן Zunge, חֵךְ Gaumen, בִּין bemerken, verstehen, הַוָּה Frevel¹).

Cap. VII. 1. צָבָא Kriegsdienst, Frohndienst, שָׂכִיר Lohnarbeiter, Tagelöhner. — 2. שָׁאַף nach etwas lechzen, m. d. Acc., צֵל Schatten, קִוָּה auf etwas harren, m. d. Acc.; פֹּעַל Lohn. — 3. הָנְחַל besitzen gemacht werden, d. i. zum (unwillkommenen) Besitz erhalten, יֶרַח Monat, שָׁוְא Unheil, Täuschung, עָמָל Mühsal, Ungemach, מִנָּה zuzählen, zuteilen²). — 4. שָׁכַב sich niederlegen, מָתַי wann? קוּם aufstehen, מִדַּד (Pi. mit a., G. § 52, Anm. 1) sich lang dehnen, שָׂבַע satt werden, נְדֻדִים* (ruheloses) Sichhinundherwerfen (eines Schlaflosen auf dem Lager), Unruhe (E. § 153 a, 179 a), נֶשֶׁף Dämmerung³). — 5. לָבַשׁ anziehen, רִמָּה Moder, גּוּשׁ* Q'ri Scholle, גּוּשׁ עָפָר Erdscholle, Erdkruste, עוֹר Haut, רָגַע sich zusammenziehen, zusammenballen (in Knoten), מָאַס (= מָסַם, vgl. Ps. 58, 8) Niph. zerfliessen, flüssig werden, (wieder) aufbrechen⁴). — 6. קַלֵּל schnell

---

darin, d. i. in meiner Sache, noch stehe ich unschuldig da! — Für das K'thib וְשָׁבִי ist nach dem Q'ri und den alten Übersetzungen וְשֻׁבִי zu lesen. — Das Suff. f. in בָּהּ als Neutr., vgl. V. 20. ¹) V. 30 b: oder versteht mein Gaumen nicht Frevel? d. i. vermag ich es nicht einzusehen, wenn ich Frevelhaftes rede? חֵךְ hier als Werkzeug der Einsicht oder Urteilsfähigkeit.   ²) V. 3: So erhielt ich zugeeignet Monate des Ungemachs, und Nächte der Mühsal hat man mir zugeteilt, d. i. sind mir zugeteilt worden (G. § 137 *)). Zum Pass. חָנְחַלְתִּי mit dem Acc. des Objekts יְרָחֵי שָׁוְא, vgl. G. § 143, 1. — מִנּוּ man hat zugeteilt, vgl. 6, 2. u. s. zu 4, 19. ³) V. 4: Wenn ich mich niederlege, so sage, denke ich: „wann werde ich aufstehen?" und lang dehnt sich der Abend und satt werd' ich der Unruhe bis zur Dämmerung, Morgendämmerung. — אִם mit dem Perf., E. § 355 b. -- Das den Nachsatz einführende Perf. cons. וְאָמַרְתִּי (mit dem Tone auf Penult., wie וְשָׂבַעְתִּי, E. § 234 c), von einer oft wiederholbaren Handlung in der Gegenwart, E. § 342 b.   ⁴) V. 5 a: Angezogen hat mein Leib Moder und

sein, אֶרֶג Weberschiffchen, כָּלָה vergehen, verschwinden, hinschwinden, אֶפֶס nicht, בְּאֶפֶס ohne, תִּקְוָה Hoffnung¹). — 7. זָכַר gedenken, רוּחַ Hauch, חַיִּים Leben, טוֹב Gutes, Glück²). — 8. שׁוּר schauen³). — 9. עָנָן Wolke, הָלַךְ dahin gehen, verschwinden, יָרַד hinabsteigen, יָרַד שְׁאוֹל in die Unterwelt hinabsinken, עָלָה heraufsteigen⁴). — 10. עוֹד wiederum, wieder, הִכִּיר erkennen. — 11. חָשַׂךְ zurückhalten, hemmen, צַר Bedrängnis, שִׂיחַ klagen, מַר Bitteres, Bitterkeit, *Betrübnis, Kummer*⁵).

12. יָם Meer, תַּנִּין Meeresungeheuer, Ungeheuer, שִׂים aufstellen, עַל gegen, מִשְׁמָר Wache⁶). — 13. כִּי *wann*, wenn, נָחַם trösten, עֶרֶשׂ Bett, נָשָׂא m. בְּ *an* etwas tragen, es tragen helfen, שִׂיחַ Klage, מִשְׁכָּב Lager⁷). — 14. חִתַּת schrecken, חֲלוֹם Traum, חִזָּיוֹן Gesicht, Vision, בָּעַת schrecken, ängstigen⁸). — 15. בָּחַר m. folgendem מִן *lieber wollen, als —, vorziehen,*

Erdkrusten, bekleidet, bedeckt ist mein Leib mit Moder und Erdkrusten. ¹) V. 6 a: *Meine Tage sind schneller, gleiten schneller, als ein Weberschiffchen.* מִנִּי poet. = מִן, s. zu 6, 16. ²) V. 7 b: *nicht wird mein Auge wiederkehren zu sehen Glück*, d. i. nicht wird mein Auge wieder Glück sehen, G. § 142, 2. ³) V. 8: *Nicht wird mich* (wieder) *sehen das Auge dessen, der mich jetzt sieht; deine Augen* sind *auf mich* gerichtet, d. i. deine Augen suchen mich, *und ich bin nicht mehr*, suchst du mich (um mir eine Gnade zu erweisen), so wirst du dann mich nicht mehr unter den Lebenden finden, vgl. V. 21. רֹאִי *Part.* mit *Suff. Nom.* ⁴) וַיֵּלַךְ *Impf. cons.* in *Pausa*, G. § 69, Anm. 3. ⁵) גַּם אֲנִי *auch ich* meinerseits, vgl. Am. 4, 6. Mich. 4, 13. E. § 352 a. ⁶) Über כִּי *dass* s. zu 3, 12. ⁷) V. 13: *Wann*, so oft als *ich sage*, denke (vgl. V. 4): *mein Bett soll mich trösten* u. s. w. — כִּי mit dem *Perf.: wann, so oft als*, vgl. אִם im V. 4., E. § 355 b. ⁸) V. 14 ist der Nachsatz zu V. 13: *So schreckst du mich mit Träumen und durch Gesichte ängstigst du mich.* Der Nachsatz ist durch das *Perf. consec.* eingeführt, vgl. V. 4. — וּמֵחֶזְיֹנוֹת מִן *durch*, vgl. 4, 9. — תְּבַעֲתַנִּי mit dem *Suff.* ־נִּי, vgl. 9, 34. 13, 21. E. §. 250 a.

מַחֲנָק* Erstickung¹). — 16. מָאַס verschmähen, verachten, לְעוֹלָם in Ewigkeit, ewig, חָיָה leben, חָדַל ablassen, abstehen von etwas, m. מִן; הֶבֶל Hauch²). — 17. גָּדַל gross halten, hochachten, auszeichnen, שִׁית לֵב animum advertere, den Sinn, die Aufmerksamkeit auf jem. richten, m. אֶל־. — 18. פָּקַד sehen auf —, heimsuchen, רֶגַע Augenblick, בָּחַן prüfen³). — 19. כַּמָּה wie lange?, שָׁעָה m. מִן von jem. wegblicken, הִרְפָּה loslassen, בָּלַע verschlingen, verschlucken, רֹק Speichel⁴). — 20. חָטָא sündigen, פָּעַל thun, נָצַר hüten, bewachen, belauern, נֹצֵר הָאָדָם Menschenhüter, Menschenbelaurer, שִׂים לְ zu etwas machen, מִפְגָּע* Gegenstand des Angriffs, Angriffspunkt, מַשָּׂא (v. נָשָׂא) Last⁵). — 21. נָשָׂא vergeben, פֶּשַׁע Sünde, הֶעֱבִיר vorübergehen, hingehen, ungestraft lassen, vergeben, עָוֹן Schuld, שָׁכַב sich legen, שָׁחַר suchen⁶).

Cap. VIII. 2. עַד־אָן quousque, wie lange?, מִלֵּל reden,

---

¹) V. 15: *So dass Erstickung vorzieht meine Seele, den Tod lieber, als meine Gebeine*, d. i. als meinen elenden Körper, der ein blosses Knochengerippe geworden ist. מַחֲנָק mit *Patach* in der Endsilbe ist *stat. absol.*, vgl. מוּצָק 36, 16. E. § 160 c. ²) מָאַסְתִּי *ich verachte*, näml. mein Leben. Das *Perf.* mit Präsensbedeutung, s. zu 3, 26. — Über כִּי *dass* vgl. V. 12 u. s. zu 3, 12. ³) V. 18: *Und (dass) du ihn heimsuchst* u. s. w. Über das *Impf. consec.* וַתִּפְקְדֶנּוּ s. zu 3, 21. — לִבְקָרִים *jeden Morgen*, לִרְגָעִים *jeden Augenblick*, vgl. Ps. 73, 4. 101, 8. Jes. 27, 4. 33, 2. E. § 217 d. ⁴) עַד־בִּלְעִי רֻקִּי *bis ich meinen Speichel verschlucke*, d. i. nur einen Augenblick (s. Wörterb.). בִּלְעִי *Inf. Qal.* v. בָּלַע m. *Suff.* ⁵) V. 20 a: *Habe ich gesündigt, was kann ich dir damit (Böses) thun*, zu leide thun? חָטָאתִי ein Bedingungssatz, s. zu 4, 2. — לָמָה mit dem Ton auf *penultima* (f. לָמָּה), E § 243 b. — וְאֶהְיֶה וגו׳ *so dass ich mir zur Last geworden bin.* עָלַי eig. *auf mir.* עַל bei den Verbis *lästig sein* (eig. *schwer liegen auf*), G. § 154, b. ⁶) מָה *was? warum?* m. *Segol* auch vor Nichtgutturalen, G. § 37, 1, Anm. — Zum letzten Versgl. vgl. V. 8.

רוּחַ Wind, Sturm, כַּבִּיר gross, heftig¹). — 3. עִוֵּת (Q. u.) beugen, מִשְׁפָּט Recht, צֶדֶק Gerechtigkeit. — 4. שִׁלַּח loslassen, entlassen, m. בְּיַד der Gewalt jem. überlassen, preisgeben²). — 5. שִׁחַר m. אֶל־ sich zu jem. wenden (vgl. 5, 8), הִתְחַנֵּן um Erbarmen, Gnade flehen, m. אֶל־ zu jem. — 6. זַךְ rein, unschuldig, יָשָׁר rechtschaffen, כִּי ja! הֵעִיר aufwachen, שִׁלַּם wiederherstellen, נָוֶה Wohnung, Stätte³). — 7. רֵאשִׁית Anfang, Früheres, מִצְעָר etwas Kleines, Unbedeutendes, Kleinigkeit, אַחֲרִית Späteres, שָׂגָה (= שָׂגָא) gross werden⁴).

8. שָׁאַל fragen, m. לְ d. P., die gefragt wird; דּוֹר Geschlecht, רִישׁוֹן = רִאשׁוֹן (G. § 23, 2) früher, כּוֹנֵן (Pilel v. im Q. u. כּוּן), mit Auslassung von לֵב, sein Herz worauf richten, auf etwas merken, m. לְ; חֵקֶר Forschung, das Erforschte⁵). — 9. תְּמוֹל gestern, לֹא יָדַע ohne Wissen, unwissend sein, צֵל Schat-

---

¹) אֵלֶּה dieses, solches. Das 2. Gl.: und (wie lange) sind ein heftiger Wind, d. i. sowohl stürmisch und leidenschaftlich, als auch leer und eitel (vgl. 15, 2. 16, 3.) die Worte deines Mundes. ²) V. 4: Wenn deine Söhne gegen ihn sündigten, so hat er sie der Gewalt ihrer Sünde, d. i. ihrer Sündenschuld, welche (nach der göttlichen Gerechtigkeit) durch ihre eigene Gewalt die Strafe herbeiführt, preisgegeben. אִם mit dem Perf., als dem Zeichen wirklicher Vergangenheit, E. § 355 b. ³) אַתָּה ist dem פָּנֶיךָ V. 4 entgegengesetzt. — · כִּי עַתָּה וגו׳ Nachsatz zu V. 5 u. 6 a: ja dann wird er über dir erwachen, aufwachen dir zu gut, und wiederherstellen die Stätte deiner Gerechtigkeit, deine gerechte Stätte, d. i. die Stätte, wo du als Gerechter wohnen und die Früchte deiner Gerechtigkeit geniessen wirst! — כִּי ja! vgl. 11, 15. 1 Mos. 18, 20. Ps. 128, 2. E. § 330 b. ⁴) V. 7: Und dein Früheres, früheres Glück wird eine Kleinigkeit, gering sein (im Vergleich mit dem späteren), und dein Späteres, späteres Glück wird sehr gross werden. אַחֲרִית als masc. trotz der Femininendung, E. § 175 g. ⁵) Das Suff. Pl. in אֲבוֹתָם bezieht sich auf das coll. דּוֹר.

ten ¹). — 10. הוֹרָה lehren, לֵב Herz, Verstand, הוֹצִיא hervorbringen ²).

11. גָּאָה in die Höhe wachsen, aufschiessen, גֹּמֶא Papierschilf, בְּלֹא ohne, בִּצָּה Sumpf, שָׂגָא wachsen, אָחוּ Nilgras, Riedgras, בְּלִי ohne ³). — 12. אֵב frischer Trieb (der Pflanzen), קָטַף abpflücken, abschneiden, *Niph. pass.*, לִפְנֵי vor (eher, früher als), חָצִיר Gras, יָבֵשׁ vertrocknen, verdorren ⁴). — 13. אֹרַח *Weg, Pfad,* d. i. Schicksal, שָׁכַח vergessen, תִּקְוָה Hoffnung, חָנֵף ruchlos, אָבַד untergehen. — 14. כֶּסֶל Vertrauen, Zuversicht, קוֹט* *(Impf.* יָקוֹט) brüchig sein, zerreissen, entzweireissen (vgl. *Ges.* Thes. Add. et Emend. p. 110); עַכָּבִישׁ Spinne, בֵּית ע' *Spinnenhaus,* d. i. Spinnengewebe, מִבְטָח Vertrauen, Gegenstand des Vertrauens ⁵). — 15. נִשְׁעַן (*Q.* u.) sich stützen, mit עַל auf etwas, עָמַד stehen, stehen bleiben, בְּ הֶחֱזִיק sich an etwas halten, קוּם *aufrecht bleiben* ⁶). — 16. רָטֹב* saftig, גַּנָּה Garten, יוֹנֶקֶת Sprössling ⁷). — 17. גַּל Steinhaufen, שֹׁרֶשׁ Wurzel, סָבַךְ verflochten werden, sich flechten, schlingen, בֵּית Haus,

---

¹) V. 9: *Denn gestern*, d. i. gestrige od. von gestern (E. § 296 d) *sind wir, denn ein Schatten,* so vergänglich wie ein Schatten (vgl. 14, 2. Ps. 102, 12. 109, 23.) *sind unsere Tage auf Erden.*
²) V. 10 schliesst sich an V. 8 an. — הֵם *sie*, näml. die Alten.
³) V. 11—19: Die Erfahrungen der Alten. V. 11. Über יִשְׂגֶּא (wofür viele *codd.* יִשְׂגֶּה lesen) s. G. § 75, Anm. 21, *a*. ⁴) לֹא יִקָּטֵף ein Zustandsatz (E. § 341 b): „noch ist es in seinem frischen Triebe, *ist nicht abzuschneiden,* so dass es noch nicht (als ausgewachsen, reif) abgeschnitten wird". — וְ im 2. Gl. adversativ: *und doch.* ⁵) V. 14 *a: Er, dessen* (vgl. 5, 5) *Zuversicht* (wie ein schwacher Faden oder ein morsches Gewebe leicht) *entzwei reisst.* ⁶) Das Subj. zu יַעֲמֹד u. יָקוּם ist בֵּיתוֹ. ⁷) V. 16: *Saftig ist er* (näml. der חָנֵף als Pflanze gedacht) *im Angesichte der Sonne,* d. i. im Sonnenschein, in der Sonnenglut bleibt er (eine Zeit lang) frisch, *und über seinen Garten hin* (d. i. den Garten, in dem der חָנֵף wurzelt) *gehen aus,* laufen, seinen Garten überziehen *seine Sprösslinge*, Schösslinge.

אֶבֶן Stein, חָזָה (nach der Grdbdtg.) *durchbohren*[1]). — 18. בָּלַע vertilgen, כָּחֵשׁ verleugnen, m. בְּ [2]). — 19. מָשׂוֹשׂ Freude, Wonne, אַחֵר ein anderer, צָמַח sprossen[3]).

20. מָאַס verschmähen, verwerfen, תָּם unsträflich, fromm, מֵרַע (*Part. Hiph.* v. רָעַע) Übelthäter, Bösewicht[4]). — 21. עַד *während*, מָלֵא m. dopp. *Acc.: mit* etwas füllen, שְׂחוֹק Lachen, שָׂפָה (*Du.* שְׂפָתַיִם) Lippe, תְּרוּעָה Jubel, Jauchzen[5]). — 22. שָׂנֵא hassen, *Part.* שֹׂנֵא Hasser, לָבַשׁ sich in etwas kleiden, m. d. *Acc.*, בֹּשֶׁת Scham, Schande, אֹהֶל Zelt.

Cap. IX. 2. אָמְנָם *Adv.* wahrhaftig, wirklich, צָדַק gerecht sein[6]). — 3. חָפֵץ m. לְ vor dem *Inf.:* geneigt sein, Lust haben etwas zu thun, etwas wollen, רִיב streiten, hadern, עָנָה m. dopp. *Acc.* jemandem etwas antworten[7]). — 4. חָכָם weise,

---

[1]) V. 17: *Über Steinhaufen verflechten sich seine Wurzeln, das Haus der Steine* = Steinschichten *bohrt er durch*. [2]) V. 18: Wenn er (Gott) *ihn vertilgt von seinem Orte, so verleugnet er* (sein Ort) *ihn* sprechend: „*nicht*, nie hab' ich dich gesehen". — Zum 2. Gl. vgl. 7, 10. [3]) V. 19: *Siehe, das ist*, d. i. ein solches (trauriges) Ende nimmt *die Wonne seines Weges*, Lebensweges, *und aus dem Staube sprossen andere*, d. i. sobald er geendigt hat, werden andere Menschen die Stätte, die er bewohnt hatte, einnehmen. הוּא als *Neutr.: das*, vgl. 13, 16. 15, 9. 31, 28. E. § 172 *b*. — אַחֵר *coll.*, daher mit dem *Pl.*, G. § 146, 1. E. § 319 *a*. — Im 2. Gl. wird das Bild der Pflanze wieder aufgenommen. [4]) V. 20 *b*: *und er* (Gott) *hält nicht fest die Hand der Übelthäter*, d. i. er unterstützt die Übelthäter nicht, vgl. Jes. 41, 13. 42, 6. [5]) יְמַלֵּה f. יְמַלֵּא, G. § 75, Anm. 21 *b*. [6]) V. 2 *b*: *und wie wäre der Mensch gerecht bei Gott?* [7]) *Wenn er mit ihm streiten wollte, so würde er ihm nicht antworten eins von tausend*, d. i. so würde er von Gott mit einer solchen Masse Fragen, von denen er ihm nicht eine beantworten könnte, überschüttet werden, dass er notwendig im Unrecht bleiben müsste. אִם mit dem *Impf.* bei der Annahme fast unmöglicher Dinge,

אַמִּיץ stark, כֹּחַ Kraft, הִקְשָׁה mit Auslassung von עֹרֶף seinen Nacken verhärten, hartnäckig sein, *Trotz bieten*, *trotzen*, m. אֶל־; שָׁלֵם unversehrt sein, unversehrt bleiben [1]). — 5. הֶעְתִּיק verrücken, versetzen, הַר Berg, הָפַךְ umkehren, umstürzen, אַף Zorn [2]). — 6. הִרְגִּיז erzittern, aufbeben machen, עַמּוּד Säule, הִתְפַּלָּץ* (*Q*. u.) erschüttert werden [3]). — 7. חֶרֶס Sonne, זָרַח aufgehen, בְּעַד um, ringsum, חָתַם siegeln, m. בְּעַד ein Siegel legen *um* —, versiegeln [4]). — 8. נָטָה ausspannen, לְבַד m. *Suff*. allein, דָּרַךְ treten, m. עַל treten auf —, *schreiten über* —, בָּמָה (*Pl. constr.* בָּמֳתֵי u. בָּמֳתֵי *bâm°the*, G. § 87, Anm. 1. E. § 211 *d*.) Höhe. — 9. עָשׁ* (= עַיִשׁ 38, 32.) das Bärengestirn, der grosse Bär, כְּסִיל das Sternbild *Orion*, כִּימָה die Plejaden, das Siebengestirn, חֶדֶר inneres Gemach, *penetrale*, חַדְרֵי תֵימָן *penetralia austri, die Kammern des Südens*, d. i. verhüllten Räume des fernsten Südens mit ihren Gestirnen. — 10. עַד־אֵין חֵקֶר *bis keine Erforschung ist*, d. i. unerforschlich. Vgl. 5, 9. — 11. עָבַר vorübergehen, vorüberziehen, m. עַל vor, bei jem.; חָלַף daherfahren, vorüberfahren; בִּין bemerken, wahrnehmen, m. לְ [5]). — 12. חָתַף* anfallen, packen, הֵשִׁיב *zurückhalten*, hindern, hemmen. — 13. הֵשִׁיב אַפּוֹ seinen Zorn *zurücknehmen*,

---

E. § 355 *b*. — Das Subj. zu יַחְפֹּף ist Gott, das zu יַעֲנֶנִּי ist der Mensch. — Das *Fem*. אַחַת als *Neutr*.: *eins*, E. § 172 *b*. [1]) V. 4: *Weise im Herzen*, an Verstand, *und stark an Kraft* — *wer hat ihm getrotzt und blieb unversehrt?* חֲכַם לֵבָב וְאַמִּיץ כֹּחַ *cas. absol.*, welche als *Suff*. in אֵלָיו wiederholt werden, G. § 145, 2. [2]) V. 5: *Der Berge verrückt, und sie merken es nicht*, ohne dass sie es merken, *dass er sie umgekehrt hat in seinem Zorn*. וְלֹא יָדְעוּ *und sie* (die Berge) *merken es nicht*, d. i. unvermerkt, unversehens, plötzlich, vgl. Ps. 35, 8. Jer. 50, 24. HL. 6, 12. — אֲשֶׁר *dass* od. *wie*, vgl. 2 Mos. 11, 7. 18, 9. E. § 333 *a*. [3]) V. 6 *b: und ihre Säulen werden erschüttert* = während zugleich ihre S. ersch. w. [4]) V. 7 *a*: *Der befiehlt der Sonne, und sie geht nicht auf*, dass sie nicht aufgeht. [5]) V. 11. וְלֹא אֶרְאֶה *und ich sehe ihn nicht*, ohne dass ich ihn sehe.

von ihm ablassen, שָׁחַח sich beugen, עָזַר helfen, עֹזְרֵי רָהַב die Helfer Rahab's [1]).

14. אַף כִּי geschweige denn, wie viel weniger (vgl. 4, 19.) בָּחַר wählen, עִם gegen [2]). — 15. צָדַק Recht haben, מְשֹׁפֵט (Part. Po. v. שָׁפַט, G. § 55, 1. E. § 125 a) Bestreiter, Gegner, הִתְחַנֵּן um Gnade flehen [3]). — 16. הֶאֱמִין glauben, הֶאֱזִין (Q. u.) hören (eig. Ohren machen, die Ohren spitzen), m. d. Acc. [4]) — 17. שְׂעָרָה Sturm, שׂוּף (= שָׁאַף, vgl. 5, 5. 7, 2) nach jem. schnappen, ihn erschnappen, *überfallen*, הִרְבָּה viel machen, mehren, פֶּצַע Wunde, חִנָּם ohne Ursache [5]). — 18. נָתַן zugeben, gestatten, lassen, m. d. Acc. d. Pers. u. dem *Inf.*; הֵשִׁיב רוּחוֹ Atem schöpfen, כִּי *sondern*, הִשְׂבִּיעַ sättigen, m. dopp. Acc.; מַמְרֹרִים * (v. מָרַר, m. *Dagesch dirimens*, G. § 20, 2, b. E. § 28 b.) Bitterkeiten, bittere Leiden [6]). — 19. הוֹעִיד jem.

---

[1]) רָהַב *Rahab* (eig. Toben, Ungestüm, dah. ungestümes Wesen und) hier, wie 26, 12, Name eines Seeungeheuers, Seeungetüms. [2]) V. 14: *Wie nun sollte*, od. könnte *ich* (d. i. ich schwacher Mensch) *ihm antworten, wollte*, od. könnte *wählen meine Worte gegen ihn*, d. i. im Gespräch mit ihm die Ausdrücke sorgfältig abwägen, um immer die rechten und passenden Worte zu treffen? Über den *Cohortat.* אֶבְחֲרָה s. E. § 338 a. [3]) V. 15: *Der ich, wenn ich* (auch) *Recht hätte, nicht antworten könnte, zu meinem Gegner um Gnade flehen müsste.* Über die *Impff.* V. 15—18 vgl. V. 14. 3, 13. u. s. E. § 136 f. [4]) V. 16 (Der) *ich, wenn ich gerufen und er mir geantwortet hätte, nicht glauben würde, dass er meine Stimme hörte.* קָרָא *rufen*, d. i. hier *in jus vocare*, zum Gericht rufen; demnach עָנָה *antworten* = zum Gericht erscheinen. [5]) V. 17 a: *Er, der mich im Sturme überfallen würde.* אֲשֶׁר bezieht sich auf das Subj. von יַאֲזִין V. 16. — וְהִרְבָּה *Perf. cons.: und mehren würde.* [6]) V. 18: (Der) *mich nicht Atem schöpfen, zu Atem kommen lassen würde* (vgl. 7, 19.), *sondern mich mit Bitterkeiten sättigen.* Der *Inf. absol.* הָשֵׁב als *Objekt* eines andern Verb., G. § 131, 1. E. § 240 a. — יַשְׂבִּעֵנִי f. יְשַׂבְּעֵנִי E. § 249 d.

bestellen, ins Gericht bestellen, vor Gericht fordern [1]). —
20. הִרְשִׁיעַ für schuldig erklären, verdammen, תָּם schuldlos,
unschuldig, הֶעֱקִישׁ (Q. u.) verkehren, d. i. für verkehrt, schuldig erklären [2]). — 21. מָאַס verachten [3]). — 22. כָּלָה vertilgen,
vernichten [4]). — 23 שׁוֹט Geissel, פִּתְאֹם plötzlich, מַסָּה (v. מָסַס)
Verzagen, Verzweiflung, נָקִי unschuldig, לָעַג spotten, m. לְ [5]). —
24. שֹׁפֵט Richter, כִּסָּה bedecken, verhüllen, אֵפוֹ (ausserhalb des
B. Hiob אֵפוֹא geschrieben) gebraucht zur Hervorhebung der
Frage, wie ποτέ, tandem, nun denn (E. § 105 d.) [6]). — 25. קָלַל
schnell sein, רוּץ laufen, Part. רָץ Läufer (Eilbote), בָּרַח fliehen,
entfliehen [7]). — 26. חָלַף dahinfahren, אֳנִיָּה (v. אָנָה) Schiff,

---

[1]) V. 19: *Wenn es die Kraft des Starken betrifft*, es auf die
Kraft des Starken ankommt — *„siehe da* mich" (sagt er), da bin
ich, ich stehe zu Diensten, bin zum Kampfe bereit, *und wenn es
das Recht betrifft*, auf das Recht ankommt — *„wer wird mich fordern, vor Gericht fordern?"*, wer kann mich als mein Richter zur
Rechenschaft, zur Verantwortung ziehen? הִנֵּה f. הִנְנִי, E. § 299 a.
[2]) *Wenn ich gerecht wäre, mein eigner Mund würde mich verdammen, wäre ich schuldlos*, er (Gott) *würde mich verkehren*, für
verkehrt, schuldig erklären. וַיַּעְקְשֵׁנִי f. יַעְקִישֵׁנִי, G. § 53, Anm. 4.
u. 60, Anm. 5. Über das *Impf. cons.* vgl. 7, 18. u. s. z. 3, 21.
[3]) V. 21: *Unschuldig bin ich, nicht kenne ich meine Seele*, d. i.
nicht kümmere ich mich um meine Seele (vgl. 1 M. 39, 6.
Ps. 1, 6.), *verachte mein Leben*, d. i. ich behaupte offen, dass ich
unschuldig bin, selbst auf die Gefahr hin, dass mir dies das Leben
kostet. [4]) V. 22: *Eins ist es*, d. i. gleich, gleichgiltig ist es,
ob ich lebe oder sterbe; *darum spreche ich: Schuldlosen und Schuldigen vertilgt er* (näml. Gott). אַחַת *eins*, s. zu V. 3. [5]) V. 23:
Wenn eine Geissel, d. i. eine Landplage (vgl. Jes. 28, 15), *plötzlich
tötet, so spottet er der Verzweiflung Unschuldiger*. [6]) אִם־לֹא
וגו׳ *wenn nicht*, wenn er (Gott) es nicht ist, der dies thut, *nun
denn, wer ist es?* [7]) V. 25: *Und meine Tage sind schneller*,
eilen schneller, *als ein Läufer, haben nicht Gutes*, Glück *gesehen*,
ohne Glück gesehen zu haben. לֹא וגו׳ ein Zustandsatz, E. § 341 b.

nomen unitatis v. אֲנִי (G. § 107, 3, *e.*); אֵבֶה* Rohr, אֳנִיּוֹת אֵבֶה Rohrschiffchen, נֶשֶׁר Adler, טוּשׂ* stossen (vom Raubvogel, der auf die Beute stösst), אֹכֶל Speise, Frass[1]). — 27. שָׁכַח vergessen, שִׂיחַ Klage, עָזַב lassen, aufgeben, הִבְלִיג (*Q. u.*) heiter werden, sich erheitern[2]). — 28. יָגֹר fürchten, vor etwas schaudern, עַצֶּבֶת (*Pl. constr.* עַצְּבוֹת) Schmerz, נָקָה lossprechen, freisprechen[3]). — 29. רָשַׁע schuldig sein, לָמָּה־זֶּה *warum denn?* (eig. *warum da?* G. § 122, 2.), הֶבֶל als *Adv.* eitel, umsonst, יָגַע sich abmühen[4]). — 30. הִתְרָחֵץ sich waschen, sich baden, שֶׁלֶג Schnee, הֵזַךְ (*Hiph.* v. זָכַךְ) reinigen, בֹּר == בָּר (Jes. 1, 25.) Laugensalz, Lauge, כַּף Hand. — 31. אָז dann, שַׁחַת (v. שׁוּחַ) Grube, טָבַל tauchen, eintauchen, תָּעַב verabscheuen, שַׂלְמָה (*transp.* f. שִׂמְלָה) Kleid[5]). — 32. מִשְׁפָּט Gericht, יַחְדָּו zusammen[6]). — 33. הוֹכִיחַ richten, entscheiden, *Part.* מוֹכִיחַ

---

[1]) V. 26: *Sie fahren dahin mit Rohrschiffchen*, wie Rohrschiffchen, so schnell wie Rohrschiffchen, *wie ein Adler, der auf Frass stösst*. יָטוּשׂ וגו׳ ein Relativsatz.   [2]) אִם אָמְרִי *wenn mein Sagen*, Denken *ist*, d. i. wenn ich sage, denke, E. § 355 *b*. אֶעֶזְבָה פָנַי *ich will aufgeben mein Gesicht*, d. i. meine finstere, traurige Miene (vgl. 1 Sam. 1, 18.).   [3]) V. 28 ist der Nachsatz zu V. 27: *So schaudere ich* u. s. w.   [4]) V. 29: *Ich muss schuldig sein, warum denn soll ich mich umsonst abmühen?* (näml. um meine Unschuld an den Tag zu legen).   [5]) V. 30 u. 31: *Wenn ich auch mich wüsche mit Schnee und reinigte mit Lauge meine Hände*, wenn ich auch mich mit den besten Reinigungsmitteln wüsche und reinigte: — *Dann würdest du mich in die Grube*, in eine schlammige Grube, *tauchen, dass mich verabscheuen würden meine Kleider*. Sinn: wenn ich auch meine Unschuld klar und deutlich bewiese, so würde doch Gott (durch Überschüttung mit Leiden, die meine Schuld bezeugen) mich als höchst schuldig darstellen. — בְמוֹ V. 30 (wofür das *Q'ri* unnötig בְּמֵי *in Wasser*, wie dagegen Jes. 25, 10 בְּמוֹ f. בְּמֵי) poet. f. בְּ, vgl. 16, 4. 5. 37, 8. G. § 103, 2, *c.* — וַתְּעָבוּנִי V. 31 *Perf. cons.*   [6]) V. 32: *Denn nicht ein Mann wie ich ist er, dass ich ihm erwiderte, dass wir*

Schiedsmann, Schiedsrichter, שִׁית legen¹). — 34. הָסִיר wegnehmen, שֵׁבֶט Stab, אֵימָה Schrecken, בָּעַת schrecken, betäuben²). — 35.³).

Cap. X. 1. נָקְטָה f. נָקְטָה (G. § 67, Anm. 11. E. § 193 c.) *Niph.* v. קָטַט* (= קוּט u. קוּץ) sich ekeln, *Niph.* Ekel, Überdruss haben, empfinden an etwas, m. בְּ; עָזַב frei lassen, einer Sache freien Lauf lassen, מַר *Kummer* (s. 7, 11.)⁴). — 2. הִרְשִׁיעַ verdammen, הוֹדִיעַ wissen lassen, kund thun, עַל־מָה weshalb? warum?, רִיב hier m. dem *Acc.* jem. bestreiten, mit ihm streiten. — 3. טוֹב לְךָ *es ist dir gut*, d. i. es ist passend für dich, steht dir schön, geziemt dir, עָשַׁק bedrücken, unterdrücken, מָאַס verwerfen, verstossen, יְגִיעַ Arbeit, Erarbeitetes, *Werk*, עֵצָה Rat, הוֹפִיעַ leuchten⁵). — 4⁶). — 5. שָׁנָה Jahr, גֶּבֶר Mann. —

---

zusammengingen ins Gericht. Vor den *Impff.* אֲנַעֲנוּ u. נָבוֹא, wie vor den *Jussiv* יָשֵׁת V. 33, ist das וְ *cons.* ausgelassen, E. § 347 b.
¹) V. 33: *Nicht ist zwischen uns ein Schiedsrichter, dass er seine Hand legte auf uns beide*, näml. als Zeichen, dass wir beide uns seiner Gewalt, seinem Schiedsspruche zu unterwerfen haben.
²) V. 34: *Er (Gott) nehme weg von mir seinen Stab*, mit dem er mich schlägt, d. i. die mich jetzt niederdrückende Leidenslast, *und sein Schrecken*, d. i. seine die Menschen erschreckende Erscheinung (vgl. 33, 21. 33, 7.), *betäube mich nicht!* מֵעָלָי eig. *von auf mir*, s. zu 13, 21.   ³) 35 b: *Denn nicht also*, näml. dass ich ihn fürchten müsste, *bin ich bei mir*, d. i. in meinem Innern, meiner Seele, meinem Gedanken (vgl. 10, 13. 15, 9. 23, 14. 27, 11. E. § 217 h.), d. h. ich bin mir nicht solches bewusst, dass ich ihn aus bösem Gewissen fürchten müsste.   ⁴) עֲזוּבָה—שִׂיחִי *so will ich denn frei lassen bei mir meine Klage*. עָלָי *an mir, bei mir*, vgl. 30, 16.   ⁵) וְעַל וְגוּ' ein Zustandsatz: *während du über den Rat der Frevler leuchtest*, d. i. ihn begünstigst, E. § 341 a.
⁶) V. 4: *Hast du Fleisches Augen*, menschliche, sinnliche Augen, *oder siehest du, wie Menschen sehen?* bist du, wie Menschen, kurzsichtig und der Täuschung unterworfen?

6. בָּקֵשׁ (*Q.* u.) suchen, m. לְ *nach* etwas, עָוֹן Schuld, חַטָּאת Sünde, דָּרַשׁ suchen, forschen, m. לְ *nach* etwas [1]). — 7. הִצִּיל retten [2]).

8. עָצַב (mit Mühe und Sorgfalt) bilden, schaffen, יַחַד zusammen, סָבִיב ringsum, בִּלַּע verderben, vertilgen [3]). — 9. זָכַר gedenken, חֹמֶר Thon [4]). — 10. חָלָב Milch, הִתִּיךְ hingiessen, *הִקְפִּיא gerinnen lassen [5]), גְּבִינָה Käse. — 11. עוֹר Haut, הִלְבִּישׁ mit etwas bekleiden, m. dopp. *Acc.*; עֶצֶם Knochen, גִּיד Sehne, שָׂכַךְ (*Pil.* v. שׂוּךְ) durchflechten, durchweben. — 12. חֶסֶד Gnade, פְּקֻדָּה Aufsehen, Obhut, שָׁמַר bewahren [6]). — 13. צָפַן verbergen, bergen [7]). — 14. שָׁמַר *belauern*, נִקָּה freisprechen [8]). — 15. רָשַׁע *freveln*, אַלְלַי wehe! נָשָׂא erheben, שְׂבַע *st. constr.* vom *Adj.* שָׂבֵעַ satt, gesättigt, קָלוֹן Schmach, עֳנִי Elend [9]). —

---

[1]) כִּי dass, s. zu 3, 12.   [2]) עַל־דַּעְתְּךָ *über deinem Wissen* d. i. **obgleich du weisst**, vgl. 16, 7. 34, 6. Jes. 53, 9. E. § 217 *i.*
[3]) V. 8: *Deine Hände haben mich* (sorgfältig) *gebildet und so* (d. i. mich sorgfältig bildend) *gemacht*, bereitet, *zusammen, ringsum*, d. i. alles, was an mir ist, alle Glieder und Teile meines Körpers, *und nun vertilgst du mich!*   [4]) V. 9: *Gedenke doch, dass du wie Thon*, d. i. so künstlich, wie man Thon zu einem Kunstgebilde formt, *bereitet hast, und zu Staub willst du mich zurückwenden*, d. i. wieder machen? Das 2 Gl. ein Fragesatz ohne Fragewort, s. zu 2, 10.   [5]) Über die *Impff.* im V. 10f. s. zu 4, 15.   [6]) V. 12 *a*: *Leben und Gnade hast du mit mir gethan*, d. i. mir erwiesen, חַיִּים ist per Zeugma Objekt von עָשִׂיתָ, womit eigentlich nur der 2. *Acc.* חֶסֶד als Objekt verbunden werden kann, vgl. 4, 10. E. § 339 *c.*
[7]) *Und doch hast du dieses in deinem Herzen geborgen, ich weiss, dass dies bei dir*, in deinem Sinne *ist, von dir beschlossen ist*. אֵלֶּה u. זֹאת gehen auf das Folgende V. 14—17. — Über עִם s. zu 9, 35.   [8]) V. 14: *Wenn ich sündigte, so wolltest du mich belauern, und von meiner Schuld mich nicht freisprechen.*   [9]) V. 15: *Wenn ich frevelte, dann wehe mir! und wäre ich gerecht, so sollt' ich nicht mein Haupt erheben, gesättigt von Schmach und*

16. גָּאָה sich erheben, שַׁחַל Löwe, צוּד nachstellen, jagen, m. dem *Acc.;* הִתְפַּלָּא sich wunderbar beweisen, m. בְּ *an* jem.¹).—
17. חָדַשׁ (*Q.* u.) erneuern, עֵד (v. עוּד) Zeuge, נֶגֶד gegenüber, *gegen,* wider, הִרְבָּה mehren, vermehren, כַּעַשׂ Unmut, Grimm, עִם *gegen* (vgl. 9, 14), חֲלִיפָה Wechsel, Abwechselung, צָבָא Heer²).

18. רֶחֶם Mutterleib, הוֹצִיא hervorgehen lassen, גָּוַע sterben, verscheiden³). — 19. בֶּטֶן Mutterleib, Mutterschoss, קֶבֶר Grab, הוּבַל (*Hoph., pass.* v. הוֹבִיל *Hiph.* v. im *Q.* u. יָבַל) ge-

---

sehend mein Elend. וְצִדְקָתִי ein durch das וְ *cons.* eingeführter Bedingungssatz, s. zu 5, 24. — Für וְרָאֵה (*Imper.*) ist וְרֹאֶה (*Part.* im *st. constr.*) zu lesen.   ¹) V. 16: *Und erhöb' es* (mein Haupt) *sich* (frei und mutig), *wie ein Löwe wolltest du mich jagen, und wiederum,* immer wieder aufs neue *dich wunderbar an mir beweisen,* d. i. deine Wundermacht dadurch an mir zu zeigen, dass du mich mit immer neuen Leiden peinigtest. Über die *Jussive* V. 16 f. in Bedingungssätzen, und zwar im Vorder- und Nachsatze G. § 128, 2, *c.* — שׁוּב mit folgendem, ohne וְ angeknüpften, Verb. fin. zur Bezeichnung des Adv. *wiederum,* G. § 142, 3, *b.* — תִּתְפַּלָּא *Impf. Hiph.* m. *Qamez* ausser der Pausa, E. § 141 *c.*   ²) V. 17*a* u. *b:* **Wolltest deine Zeugen gegen mich erneuern,** neue von deinen Zeugen gegen mich auftreten lassen, d. i. neue Leiden, die von den Menschen für Beweise meiner Schuld gehalten werden, über mich verhängen, *und deinen Unmut wider mich vermehren.* תֶּרֶב *Juss. Hiph.* — Das 3. Gl. חֲלִיפוֹת וגו׳ ein Interjectionalsatz (E. § 328 *a*): *Abwechselungen,* d. i. neue, ablösende Scharen *und ein Heer,* d. i. mit einem Heere (E. § 339 *a*); näml. mit dem alten Heere *gegen mich!* d. h. zu den alten Leiden immer neue! vgl. 6, 4. 19, 12. 30, 12. — עִמָּדִי u. עִמִּי wechseln nach den Gliedern des V. ab, E. § 265 *c.*   ³) V. 18 *b:* *ich wäre gestorben,* (näml. wenn mich Gott nicht hätte aus dem Mutterleibe hervorgehen lassen) *und ein Auge sah mich nicht,* ohne dass ein Auge mich sah. Über die *Impff.* אֶגְוַע V. 18, אֶהְיֶה u. אוּבַל V. 19 vgl. 3, 16. G. § 127, 5. — וְעַיִן וגו׳ ein Zustandsatz, E. § 341 *a,*

führt, *getragen* werden ¹). — 20. מְעַט wenig, חֲדַל aufhören, ablassen, שִׁית m. מִן *absetzen*, d. i. abstehen, ablassen *von* jem., הִבְלִיג sich erheitern ²). — 21. בְּטֶרֶם ehe, bevor, הָלַךְ *hingehen, weggehen*, צַלְמָוֶת s. zu 3, 5. ³). — 22. עֵפָתָה ist עֵיפָה Finsternis mit doppelter Femininendung (s. zu 5, 16.), אֹפֶל (dichte) Finsternis, סֵדֶר* Reihe, Ordnung, לֹא־סְדָרִים *Nicht-Reihen*, d. i. Unordnung (E. § 270 a. u. 286 g.), הוֹפִיעַ leuchten, hell werden ⁴).

Cap. XI. 2. רֹב דְּבָרִים Wortmenge, Wortschwall, נַעֲנָה erwidert werden, אִישׁ שְׂפָתַיִם *Lippenmann*, d. i. Schwätzer, צָדֵק Recht *behalten* ⁵). — 3. בַּדִּים (*Pl.* v. בַּד) eitles, thörichtes Geschwätz, Prahlen, מְתִים Männer, Leute, הֶחֱרִישׁ *zum Schweigen bringen*, לָעַג spotten, הִכְלִים (*Q.* u.) beschämen ⁶). — 4. זָךְ

---

¹) *Als wäre ich nicht gewesen, wäre ich, vom Mutterschosse weg wäre ich zum Grabe getragen worden.* ²) *Sind nicht wenig meine Tage, meine noch übrigen Lebenstage? er höre auf! lasse ab von mir, dass ich ein wenig mich erheitere!* Für das *K'thib* יֶחְדַּל u. שִׁית, welche *Impff.* die Bedeutung eines *Jussiv* haben (E. § 224 b), liest das *Q'ri* unnötig die *Imperr.* וַחֲדַל u. וְשִׁית. — וְאַבְלִיגָה *Cohort.* cons.: *dass ich mich erheitere*, G. § 128, 1 c. E. § 235 a. ³) V. 21: *Bevor ich hingehe und nicht zurückkehre, ohne zurückzukehren, in das Land der Finsternis und schwarzen Nacht.* אֶל־ ist mit אֶרֶץ וגו' zu verbinden. — וְלֹא אָשׁוּב ein Zustandsatz oder Nebensatz, vgl. 15, 18. 42, 3. E. § 341 a. ⁴) *In das Land der Dunkelheit gleich Mitternacht, der schwarzen Finsternis und Unordnung, so dass es hell wird wie Mitternacht,* d. i. ein Land (näml. der שְׁאֹל), worin eine solche Finsternis herrscht, dass dort der helle Tag so finster ist, wie auf Erden die Mitternacht. Das *Impf. cons.* וַתֹּפַע von der Gegenwart, vgl. 7, 18. 9, 20 u. s. zu 3, 21. Das *Fem.* als *Neutr.*, s. zu 4, 5. ⁵) V. 2: *Soll Wortschwall nicht erwidert, unbeantwortet gelassen werden, oder ein Schwätzer Recht behalten?* ⁶) V. 3: *Dein eitles Geschwätz bringt die Leute zum Schweigen, so dass du spottest, ohne dass*

Hiob. Cap. XI, 4 – 10.

rein, lauter, לֶקַח Lehre, בַּר rein. — 5. אוּלָם aber, פָּתַח öffnen,
aufthun, עִם gegen (vgl. 9, 14. 10, 17.) ¹). — 6. הִגִּיד kund thun,
תַּעֲלֻמָה das Verborgene, *Pl.* Geheimnisse, כִּפְלַיִם (*Du.* v. כֵּפֶל)
das Doppelte, תּוּשִׁיָּה Verstand, Einsicht, הִשָּׁה (*Hiph.* v. נָשָׁה)
vergessen lassen, in Vergessenheit bringen ²).

7. חֵקֶר *das zu Erforschende*, das Innerste, der (verborgene)
Grund einer Sache, מָצָא m. d. *Acc.:* erreichen (l. Gl.), m. עַד:
hinreichen, gelangen zu — (2. Gl.), תַּכְלִית (v. כָּלָה) *das Äusserste,
Ende* ³). — 8. גֹּבַהּ Höhe, עֹמֶק (f. עֲמֻקָּה), tief, שְׁאוֹל Unterwelt ⁴).
— 9. אֹרֶךְ (*f.* אֲרֻכָּה) lang, מִדָּה Mass, רָחָב breit ⁵). — 10. חָלַף

---

jemand dich beschämt (durch Widerlegung). וַתִּלְעָג eig. *so dass
du spottetest.* Die *Impff. cons.* V. 3 f. mit Übergang von Gegenwärtigem in Vergangenes, vgl. 2, 3. E. § 342 *a*.   ¹) Aber o
dass doch Gott redete und seine Lippen aufthäte gegen dich! Die
Wunschformel מִי יִתֵּן im 1. Gl. m. einem *Inf.* u. im 2. Gl. m. dem
Verb. fin., vgl. 6, 8. G. § 136, 1, *b* u. *c.* Das Subj. des *Inf.*
steht des Nachdrucks wegen vor demselben, E. § 329 *c.*   ²) *Und
dir kund thäte die Geheimnisse der Weisheit, wie sie das Doppelte
sind,* doppelt so stark sind *an Verstand* (als du meinst), *dann erkenne,* müsstest du erkennen, *dass Gott dir in Vergessenheit bringt
einen Teil von deiner Schuld,* dir einen Teil deiner Schuld nicht
anrechnet, dich also weniger straft, als du es verdienst. Der
Wunsch V. 5 wird V. 6 fortgesetzt, daher der *Jussiv* יַגֶּד־. Über
die Construktion der Worte וְיַגֶּד־לְחוּשִׁי und *dir kund thäte die
Geheimnisse der Weisheit, dass* od. *wie sie u. s. w.,* vgl. 22, 12.
E. § 336 *b.* — Der *Imper. cons.* וְדַע von der sicheren, notwendigen
Folge, E. § 347 *a.*   ³) V. 7: *Kannst du den Grund, die Tiefe
Gottes erreichen, oder zu dem Äussersten des Allmächtigen,* im Allmächtigen *hinanreichen* (mit deiner Erkenntnis)?   ⁴) V. 8: *Himmelshöhen!* himmelhoch ist sie — *was willst du thun?* näml. um diese
Himmelshöhen der Weisheit zu ersteigen, wie willst du dies an-
fangen? *Tiefer als die Unterwelt* ist sie, *was weisst du?* näml. von
einer solchen Tiefe, wie kann dein Blick in eine solche Tiefe
hinunterreichen? גָּבְהֵי שָׁמַיִם ein Interjectionalsatz, E. § 327 *a.*
  ⁵) V. 9: *Länger als die Erde ist ihr Mass und breiter* (ist sie) *als*

daherfahren, einherfahren, הִסְגִּיר verschliessen, einschliessen, verhaften, הִקְהִיל versammeln, eine Versammlung, ein *Gericht* berufen, הֵשִׁיב zurückhalten, hemmen¹). — 11. מְתֵי־שָׁוְא *Leute des Bösen, der Sünde*, d. i. böse, sündige Leute, אָוֶן Frevel, הִתְבּוֹנֵן *(Hithpal.* v. בִּין) *aufmerken*²). — 12. נָבוּב *hohl* d. i. hohlköpfig, einsichtslos, unverständig, נִלְבַב *(denom.* v. לֵבָב) *Herz*, d. i. Verstand *bekommen*, verständig, einsichtsvoll werden, עַיִר junger Esel, Eselfüllen, עַיִר פֶּרֶא (im Appositionsverhältnis, G. § 113.) Waldeselfüllen³).

13. הֵכִין לֵב *das Herz zurichten*, d. i. in die rechte Verfassung bringen, פָּרַשׂ ausbreiten⁴). — 14. הִרְחִיק entfernen, הִשְׁכִּין wohnen lassen, אֹהֶל Zelt, עַוְלָה Unrecht⁵). — 15. כִּי *ja!* s. zu 8, 6.), נָשָׂא erheben, מוּם Flecken, Makel, מֻצָק *(Part.*

---

¹) וּמִי יְשִׁיבֶנּוּ das Meer. — מִדָּה verkürzt aus מִדָּתָהּ = ihr Mass. Nachsatz, durch וְ eingeführt: *wer wird ihn hemmen?* vgl. 9, 12. ²) V. 11*b*: *und sieht den Frevel, ohne dass er aufmerkt*, d. i. ohne dass er (als Allwissender, der in jedem Augenblicke alles weiss, was geschieht,) nötig hat, darauf zu merken, die Thaten der Menschen lange zu beobachten. Vgl. 34, 23. — Über das *Impf. cons.* וַיַּרְא s. zu 3, 21. ³) V. 12: *So wird ein hohler*, hohlköpfiger, einsichtsloser *Mann einsichtsvoll, und ein Waldeselfüllen* (vgl. 1 M. 16, 12. Hos. 8, 9) *wird zum Menschen* (neu) *geboren*, d. i. ein wilder, ungeberdiger und trotziger Mensch wird menschenwürdige Gesinnung annehmen, also zahm, sittsam und bescheiden werden. נָבוּב u. יְלַבֵּב bilden ein Wortspiel: „*so wird leicht ein leerer Mann gelehrt*" *(Ewald).* ⁴) V. 13: *Wenn du dein Herz zurichtest*, in die rechte Verfassung bringst (es also für aufrichtige Reue und Busse empfänglich machst) *und zu ihm deine Hände ausbreitest*, mit ausgebreiteten Händen zu Gott betest (Jes. 1, 15) und zu ihm um Gnade flehest (Hiob 8, 5). אִם mit dem *Perf.* von einer zukünftigen Handlung, E. § 355*b*. ⁵) V. 14 drückt als parenthetisch eingeschobener Satz die notwendige Bedingung der Gebetserhörung aus, daher die Verba im *Imper.* u. *Jussiv.* Das

Hoph. v. נָצַק gegossen, *festgegossen*, d. i. festgegründet, feststehend, sicher [1]). — 16. עָמָל Ungemach, עָבַר vorüberfliessen, verlaufen, זָכַר gedenken [2]). — 17. צָהֳרַיִם Mittag, חֶלֶד Lebensdauer, Leben, עוּף dunkel werden, dunkeln [3]). — 18. בָּטַח vertrauen, Vertrauen haben, תִּקְוָה Hoffnung, חָפַר spähen, בֶּטַח Sicherheit, לָבֶטַח in Sicherheit, sicher, *secure, getrost*, שָׁכַב sich niederlegen [4]). — 19. רָבַץ sich lagern, הֶחֱרִיד schrecken, aufschrecken, aufscheuchen, חִלָּה פְּנֵי פ׳ jem. schmeicheln. — 20. כָּלָה verschmachten, hinschmachten, מָנוֹס Flucht, Zuflucht, מַפַּח* (v. נָפַח) Aushauch, מַפַּח נֶפֶשׁ *Aushauch der Seele*, d. i. der Tod [5]).

---

1. Gl.: *Wenn Frevel in deiner Hand ist, entferne ihn.* — Über א in אֹהָלֶיךָ s. G. § 93, 6, 6. E. § 186 d. [1]) V. 15 Nachsatz zu V. 13: *Ja dann wirst du erheben* u. s. w. מִמּוּם *von Flecken ab*, d. i. ohne Flecken, fleckenlos, vgl. 19, 26. 21, 9. E. § 217 b. [2]) V. 16: *Denn du wirst das Ungemach vergessen; wie an ein Wasser, das verlaufen ist* (und nicht wiederkehrt), *wirst du* daran *denken*. עָמָל ist Objekt zu תִּשְׁכַּח u. תִּזְכֹּר. — עָבְרוּ ein Relativsatz. [3]) V. 17: *Und vor dem Mittage*, d. i. heller als der Mittag *erhebt sich das Leben*, d. i. im hellsten Sonnenglanze wird dein Lebensglück strahlen, das glänzendste Lebensglück wird dir zu teil werden; *mag es dunkel werden, wie der Morgen wird es sein*, d. i. kommt auch einmal ein Dunkel, so wird es immer noch so hell wie der Morgen sein. תָּעֻפָה *Jussiv* mit der Endung הָ (G. § 48, 3. Anm.), ist der Vordersatz eines Bedingungssatzes, wozu בַּבֹּקֶר תִּהְיֶה der Nachsatz ist. — Über die *Jussive* in Bedingungssätzen, vgl. 10, 16 u. s. G. § 128, 2, c. — Die *Femm.* תָּעֻפָה u. תִּהְיֶה als Neutr., vgl. 10, 22. [4]) V. 18 a: *Und du wirst Vertrauen haben, weil Hoffnung da ist*, vorhanden ist. וְחָפַרְתָּ וגו׳ *und wirst spähen — getrost dich niederlegen*, d. i. gespäht habend (d. h. nachdem du alle deine Sachen, dein ganzes Hauswesen, untersucht und nirgends eine Gefahr wahrgenommen hast), getr. d. niederl., vgl. 3, 11. 13. E. § 357 a. [5]) V. 20: *Aber die Augen der Frevler verschmachten*, zehren sich ab (in vergeblichem Ausschauen nach Hilfe, vgl. 17, 5.

Cap. XII. 2. אָמְנָם wahrhaftig, fürwahr, עָם Volk [1]). —
3. לֵבָב *Verstand,* נָפַל m. מִן *fallen in Vergleich mit* jem., d. i.
gegen ihn zurückstehen, ihm nachstehen [2]). — 4. שְׂחֹק Lachen,
Gelächter, *Gegenstand des Gelächters,* Spottes, רֵעַ Freund, תָּמִים
fromm [3]). — 5. פִּיד Unglück, בּוּז Verachtung, עַשְׁתּוּת* (nach
mehreren Handschr. und Ausg. עַשְׁתּוֹת) Gedanke, Meinung,
שַׁאֲנָן sicher, sorglos, נָכוֹן *(Part. Niph.* v. כּוּן) bereit, מָעַד wanken, רֶגֶל Fuss [4]). — 6. שָׁלָה sicher, ruhig sein, שָׁדַד verwüsten,
verheeren, *Part.* שֹׁדֵד Verwüster, Gewaltthätiger, בַּטֻּחוֹת* Sicherheit, הִרְגִּיז zum Zorne reizen, erzürnen, הֵבִיא führen [5]).

31, 16.) *und eine Zuflucht ist verloren von ihnen,* ist ihnen verloren, *und ihre Hoffnung,* d. i. was sie noch zu hoffen haben, *ist
Aushauch der Seele* (vgl. 31, 39), d. i. der Tod. Über das *Perf.*
אָבַד s. zu 5, 20. — מֵהֶם poet. = מֵהֶם G. § 103, 2, c.   [1]) V. 2 a:
Wahrhaftig ja, freilich ja, *ihr, ihr allein seid das Volk,* die Leute!
אָמְנָם כִּי *wahrhaftig ja!* E. § 330 b.   [2]) אֶת וְגוֹ *bei wem ist
nicht, wie dieses,* dergleichen? d. i. wer weiss dergleichen nicht?
vgl. 14, 5. Jes. 59, 12. Zu עָם vgl. Hiob 9, 35. 10, 13.   [3]) V. 4:
Ein Gelächter, Gegenstand des Gelächters *seinem Freunde,* einer,
der seinem Freunde ein Gelächter ist, *muss ich sein,* ich, *einer
der rief zu Gott und den er erhörte,* der zu Gott rief und Erhörung
fand, d. i. ein Frommer, den Gott durch Gebetserhörung als seinen
treuen Verehrer und vertrauten Freund anzuerkennen pflegte (vgl.
29, 3. 4. Ps. 4, 4.), *ein Gelächter der Gerechte, Fromme!* קֹרֵא
וַיַּעֲנֵהוּ ist Appos. zum Subj. von אֶהְיֶה.   [4]) *Dem Unglück gebührt
Verachtung nach dem Gedanken des Sicheren,* Sorglosen, *bereit für
die,* sie (die Verachtung) wartet auf die, *deren Fuss wankt,* d. i.
die nahe daran sind, ins Unglück zu stürzen (vgl. Ps. 38, 17).
מוֹעֲדֵי רָגֶל *die wanken mit dem Fusse,* die, deren Fuss wankt, G.
§ 112, 2.   [5]) V. 6: *Ruhig sind Zelte Gewaltthätigen,* d. i. ruhige
Zelte, Wohnungen haben Gewaltthätige *und Sicherheit ist denen,*
haben die, *welche Gott erzürnen,* ist dem, hat der, *welcher Gott in
seiner Hand,* Faust *führt,* d. i. welcher keinen andern Gott als
seine Faust anerkennt, die rohe Gewalt als Gott verehrt. שָׁלֵיו

Hiob. Cap. XII, 7—16.

7. אוּלָם aber, שְׁאַל frage, בְּהֵמָה Tier, הוֹרָה lehren, עוֹף coll. Geflügel, Vögel, הִגִּיד verkünden¹). — 8. אוֹ oder, שִׂיחַ sinnen, סַפֵּר erzählen, דָּג Fisch²). — 9.³) — 10. חַי lebend, lebendig, בְּשַׂר אִישׁ Menschenkörper⁴). — 11. בָּחַן prüfen, חֵךְ Gaumen, טָעַם kosten, schmecken⁵). — 12. יָשִׁישׁ Greis, אֹרֶךְ יָמִים Länge der Tage, d. i. Lebenslänge, langes Leben, תְּבוּנָה Einsicht⁵).

13. גְּבוּרָה Stärke, Macht, עֵצָה Rat⁷). — 14. הָרַס niederreissen, zerstören, נִבְנָה gebaut, (wieder) aufgebaut werden, סָגַר m. עַל über jem. zuschliessen, d. i. ihn einschliessen, אִישׁ jemand, נִפְתַּח geöffnet, losgelassen werden⁸). — 15. עָצַר m. בְּ hemmen, יָבֵשׁ vertrocknen, שָׁלַח loslassen, הָפַךְ umkehren, umwühlen. — 16. עֹז Stärke, Kraft, תּוּשִׁיָּה Weisheit, שָׁגַג irren,

---

Impf. Pl. v. שָׁלוּ G. § 75, Anm. 4. ¹) וְתֹרְךָ *dass sie* (die Tiere) *dich lehren,* וְיַגֶּד־לָךְ *dass sie* (die Vögel) *dir es verkünden. Das Fem. Sing.* תֹּרְךָ auf den *Pl.* בְּהֵמוֹת bezogen, G. § 146, 3. ²) V. 8: *Oder sinne,* d. i. *sprich sinnend zur Erde,* d. i. *zu den kleinen kriechenden Tieren der Erde, dass sie dich lehre, und die Fische des Meeres dir erzählen!* ³) V. 9: *Wer erkennt nicht an allen diesen* (Tieren), *dass die Hand Jahves dieses gethan hat und thut,* d. i. die Allmacht Gottes unter seinen Geschöpfen so waltet? ⁴) V. 10: *Er, in dessen Hand, Gewalt, die Seele alles Lebendigen,* aller lebendigen Wesen, *und der Geist aller Menschenkörper ist.* ⁵) V. 11: *Prüft das Ohr nicht Worte,* die Reden, die es hört (und bewahrt diejenigen, welche ihm gefallen), *so wie der Gaumen Speisen kostet für sich,* d. i. ob ihr Geschmack ihm zusagt, (und bei den ihm zusagenden Speisen bleibt)? Das וְ, mit dem das 2. Gl. beginnt, ist das וְ der *Vergleichung,* s. zu 5, 7. ⁶) V. 12: *In Greisen ist Weisheit, und Lebenslänge,* langes Leben, *ist* (so gut als) *Einsicht.* ⁷) V. 13: *Bei ihm* (näml. Gott) *ist Weisheit und Macht, ihm,* d. i. sein *ist Rat und Einsicht.* ⁸) V. 14a: *Sieh, er zerstört, und nicht wird* (wieder) *aufgebaut,* näml. das Zerstörte.

הִשְׁגָּה irreführen, verführen ¹). — 17. הוֹלִיךְ führen, fortführen, יוֹעֵץ Ratgeber, Rat, שׁוֹלָל entkleidet, הוֹלֵל (Po. v. הָלַל) zum Thoren machen, als Thoren hinstellen ²). — 18. מוּסָר Zucht, Strafgewalt, Regiment, פָּתַח lösen, אָסַר binden, fesseln, אֵזוֹר Gürtel, Gurt, *Band*, Fessel, מָתְנַיִם *Du.* Lenden ⁵). — 19. כֹּהֵן Priester, אֵיתָן fest, *Pl. Feststehende*, d. i. Inhaber einer festen Stellung und Macht, סִלֵּף stürzen. — 20. הֵסִיר nehmen, entziehen, נֶאֱמָן (*Part. Niph.* v. אָמַן) *bewährt*, טַעַם Einsicht, *Urteil*, Urteilskraft, זָקֵן Alter, Greis ¹). — 21. שָׁפַךְ giessen, ausgiessen, בּוּז Verachtung, נָדִיב der Edle (von Stande), *מְזִיחַ (=מֵזַח) Gürtel, אָפִיק stark, רִפָּה schlaff machen ⁵). — 22. גִּלָּה enthüllen, עָמֹק tief, *Pl. f.* עֲמֻקּוֹת *profunda*, Tiefes, צַלְמָוֶת s. zu 3, 5 ⁶). — 23. הִשְׂגִּיא wachsen lassen, Wachstum geben, m. לְ; אִבֵּד verderben, vernichten, שָׁטַח ausbreiten, Ausbreitung geben, m. לְ; הִנְחָה führen, *fortführen*, wegführen ⁷). — 24. לֵב Herz, *Verstand*, רָאשֵׁי עָם Volkshäupter, הִתְעָה irren

---

¹) V. 16 *b: Sein sind Irrender und Irreführer,* d. i. beide, der Irrende und Irreführer, sind in seiner Gewalt, hängen auf gleiche Weise von ihm ab.   ²) שׁוֹלָל] das *Adj.* im *Sing.,* als ein entfernter beschreibendes Prädikat auf einen *Pl.* bezogen, vgl. V. 19. 24, 7. 10. Jes. 20, 4. E. § 316 *b*.   ³) V. 18: *Das Regiment von Königen löst er, und fesselt ein Band an ihre Lenden*, d. i. Königen nimmt er ihre Herrschaft, stösst sie vom Throne, und führt sie gefesselt in Gefangenschaft.   ⁴) V. 20: *Der die Lippe,* Sprache *entzieht den Bewährten,* den in der Redekunst Bewährten, *und das Urteil,* die Urteilskraft *der Alten,* d. i. den Alten *nimmt.*   ⁵) V. 21 *b: Und der den Gürtel der Starken schlaff macht,* d. i. den Mut und die Thatkraft der Starken lähmt.   ⁶) V. 22: *Der Tiefes aus der Finsternis enthüllt,* das in der tiefsten Finsternis Verborgene enthüllt, *und schwarze Nacht zum Licht herausführt,* ans Licht zieht. Über das *Impf. cons.* V. 22—25 s. zu 3, 22.   ⁷) Über לְ nach הִשְׂגִּיא u. שָׁטַח s. E. § 282 *c.*

lassen, תֹּהוּ Öde, Wüste¹). — 25. מָשַׁשׁ betasten (vgl. 5, 14), שִׁכּוֹר trunken²).

Cap. XIII. 1. בִּין merken³). — 2. נָפַל מִן jem. nachstehen (s. p. 12, 3)⁴). — 3. אוּלָם aber, הוֹכִיחַ rechten, seine Sache rechtfertigen, חָפֵץ (Impf. יַחְפֹּץ wie 9, 3, in Pausa יֶחְפָּץ vgl. 5, 18, E. § 93 a.) Lust haben etwas zu thun, wollen⁵). — 4. טָפַל ersinnen, erdichten, שֶׁקֶר Lüge, רֹפֵא (in seiner Grdbdtg.) flicken, zusammenflicken, אֱלִיל nichtig, Nichtiges⁶). — 5. הַחֲרֵישׁ schweigen⁷). — 6. תּוֹכַחַת Zurechtweisung, רִיב Streit, Pl. רִבוֹת (defect. st. רִיבוֹת) Rügen, Vorwürfe, הִקְשִׁיב auf etwas merken, m. dem Acc. — 7. עַוְלָה Unrecht, רְמִיָּה Trug⁸). — 8. נְשֹׂא פְנֵי פ׳

---

¹) V. 24: *Der entzieht den Verstand der Volkshäupter*, d. i. den Volkshäuptern *der Erde, und sie irren lässt in einer Wüste ohne Weg.* לֹא־דָרֶךְ *ohne Weg*, vgl. V. 25. 34, 24. 38, 26. Ps. 59, 4. E. § 286 g. ²) V. 25: *Sie betasten die Finsterniss*, tappen in der Finsterniss, *ohne Licht und er lässt sie irren wie Trunkene.* ³) V. 1: *Seht, alles hat mein Auge gesehen, mein Ohr gehört, und sich gemerkt.* בֹּל allein stehend; *alles*, vgl. 42, 8, E. § 286 e. ⁴) V. 2 a: *Wie ihr wisset*, soviel ihr wisset, *weiss auch ich.* דַּעְתְּכֶם *Inf.* v. יָדַע m. *Suff.* — Zum 2. Gl. vgl. 12, 3. ⁵) V. 3 b: *und gegen Gott zu rechten hab ich Lust.* Der *Inf. abs.* הוֹכֵחַ als *Objekt* eines anderen Verb., s. zu 9, 18. ⁶) V. 4: *Aber ihr seid Lügenerdichter*, ihr erdichtet Lügenhaftes (über mich), *Nichtiges flickt ihr zusammen*, d. i. ein mühsam und künstlich zusammengebrachtes Flickwerk oder Machwerk sind die nichtigen und grundlosen Behauptungen, die ihr (über mich) aufstellt, *ihr alle.* ⁷) V. 5: *O dass ihr doch ganz schwieget, damit das euch zur Weisheit gereichte*, als Weisheit gälte! Über מִי יִתֵּן vgl. 6, 8. 11, 5. G. § 136, 1, c. — Der *Inf. abs.* verstärkt den Verbalbegriff, vgl. 6, 2. G. § 131, 3, a. — וּתְהִי *Jussiv cons.*, E. § 347 a. Das *Fem.* als *Neutr.*, vgl. 10, 22. u. s. zu 4, 5. ⁸) V. 7 a: *Wollt ihr für Gott*, d. i. zu Gunsten Gottes (wider besseres Wissen) *Unrecht reden?*

jemandes Partei nehmen, רִיב streiten. — 9. חָקַר erforschen, durchforschen, הֵחֵל (*Hiph.* v. תָלַל täuschen, m. בְּ ¹). — 10. הוֹכִיחַ züchtigen, סֵתֶר das Verborgene, בַּסֵתֶר im Verborgenen, insgeheim, heimlich ²). — 11. שְׂאֵת (eig. *Inf.* v. נָשָׂא) Hoheit, בְּעַת schrecken, פַּחַד Schrecken ³). — 12. זִכָּרוֹן Denkspruch, מָשָׁל Spruch, אֵפֶר Asche, מִשְׁלֵי־אֵפֶר *Aschensprüche*, d. i. leere, eitele Sprüche, גַּב Burg, Verschanzung, Schanze, חֹמֶר Lehm, גַּבֵּי חֹמֶר Lehmschanzen, d. i. unhaltbare, leicht zerstörbare Schanzen ⁴).

13. הַחֲרִישׁוּ m. מִן prägn.: *schweigen weg von* jem., d. i. von ihm ablassend. עָבַר m. עַל über jem. kommen, ihn treffen ⁵). — 14. עַל־מָה weshalb? נָשָׂא *davon tragen,* שֵׁן (*Du.* שִׁנַּיִם) Zahn, שִׂים setzen ⁶). — 15. קָטַל töten, יָחַל harren, warten, אַךְ nur,

---

¹) V. 9: *Wird es gut sein,* wird es gute Folgen für euch haben, *wenn er euch durchforschen wird? oder werdet ihr, wie man Menschen täuscht, ihn täuschen* (näml. über eure wahre Herzensmeinung)? כְּהָתֵל *wie man täuscht,* vgl. Ps. 66, 10. תְּהָתֵלּוּ *Impf.* v. הֵתֵל mit beibehaltenem ה nach dem Präformat., G. § 53, Anm. 7. E. § 127 d.   ²) Über den *Inf. abs.* הוֹכֵחַ s. zu V. 5.   ³) פַּחְדּוֹ *sein Schrecken,* d. i. der Schrecken, den er einflösst.   ⁴) V. 12: *Eure Denksprüche* sind *Aschensprüche, zu Lehmschanzen* werden *eure Schanzen.*   ⁵) V. 13: *Schweiget weg von mir,* d. i. von mir ablassend, schweiget und lasset ab von mir (näml. mit euren Angriffen), *auf dass ich rede, und es komme über mich — was,* was es sei! Über מָה vgl. 2. Sam. 18, 22. 23. E. § 104 d.
⁶) *Weshalb sollt' ich mein Fleisch, meinen Leib mit meinen Zähnen davon tragen* (wie ein wildes Tier den bedrohten Raub mühsam mit den Zähnen davon schleppt), d. i. warum sollte ich meinen Leib mit der grössten Anstrengung retten wollen, *und meine Seele,* mein Leben *in meine Hand setzen* (vgl. Richt. 12, 3. 1. Sam. 19, 5. 28, 21. Ps. 119, 109), meiner Hand anvertrauen (näml. um es mit augenscheinlicher Gefahr durchzubringen), d. i. zur Erhaltung meines Lebens das Äusserste versuchen?

הוֹכִיחַ *darthun*, beweisen ¹). — 16. יְשׁוּעָה Heil, חָנֵף ruchlos ²). — 17. אָחֲוָה (v. חָוָה) Erklärung, Darlegung ³). — 18. עָרַךְ rüsten, מִשְׁפָּט *Rechtssache*, צָדַק Recht haben. — 19. גָּוַע sterben, verscheiden ⁴). — 20. שְׁתַּיִם *zwei Dinge, zweierlei*, נִסְתַּר sich verbergen, m. מִן *vor* etwas ⁵). — 21. הִרְחִיק entfernen, אֵימָה Schrecken ⁶). — 22. הֵשִׁיב (sc. דָּבָר) erwidern, antworten, m. dem *Acc.* der P.

23. כַּמָּה *wie viel?* עָוֹן Vergehung, חַטָּאת Sünde, פֶּשַׁע Vergehen, Missethat, הוֹדִיעַ wissen lassen. — 24. הִסְתִּיר verbergen, חָשַׁב *für* etwas halten, achten, m. לְ; אוֹיֵב Feind. — 25. עָלֶה Blatt, נָדַף auseinander treiben, *Niph. pass.*, עָלֶה נִדָּף ein ver-

---

¹) V. 15: *Sieh, er (Gott) wird mich töten*, näml. durch meine Krankheit, *ich harre auf ihn* (statt לֹא ist zu lesen לוֹ), d. i. ich bin auf den Todesstreich gefasst, *nur meine Wege*, meinen Wandel, *will ich ihm ins Gesicht darthun* (bevor ich sterbe). — Über אֶל־פָּנָיו vgl. 6, 28 u. s. zu 1, 11. ²) V. 16: *Auch das ist*, dient *mir zum Heil, dass vor ihn kein Ruchloser tritt.* הוּא als *Neutr. das*, s. zu 8, 19. ³) שִׁמְעוּ שָׁמוֹעַ *höret genau*, vgl. 21, 2. 37, 2., G. § 131, 3, Anm. 1. E. § 280 *b*. — Das 2. Gl.: *und meine Erklärung ko.nme, dringe in eure Ohren!* ⁴) V. 19: *Wer ist der, welcher mit mir streiten wird?* d. i. sollte wirklich jemand im Ernst als mein Gegner auftreten wollen? *denn dann* (näml. wenn ein solcher Gegner erschiene), *würde ich schweigen und verscheiden*. Über das zwischen מִי und das Prädikat eingeschobene הוּא s. zu 4, 7., und über die *Impff.* אַחֲרִישׁ n. אֶגְוָע s. zu 3, 13. ⁵) *Nur zwei Dinge thue nicht mit mir*, thue mir nicht, *dann* (wenn du mir die zwei Bitten gewährst) *will ich vor deinem Angesicht mich nicht verbergen*. אַל־תֵּעָשׂ] Über den *Jussiv* s. G. § 128, 2, *b*. ⁶) V. 21 *a*: *Deine Hand*, deine auf mir schwer liegende Hand *entferne von mir*, d. i. die mich niederdrückenden Schmerzen der Krankheit erleichtere mir (vgl. Ps. 32, 4. und שֵׁבֶט Hiob 9, 34). In Beziehung auf עִמָּדִי אַל־תְּעַת V. 20. sind die Worte: *Deine Hand entferne von mir* gesagt für: *Deine Hand lass mich nicht fühlen!* מֵעָלַי eig. *von auf mir*, d. i. von

wehtes, vom Winde umhergetriebenes Blatt, עָרַץ schrecken, scheuchen, קַשׁ Stoppel, יָבֵשׁ trocken, dürr, רָדַף verfolgen¹). —
26. כָּתַב schreiben, beschliessen, verhängen, מְרֹרוֹת Bitterkeit, הוֹרִישׁ erben lassen, נְעוּרִים Jugend²). — 27. שִׂים legen, סַד Block, שָׁמַר bewachen, אֹרַח Pfad, שֹׁרֶשׁ Wurzel, שָׁרְשֵׁי רַגְלַיִם Wurzeln der Füsse, d. i. Fusssohlen, הִתְחַקֶּה (Hithp. v. im Q. u. חָקָה = חָקַק einhauen, eingraben) sich (durch Einhauen, Einschneiden) Grenzlinien (חֹק) machen, sich Grenzen ziehen, m. עַל um etwas³). — 28. רָקָב Morsches, Wurmfrass, בָּלָה zerfallen, בֶּגֶד Kleid, עָשׁ Motte⁴).

Cap. XIV. 1. קָצֵר kurz, שָׂבֵעַ satt, רֹגֶז Unruhe⁵). —

---

mir, auf dem deine Hand liegt, vgl. G. § 154, 2, a. E. § 219 a.
— הַרְחַק Imper. Hiph. in Pausa, E. § 226 c, vgl. § 93 a. — Zum
2. Gl. vgl. 9, 34. 33, 7. ¹) V. 25: *Ein verwehtes, vom Winde
umhergetriebenes Blatt willst du schrecken, und die dürre Stoppel
verfolgen?* d. i. willst du mich, den durch unaufhörliche Leiden
schon ganz schwach und kraftlos Gewordenen, mit deiner furchtbaren Macht noch länger verfolgen? הֲ in הֶעָלֶה ist das ה *interrogativ.* mit Segol, G. § 100, 4. — אֶת־ vor קַשׁ, das, wenn auch
der Artikel nach dichterischer Weise fehlt, doch dem Sinne nach
bestimmt ist, G. § 117, 2. Anm. E. § 277.d.   ²) V. 26: *Dass
du Bitterkeiten,* bittere Strafen (als Richter) *mir vorschreibst, über
mich verhängst, und mich die Sünden meiner Jugend erben lässest,*
d. i. das von meinen Jugendsünden zurückgelassene Erbe, d. h.
die Strafe derselben, mich leiden lässest.   ³) V. 27: *Und dann
meine Füsse in den Block legst, und alle meine Pfade bewachst, um
meine Fusssohlen dir Grenzen ziehst,* d. i. meine Füsse ringsum
so einschliessest und einengest, dass ich sie nicht mehr bewegen
kann und das Entrinnen mir unmöglich wird. וְתָשֵׂם poet. st. וְתָשִׂים
u. auf die Gegenwart bezogen, E. § 343 b.   ⁴) V. 28: *Während
er,* näml. ich, der schwache in einer so peinlichen Gefangenschaft
schmachtende Mensch, *wie Morsches zerfällt, wie ein Kleid, das die
Motte zerfressen hat.* אֲכָלוֹ עָשׁ ein Relativsatz.   ⁵) ילוד אשה
וגו׳. *vom Weibe geboren,* (vgl. 15, 14. 25, 4), *kurz an Tagen,*

2. צִיץ Blume, מָלַל (*Impf.* יִמַּל) verwelken, בָּרַח fliehen, entfliehen, צֵל Schatten, עָמַד Bestand haben, bleiben. — 3. פָּקַח öffnen ¹). — 4. טָהוֹר rein, טָמֵא unrein ²). — 5. חָרַץ bestimmen, חֹדֶשׁ Mond, Monat, חֹק Grenze, Ziel, עָבַר überschreiten. — 6. שָׁעָה m. מֵעַל *von* jem. *wegblicken,* חָדַל *feiern, ruhen,* רָצָה Wohlgefallen haben an etwas, sich dessen freuen, m. dem *Acc* ; שָׂכִיר Lohnarbeiter, Tagelöhner ³). — 7. עֵץ Baum, תִּקְוָה Hoffnung, נִכְרַת abgehauen werden, הֶחֱלִיף treiben, sprossen, יוֹנֶקֶת Sprössling, חָדַל aufhören, *ausbleiben* ⁴). — 8. הִזְקִין (*Hiph.* m. inchoat. Bedeutung, E. § 122 c.) *senescere,* alt werden, altern, גֶּזַע Stamm. — 9. רֵיחַ Geruch, הִפְרִיחַ sprossen, קָצִיר *Ast, Zweig,* עָשָׂה קָצִיר Äste, Zweige *treiben,* נֶטַע junge Pflanze ⁵). — 10. חָלַשׁ (*Impf.*

---

von kurzem Leben, *satt an Unruhe,* G. §. 112, 2.   ¹) V. 3 : *Und über diesen,* solchen *hast du deine Augen geöffnet,* näml. um ihn zu belauern, *und mich bringst du in's Gericht mit dir.* Zum 2 Gl. vgl. 9, 32. Ps. 143, 2.   ²) V. 4: *Käme doch ein Reiner von einem Unreinen!* fände sich doch im sündhaften Menschengeschlechte einer, der von Sünden frei wäre! *Nicht einen,* näml. giebt man, nicht einer findet sich! Über מִי יִתֵּן vgl. 6, 8. 11, 5. 13, 5. G. § 136, 1, *a.*   ³) V. 5 u. 6: *Wenn bestimmt sind seine Tage, die Zahl seiner Monate bei dir ist,* von dir beschlossen ist (s. zu 12, 3), *seine Grenze du gemacht;* gesetzt *hast, und er sie nicht überschreitet,* die er nicht überschreiten kann: — *So blicke weg von ihm* (vgl. 7, 19), wende den Blick, den du auf ihn gerichtet hast (vgl. V. 3), von ihm ab, *auf dass er ruhe, so dass er wenigstens wie ein Lohnarbeiter seines Tages froh werde,* d. i. die Mühseligkeit seines Lebens so gern ertrage, wie der Lohnarbeiter die seines Tages in Hoffnung auf den ihm Lohn und Ruhe gewährenden Abend gern erträgt. — Für חֻקּוֹ V. 5. liest das *Q'ri* unrichtig חֻקָּיו *seine Gesetze.* —. Über מֵעָלָיו V. 6. vgl. 9, 34. u. s. zu 13, 21. — עַד *bis zu dem Grade dass,* d. i. so dass wenigstens.   ⁴) V. 7: *Denn der Baum hat Hoffnung,* näml. auf neues Leben; *wenn er abgehauen wird, so treibt er wieder, und sein Sprössling bleibt nicht aus.* וְעוֹד in führt den Nachsatz ein.   ⁵) V. 9 ist der Nachsatz zu V. 8.

יֶחֱלָשׁ) niedergestreckt sein, *dahin sein*, גָּוַע verscheiden, אֵי (a
אַיּוֹ) wo? m. *Suff.* אַיּוֹ wo (ist) er?¹). — 11. אָזַל ausgehen, ve
schwinden, יָם der *See,* נָהָר Fluss, חָרֵב versiegen, יָבֵשׁ austrocl
nen. — 12. שָׁכַב sich hinlegen, בִּלְתִּי nicht, הֵקִיץ erwache:
נֵעוֹר (*Niph.* v. עוּר) sich regen, שֵׁנָה (v. יָשֵׁן) Schlaf²).
13. שְׁאוֹל Unterwelt, הִצְפִּין verbergen, verwahren, סָתִיר
verbergen, verstecken, שׁוּב *sich wenden, ablassen,* nachlasse
שִׁית setzen, חֹק bestimmte Zeit, *Frist,* זָכַר gedenken³). — 1
חָיָה leben, *wiederaufleben,* צָבָא Kriegsdienst, יָחַל harren, לִיפָה
*Ablösung*⁴). — 15. מַעֲשֶׂה Werk, כָּסַף sich nach etwas sehne
m. לְ ⁵). — 16. צַעַד Schritt, סָפַר zählen, שָׁמַר m. עַל *auf* etw:

מְרִיחַ מַיִם *vom Geruch des Wassers*, d. i. sobald er (der Bann
das (belebende) Wasser riecht, d. h. spürt, vgl. Richt. 16,
¹) V. 10: *Aber der Mann stirbt und dann ist er dahin, und d*
Mensch verscheidet, und verscheidet der Mensch, *wo ist er?* D
Impf. cons. וַיִּגְוַע f. das *Perf. cons.* וְגָוַע, E. § 343 a.   ²) V. 1!
So hat der Mensch sich hingelegt und ersteht nicht wieder;
ersteht der Mensch, nachdem er sich hingelegt hat, nicht wiede
bis der Himmel nicht mehr ist, d. i. ewig (vgl. Ps. 89, 30. 37
148, 6. 72, 7. Jer. 31, 35 f.), *erwachen sie (die toten Mensche*
nicht und regen sich nicht aus ihrem Schlafe, Todesschlafe. D
} mit dem V. 12 beginnt, ist das } der *Vergleichung,* vgl. 12, 1
u. s. zu 5, 7.   ³) V. 13: *O dass du in der Unterwelt mi*
verwahrtest, mich verbärgest, bis dein Zorn nachliesse, eine Fri
mir setztest und dann (nach Ablauf der Frist) *meiner gedächte:*
näml. um dich wieder meiner anzunehmen (und mich aus der Unte
welt in ein neues Leben zu führen). Über מִי יִתֵּן s. zu V. 4
vgl. G. § 136, 1, c.   ⁴) Im 2. Gl. Rückkehr zu V. 13: A
Tage meines Kriegsdienstes, Frohndienstes, d. i. meines mühselig
und qualvollen Lebens auf der Erde und meines traurigen u
entbehrungsvollen Aufenthalts in der Unterwelt, *wollte ich harre*
bis meine Ablösung, d. i. Befreiung aus der Unterwelt käm
⁵) V. 15: *Du würdest rufen* (zur Unterwelt hinab) *und i*
würde dir antworten, deinem Rufe folgen, *nach dem Werk dein*
Hände (vgl. 10, 3), *deinem Geschöpf würdest du dich sehne*
Über das *Impf.* אִיחָל in V. 14 und die *Impff.* in V. 15 s. zu 3, 1

Hiob. Cap. XIV, 16—22.

*achten*¹). — 17. חָתַם versiegeln, צְרוֹר Bündel, Beutel, טָפַל zunähen²). — 18. נָבֵל hinsinken, zerfallen, צוּר Fels, עָתַק fortrücken (*intrans.*), versetzt werden³). — 19. אֶבֶן Stein, שָׁחַק zerreiben, abreiben, aushöhlen, שָׁטַף wegschwemmen, סָפִיחַ Überschwemmung, Flut, הֶאֱבִיד vernichten⁴). — 20. תָּקַף überwältigen, לָנֶצַח auf immer, הָלַךְ *dahin gehen*, hinschwinden, שָׁנָה ändern, *entstellen*, שָׁלַח fortschicken, forttreiben⁵). — 21. כָּבֵד *geehrt sein*, צָעַר gering sein, בִּין bemerken, achten auf m. לְ⁶). — 22. כָּאַב Schmerz fühlen, אָבַל trauern⁷).

---

¹) V. 16: *Denn jetzt zählst du meine Schritte, beaufsichtigst mich aufs strengste, achtest nicht auf meine Sünde*, näml. ob sie so strafbar ist, als sie wirklich bestraft wird. Statt לֹא תִשְׁמוֹר וגו׳ liest man (mit *Ewald* u. *Dillmann*) besser לֹא תַעֲבֹר וגו׳: *du gehst nicht vorüber an meiner Sünde*, d. i. du vergiebst sie nicht (vgl. 7, 21. Mich. 7, 18. Spr. 19, 11.), welche Lesart sich aus der der LXX ableiten lässt. ²) V. 17: *Versiegelt ist in einem Beutel mein Vergehen, und du hast meine Missethat zugenäht*, die in einem Bündel gesammelten Missethaten durch Zunähen verschlossen, d. i. du hast meine Vergehungen und Missethaten zur Bestrafung gesammelt und wohl aufbewahrt, vgl. 5 M. 32, 34. Hos. 13, 12. ³) V. 18 a: *Aber ein Berg fällt ein, verwittert*. ⁴) V. 19: *Steine höhlet das Wasser aus; seine Fluten schwemmen das Erdreich weg, aber die Hoffnung des Menschen vernichtest du*. Sinn von V. 18 u. 19: Selbst die festesten Dinge der Natur unterliegen zuletzt dem Wandel, aber die Hoffnung des Menschen bleibt für alle Zeit eitel. Das *Fem. Sing.* תִּשְׁטֹף bezieht sich auf den *Pl.* סְפִיחִים u. das *Fem. S.* des *Suff.* in סְפִיחֶיהָ auf den *Pl.* מַיִם, G. § 146, 3. — Das וְ in וְתִקְוַת ist das וְ des Gegensatzes. ⁵) *Du überwältigst ihn auf immer und so* (in Folge davon) *geht er dahin, entstellst sein Angesicht und treibst ihn so fort*. ⁶) V. 21: *Geehrt sind seine Kinder, er weiss es nicht, gering sind sie, er bemerkt es nicht*, er (der Tote in der Unterwelt) weiss nichts mehr von dem, was auf der Erde vorgeht (Koh. 9, 5. 6), selbst nicht von dem Zustande seiner hinterlassenen Kinder, dem Wohl oder Wehe derselben. Das *Suff.* in לָמוֹ (f. לָהֶם) als *Neutr.*: es. ⁷) V. 22: *Nur an ihm fühlt Schmerzen sein Fleisch*, Leib

Cap. XV. 2. דַּעַת־רוּחַ *windiges* Wissen, leeres, gehaltloses Wissen, מִלֵּא füllen, m. dopp. *Acc.*, קָדִים Ostwind, בֶּטֶן Bauch [1]). — 3. הוֹכִיחַ *rechten*, sein Recht beweisen, סָכַן nützen, הוֹעִיל (Q. u.) nützen, helfen [2]). — 4. אַף *auch*, sogar, הֵפֵר vernichten, גָּרַע verringern, mindern, שִׂיחָה Sinnen, *Andacht*. — 5. כִּי *fürwahr!* אִלֵּף lehren, בָּחַר wählen, עָרוּם listig [3]). — 6. הִרְשִׁיעַ verurteilen, עָנָה mit בְּ *wider* jemand *zeugen* [4]).

7. רִאישׁוֹן *K'thib* (ursprüngl. Form f. die contrah. gewöhnl. רִאשׁוֹן) der erste, גִּבְעָה Hügel, חוֹלָל (*Pul.* v. חוּל) geboren, hervorgebracht werden [5]). — 8. סוֹד Rat, Ratsversammlung, שָׁמַע *zuhören*, גָּרַע an sich ziehen, m. אֶל־ [6]). — 9. בִּין einsehen,

---

und seine Seele an ihm trauert, nur über sich selbst empfindet er Schmerzen und Trauer, während er von der Oberwelt nichts mehr weiss oder fühlt. [1]) V. 2: *Erwidert ein Weiser windiges Wissen, und füllet mit Ostwind seinen Bauch*, füllet sein Inneres mit Eitelem und Nichtigem, um es in gehaltlosen, stürmischen und leidenschaftlichen Reden auszusprechen? Vgl 6, 26. 8, 2. הֶ in הֶחָכָם ist das הֶ *interrogat.*, s. zu 13, 25. [2]) V. 3 ein erklärender Untersatz zu V. 2: *Rechtend, sein Recht beweisend mit Worten, die nichts nützen*, mit unnützem Gerede, *und mit Reden, mit denen man nicht hilft*, nichts ausrichtet. Der *Inf. absol.* הוֹכֵחַ als *Gerundium in do*, vgl. 39, 16. G. § 131, 2. — יִסְפּוֹן לֹא und בָּם יוֹעִיל לֹא sind Relativsätze. — Vor מִלִּים ist בְּ aus dem 1. Gl. zu ergänzen, vgl. 34, 10. G. § 154, 4. — יוֹעִיל *man hilft*, s. zu 6, 20. [3]) V. 5: *Fürwahr, deine Schuld belehrt deinen Mund*, dein Sündenbewusstsein giebt die Worte deinem Munde ein, *und du wählst die Sprache der Listigen*, indem du näml. dadurch die Schuld von dir abwälzest, dass du die Freunde verdächtigst (vgl. 13, 4 ff.). — עֲוֺנְךָ ist Subjekt. [4]) Der *Du. fem.* שְׂפָתֶיךָ mit dem *masc.* יַעֲנוּ verbunden, vgl. Spr. 5, 2. 26, 23. E. § 180 c. [5]) V. 6: *Wurdest du als erster Mensch geboren, und vor den Hügeln warst du wohl hervorgebracht?* Über das *Impf.* תּוּלָד s. zu 3, 3, und über das *Perf.* חוֹלָלְתָּ s. G. § 126, 2. E. § 135 a. — Zum 2. Gl. vgl. Spr. 8, 25. Ps. 90, 2. [6]) V. 8: *Hörtest du im Rate Gottes* (vgl. Jer. 23, 18)

verstehen¹). — 10. שִׂיב graue Haare haben, ergrauen, *Part.* שָׂב ergraut, Greis, יָשִׁישׁ Greis, Alter, כַּבִּיר gross, כַּבִּיר יָמִים reich an Tagen, *grandaevus*, hochbetagt, hochbejahrt²). — 11. מְעַט wenig, gering, תַּנְחוּמוֹת Tröstungen, אַט Sanftheit, לָאַט *in Sanftheit*, d. i. sanft (vgl. E. § 217 *d.*)³). — 12. לָקַח *fortreissen*, רָזַם winken (von den Augen), *rollen*. — 13. הֵשִׁיב *wenden*, richten, רוּחַ *Zorn*, Wut, הוֹצִיא *ausstossen*⁴). — 14. זָכָה rein sein⁵). — 15. קָדוֹשׁ heilig, הֶאֱמִין trauen, m. בְּ; זָכַךְ rein sein⁶). — 16. אַף כִּי *geschweige denn*, wie viel weniger, נִתְעָב ein Abscheu sein, *Part.* נִתְעָב *verabscheuungswürdig*, (G. § 134, 1. E. § 168 *b.*) abscheulich, נֶאֱלַח (Q. u.) verdorben sein, שָׁתָה trinken, עַוְלָה Unrecht⁷). — 17. חָוָה (Q. u.) berichten,

---

zu, und zogest die Weisheit an dich? הַבְסוֹד] Das ה *interrogat.* mit folgendem *Dagesch dirimens*, G. § 100, 4. E. § 28 *b* u. 104 *b.* — Die *Impff.* תִּשְׁמַע u. תִּגְרַע von der Vergangenheit, wie תּוּלָד V. 7. — ¹) V. 9: *Was weisst du, und wir wüssten es nicht, das wir nicht wüssten, siehest du ein, und es wäre uns nicht bekannt, das uns nicht bekannt wäre?* Vgl. 12, 3. 13, 2. — Über עִמָּנוּ s. zu 9, 35. — הוּא als *Neutr.:* es, vgl. 13, 16 u. s. zu 8, 19. ²) V. 10: *Sowohl Betagte als Hochbetagte sind unter uns, reicher, an Tagen älter als dein Vater.* גַּם — גַּם sowohl — als auch, vgl. Richt. 5, 4. E. § 359 *a.* — יָמִים *Acc.*, welcher zum *Adj.* כַּבִּיר gehört, s. zu 11, 9. — ³) V. 11: *Sind dir zu gering die Tröstungen Gottes* (vgl. 4, 12 ff. 5, 8—26) *und das Wort, welches sanft mit dir*, gegen dich, war, d. i. welches sanft mit dir verfuhr, dich sanft behandelte! מִן in מִמְּךָ *comparativ*: „geringer *als du*," d. i. dir zu gering," vgl. Jes. 7, 13. E. § 217 *b.* — לָאַט עִמָּךְ ein Relativsatz. ⁴) V. 13: *Dass du gegen Gott richtest deine Wut, und so ausstössest Worte*, (gottlose) Reden aus deinem Munde. כִּי *dass*, vgl. V. 13 u. s. zu 3, 12. — מִלִּין, s. zu 4, 2. ⁵) כִּי *dass*, wie in V. 13. — יְלוּד אִשָּׁה, s. zu 14, 1. ⁶) Zu V. 14 u. 15 vgl. 4, 17. 18. 25, 4. 5. ⁷) V. 16 *b:* *Der Mann, der Unrecht trinkt wie Wasser*, d. i. der so begierig Unrecht thut, wie ein Durstender begierig Wasser trinkt, vgl.

belehren, חָזָה schauen, סָפַר erzählen ¹). — 18. הִגִּיד verkünden, כִּחֵד verhehlen ²). — 19. אֶרֶץ Land, עָבַר durchziehen, זָר (Part. v. זוּר) Fremder, תּוֹךְ Mitte ³).

20. הִתְחוֹלֵל (*Hithpal.* v. חוּל gequält werden, נִצְפַּן aufbewahrt, aufgespart sein, עָרִיץ Wüterich ⁴). — 21. פַּחַד Schrecken, שָׁלוֹם Frieden, בּוֹא m. dem *Acc.*: *über* jem. kommen, ihn überfallen ⁵). — 22. צָפָה ausersehen, bestimmen ⁶). — 23. נָדַד umherirren, umherschweifen, אַיֵּה wo? נָכוֹן bereit, בְּיָד (s. v. a. עַל־יָד 1, 14) zur *Seite*, neben ⁷). — 24. בָּעַת schrecken, צַר Bedräng-

---

34, 7. Ps. 73, 10. Spr. 26, 6. ¹) 17: *Ich will dich berichten, höre mir zu! und was ich geschaut, erfahren habe, das will ich erzählen.* זֶה relativ f. אֲשֶׁר, vgl. Ps. 104, 8. G. § 122, 2. — וַאֲסַפְּרָה in וְ ist das וְ consec., s. zu 4, 6. ²) V. 18: *Was die Weisen verkünden und nicht verhehlt haben*, d. i. ohne Hehl, *von ihren Vätern her.* מֵאֲבוֹתָם ist mit יַגִּידוּ zu verbinden. — וְלֹא כִחֲדוּ ein Nebensatz, s. zu 10, 21. ³) V. 19: *Denen das Land allein gegeben war, und durch deren Mitte noch kein Fremder gezogen war*, d. i. (die Väter) die noch allein, von fremden Völkern nicht überzogen, in ihrem Lande wohnten. Über das *Perf.* נִתְּנָה s. zu V. 7. ⁴) V. 20—35 enthält die Lehre der Väter über das Schicksal der Frevler. V. 20: *Alle Tage des Frevlers*, so lange der Frevler lebt, *wird er gequält*, all sein Leben lang wird der Frevler gequält, *und die Zahl der Jahre*, gezählte, beschränkte Jahre, *sind aufgespart dem Wüterich.* נִצְפְּנוּ לֶעָרִיץ ein Relativsatz. — Das Verb. נִצְפְּנוּ richtet sich im Numerus nach dem Genitiv שָׁנִים, statt nach dem *Nomen regens* מִסְפַּר, vgl. 21, 21. 38, 21. 29, 10. 32, 7. Jes. 2, 11. G. § 148, 1. ⁵) V. 22: *Er traut nicht*, hat keine Hoffnung *zurückzukehren*, zu entkommen *aus der Finsternis*, näml. des Unglücks, *bestimmt ist er für das Schwert*, das göttliche Racheschwert (vgl. 19, 29. 27, 14). צָפוּ f. צָפוּי (wie in vielen *codd.*), vgl. 41, 25. G. § 75, Anm. 5. ⁷) V. 23: *Er schweift umher nach dem Brot* (sprechend:) „*wo?*" näml. ist es? wo finde ich es? *er weiss, dass bereit ist ihm zur Seite*, dass (verborgen) neben ihm bereit steht (und ihn in jedem Augenblick überfallen kann, vgl. 18, 12) *der Tag der Finsternis*, der Tag des

nis, Not, מְצוּקָה Beklemmung, Bedrängnis, תָּקַף überwältigen, עָתִיד bereit, כִּידוֹר* Angriff, Sturm¹). — 25. נָטָה ausstrecken, הִתְגַּבֵּר sich stark zeigen, sich übermütig betragen, sich trotzig erheben, m. אֶל־ gegen jem. — 26. רוּץ laufen, צַוָּאר Hals, עֳבִי Dichtheit, גַּב Buckel, מָגֵן (v. גָּנַן) Schild²). — 27. כָּסָה bedecken, חֵלֶב Fett, פִּימָה* Fett, Schmeer, עָשָׂה פִּימָה Schmeer machen, erzeugen, *ansetzen*, כֶּסֶל Lende³). — 28. שָׁכַן bewohnen, עִיר Stadt, נִכְחַד vertilgt, verwüstet werden, הִתְעַתֵּד (Q. u.) bereitet, bestimmt sein zu etwas, גַּל Steinhaufen, Pl. Trümmer⁴). — 29. עָשַׁר reich werden, קוּם Bestand haben, bleiben, dauern, חַיִל Vermögen, נָטָה *sich neigen*, sich senken, מִנְלֶה* Erwerb, Besitz⁵).

Unglücks und des Untergangs. — Zu אַיֵּה vgl. הִנֵּה 9, 19. E. § 299 a.   ¹) V. 24 b: *sie überwältigt ihn wie ein König, der bereit ist zum Sturm*, d. i. sie überwältigt ihn mit Übermacht, unwiderstehlich (vgl. Spr. 6, 11). Subjekt zu תִּתְקְפֵהוּ ist מְצוּקָה.
²) V. 26: *Er lief*, rannte *gegen ihn* (wie ein anstürmender Krieger) *mit dem Halse*, d. i. mit (frech und stolz) emporgerecktem Halse (vgl. Ps. 75, 6), *mit der Dichtheit der Buckel*, d. i. mit den dichten Buckeln (E. § 293 c.) *seiner Schilde*. Über die Impff. in V. 25 f. s. zu 4, 3.   ³) V. 27: *Denn er bedeckte sein Gesicht mit seinem Fett, und setzte Schmeer an an der Lende*, d. i. behaglich lebend mästete er sich, fröhnte er seinem Bauche.   ⁴) V. 28: *Und er bewohnte verwüstete Städte, Häuser, die man nicht bewohnen soll, welche zu Trümmern bestimmt sind*, d. i. nicht nur da, wo andere Menschen wohnen, siedelte er sich an, sondern seine Habsucht trieb er so weit, dass er auch an Örtern, die (nach einem göttlichen Fluche) ewig öde und unbewohnt bleiben sollen, sich niederliess (vgl. Jos. 6, 26. 1 Kön. 16, 34). לֹא־לָמוֹ ein Relativsatz. לֹא יֵשְׁבוּ *man darf* od. *soll* nicht bewohnen, G. § 127, 3, d. Die 3. Pl. mit unbestimmtem Subjekt, s. zu 4, 19. לָמוֹ *sibi* d. i. zu eigenem Nutzen.   ⁵) V. 29: *Doch wird er nicht reich und sein Vermögen hat nicht Bestand und nicht senkt sich* (wie ein fruchtbeladener Baum) *zur Erde sein Erwerb.* Das Suff. Pl. in מִנְלָם bezieht sich auf den רָשָׁע als *coll.*, vgl. 20, 23.

— 30. סוּר weichen, entweichen, יוֹנֶקֶת Sprössling, Schössling, יָבֵשׁ trocken, dürr machen, austrocknen, verdorren, שַׁלְהֶבֶת (v. לַהַב) Flamme, רוּחַ Hauch[1]). — 31. שָׁוְא das Eitele, Böse, Bosheit, Frevel; Unglück, Verderben, נִתְעָה getäuscht werden, sich täuschen, תְּמוּרָה Tausch, Eintausch, Vergeltung [2]). — 32. נִמְלָא voll werden, sich erfüllen, כִּפָּה Palmzweig, רַעֲנָן * *(Pil.* v. im *Q.* u. רָעַן) grün sein, grünen [3]). — 33. חָמַס gewaltsam behandeln, גֶּפֶן Rebe, Weinstock, בֹּסֶר (m. *Suff.* בִּסְרוֹ) unreife Traube, הִשְׁלִיךְ (*Q.* u.) werfen, abwerfen, זַיִת Ölbaum, נִצָּה Blüte [4]). — 34. עֵדָה Versammlung, *Schar, Rotte,* חָנֵף ruchlos, גַּלְמוּד hartes Gestein, Fels, *unfruchtbar,* אֹהֶל Zelt, שֹׁחַד Bestechung [5]). —

---

[1]) V. 30: *Er entgeht nicht der Finsternis* (des Unglücks, vgl. V. 22 f.), *seine Schösslinge verdorret die Flamme,* (entweder der Sonne oder des heissen Windes, vgl. 1 M. 41, 6), *und er vergeht durch den Hauch,* Zornhauch (vgl. 4, 9) *seines,* d. i. Gottes, *Mundes.* לֹא יָסוּר im 1. Gl. bildet mit וְלֹא יָסוּר im 3. Gl. ein Wortspiel. [2]) V. 31: *Er traue nicht auf das Eitle,* d. i. die Bosheit und das Scheinglück, — *er täuscht sich,* näml. wenn er dies dennoch thut; *denn Eitles,* d. i. Unglück, *wird sein Eintausch, seine Vergeltung sein.* שָׁוְא im 1. u. 2. Gl. ein Wortspiel, vgl. Ps. 69, 28. — שָׁו im 1. Gl. f. שָׁוְא, vgl. 1, 21. E. § 18 *b*. [3]) V. 32: *Bevor sein Tag,* d. i. der ihm bestimmte Tag, sein Todestag, *da ist,* (vgl. 22, 16. Qoh. 7, 17), d. h. schon in seinen besten Lebensjahren, *erfüllt es sich* d. i. ist es vorbei mit ihm, *und sein Palmzweig grünet nicht,* d. i. sein Glückstand kommt nicht zu rechter Entfaltung. בְּלֹא יוֹמוֹ eig. *an nicht — seinem Tage,* d. i. bevor sein Tag da ist. – Das *Fem.* תִּמָּלֵא als *Neutr.,* s. zu 4, 5. — רַעֲנָנָה 3 *Pf. f.* in *Pausa.* [4]) V. 33: *Er thut Gewalt wie der Weinstock seiner unreifen Traube, und wirft nieder wie der Ölbaum seine Blüte,* d. i. setzt er auch eine Frucht oder Blüte an, so lässt er sie doch vorher verkümmern oder verliert sie vor der Zeit. Über וְיַשְׁלֵךְ wie s. zu 13, 27. [5]) גַּלְמוּד hier, wie 30, 3. als *Subst.;* Fels f. das *Adj.: unfruchtbar,*

35. הָרָה schwanger werden, empfangen, עָמָל Mühsal, אָוֶן Unheil, בֶּטֶן Leib, Mutterleib, הֵכִין bereiten, מִרְמָה Trug¹).

Cap. XVI. 2. רַבּוֹת *multa*, vieles, מְנַחֲמֵי עָמָל *leidige* Tröster. — 3. קֵץ Ende, דִּבְרֵי רוּחַ *windige* Worte, הִמְרִיץ kränken [A.: reizen]²). — 4. לוּ wenn (s. G. § 155, 2, *f.*), הִחְבִּיר verbinden, בְּמִלִּים ה׳ *Verbindung*, Verknüpfung machen mit Worten, d. i. Worte verbinden, הֵנִיעַ schütteln, ה׳ בְּרֹאשׁ *mit* dem Kopfe schütteln, den Kopf schütteln³). — 5. אָמֵץ stärken, aufrichten, נִיד* Beileid, Mitleid, חָשַׂךְ zurückhalten, *Einhalt thun*, *Niph. pass.* (V. 6).⁴).

---

vgl. E. § 296 *b*. — אָהֳלֵי־שֹׁחַד *die Zelte der Bestechung*, d. i. wo Bestechlichkeit (individualisierend für: alle Arten der Ungerechtigkeit) wohnt. — Zum 2. Gl. vgl. 18, 15. 20, 26. 22, 20.   ¹) V. 35: *Mühsal empfangen und Unheil gebären!* sie empfangen Mühsal und gebären Unheil! *und ihr Leib*, d. i. ihr schwangerer Mutterleib, *bereitet*, d. i. bringt zur Reife, *Trug*, d. i. Täuschung für sie selber. Vgl. Ps. 7, 15. Jes. 33, 11. 59, 4. — Über die *Inff. absol.* הָרֹה und יָלֹד s. G. § 131, 4,*b*, und über ihren Übergang ins *Verb. fin.* s. E. § 350*a*.   ²) V. 3*b*: *oder was kränkt dich, dass du erwiderst?* Über בִּי s. zu 3, 12.   ³) V. 4: *Auch ich wollte wie ihr reden, wenn eure Seele an der Stelle meiner Seele wäre*, wenn ihr an meiner Stelle wäret; *wollte Worte verknüpfen*, geordnete Reden halten, *gegen euch und wollte schütteln über euch meinen Kopf* — Geberde des Hohnes (vgl. Ps. 22, 8. Jes. 37, 22. Matth. 27, 39.), hier Geberde des mit Mitleid gepaarten Spottes (vgl. נִיד V. 5.). — Über die *Cohortative* אֲדַבְּרָה u. s. w. s. zu 9, 14, und über die Construktion von הַחְבִּיר u. הֵנִיעַ m. בְּ, vgl. V. 9 u. 10*a*. G. § 138, 1 Anm. 3*).   ⁴) V. 5: *Ich wollte euch aufrichten mit meinem Munde*, d. i. bloss mit dem Munde, mit leeren Worten, *und das Mitleid meiner Lippen*, d. i. das bloss mit den Lippen ausgesprochene (aber nicht im Herzen gefühlte und nicht durch die That bewiesene) Mitleid, *sollte Einhalt thun*, näml. dem Schmerze (בְּאָב V. 6). — אֲאַמִּצְכֶם m. Chirek f. Segol,

6. כְּאֵב Schmerz, חָדַל (etwas) unterlassen[1]). — 7. אַךְ fürwahr! ja! הֶלְאָה müde machen, erschöpfen, הֵשֵׁם (Hiph. v. שָׁמֵם) verwüsten, veröden, עֵדָה familia, Haus, Hausgenossenschaft[2]). — 8. קָמַט fest packen, ergreifen, עֵד Zeuge, כַּחַשׁ Magerkeit, עָנָה zeugen[3]). — 9. טָרַף zerreissen, zerfleischen, שָׂטַם befeinden. verfolgen, חָרַק knirschen, בְּשִׁנַּיִם ח' mit den Zähnen knirschen, צָר Dränger, Feind, לָטַשׁ wetzen, schärfen[4]). — 10. פָּעַר aufreissen, aufsperren, בְּפֶה פ' den Mund aufreissen, חֶרְפָּה Hohn, Schmach, הִכָּה schlagen, לְחִי (Du. לְחָיַיִם) Backe, Wange, יַחַד zusammen, הִתְמַלֵּא (eig. sich erfüllen, sich ergänzen, dah.) sich verbünden, sich zusammenrotten, mit עַל gegen jem.[5]). — 11. הִסְגִּיר überliefern, preisgeben, m. אֶל־; עֲוִיל ungerecht, יָרַט stürzen[6]). — 12. שָׁלֵו ruhig, פִּרְפֵּר (Pilp. v. im Q. u. פָּרַר) er-

---

G. § 60, Anm. 4. [1]) V. 6: *Mag ich reden, wird mein Schmerz nicht zurückgehalten, lässt mein Schmerz nicht ab; oder mag ich es unterlassen, was von meinem Schmerze geht weg von mir?* d. i. nichts von meinem Schmerze geht weg von mir, mein Schmerz wird gar nicht gemildert. וְ — אִם, *sive — sive, mag — oder mag*, E. § 361. Über den Cohortat. in Bedingungssätzen s. zu 11, 17. — מִנִּי poet. f. מִמֶּנִּי G. § 103, 2,c. [2]) Das Subjekt zu הֶלְאַנִי ist Gott. — Im 2. Gl. u. in V. 8 redet Hiob Gott an; aber V. 9 ff. redet er von ihm wieder in der 3. Pers. [3]) V. 8: *Und du hast mich gepackt, zum Zeugen wurde es*, näml. das, dass du mich gepackt hast, d. i. die Leiden, die du über mich verhängt hast, gelten als Zeugnis meiner Schuld (vgl. 10, 17); *und es stand, trat auf gegen mich meine Magerkeit, um in mein Angesicht zu zeugen*, mich ins Angesicht zu beschuldigen. Über בְּפָנַי s. zu 1, 11. — Das Impf. יַעֲנֶה drückt nach dem Verb. der Bewegung וַיָּקָם eine Absicht aus, vgl. 30, 28. Ps. 88, 11. E. § 337 b. [4]) Über חָרַק m. בְּ s. zu V. 4. — צָרַי וגו' *als mein Feind schärft er seine Augen* (wie eine Mordwaffe) *gegen mich*, um mich zu durchbohren, er schiesst mörderische Blicke auf mich. [5]) Subjekt von V. 10 sind Menschen überhaupt, zu denen auch die עֲוִילִים u. רְשָׁעִים V. 11 gehören. Vgl. 30, 1 ff. [6]) V. 11b: *und in*

schüttern, zerschmettern, אָחַז ergreifen, erfassen, m. בְּ; עָרֶף Nacken, פִּצְפֵּץ (Pilp. v. פּוּץ) zerschmettern, zerschellen, הֵקִים לְ zu etwas aufstellen, מַטָּרָה Ziel, Zielscheibe¹). — 13. סָבַב umgeben, m. עַל; רַב Geschoss [A.: Schütze], פָּלַח spalten, כְּלָיוֹת Nieren, חָמַל schonen, שָׁפַךְ giessen, schütten, מְרֵרָה* Galle²). — 14. פָּרַץ durchbrechen, פֶּרֶץ Riss, עַל־פְּנֵי vor, פֶּרֶץ עַל־ פְּנֵי ־פָּרֶץ Riss auf Riss, רוּץ laufen, rennen, גִּבּוֹר Held³). — 15. שַׂק Sack, Sacktuch, תָּפַר nähen, גֶּלֶד* Haut, עוֹלֵל (Po. v. im Q. u. עָלַל = chald. עֲלַל) hineinstecken, קֶרֶן Horn⁴). — 16. חֳמַרְמַר (Pualal v. חָמַר) stark gerötet, glühend rot sein, בְּכִי Weinen, עַפְעַפִּים Wimpern, Augenwimpern⁵). — 17. חָמָס Unrecht, תְּפִלָּה Gebet, זַךְ rein, lauter⁶).

18. כָּסָה bedecken, דָּם Blut, זְעָקָה Geschrei, Klaggeschrei⁷).

---

¹) לֹא die Hände der Frevler stürzt er mich. יִרְטֵנִי f. יָרְטֵנִי. ²) וְלֹא יַחְמֹל und schont nicht, ohne zu schonen, schonungslos. ³) פָּרַץ Acc., G. § 138, 1, Anm. 1. יָרֻץ וגו׳- er rennt, stürmt gegen mich wie ein Held. ⁴) V. 15: Einen Sack hab ich auf meine Haut genäht, ein (härenes) Trauerkleid, welches auf meiner blossen Haut eng anliegt; habe ich angezogen, und habe mein Horn in den Staub gesteckt, d. i. (— da Horn Bild der Macht und Würde ist [vgl. Ps. 75, 5. 6. 11. 89, 18. 25. 92, 11. 112, 9] —) ich sehe mich aufs tiefste erniedrigt und herabgewürdigt. ⁵) V. 16: Mein Gesicht ist glühend rot vom Weinen, und auf meinen Wimpern ist, ruht schwarze Nacht, d. i. meine Augen sind (durch anhaltendes Weinen) fast blind geworden. Das Fem. S. חֳמַרְמָרָה K'thib. ist mit dem Pl. פְּנֵי verbunden, vgl. 14, 19. 20, 11. G. § 146, 3. Das Q'ri liest (nach der gewöhnl. Construktion) חֳמַרְמְרוּ, vgl. Ps. 73, 2. ⁶) V. 17: Obwohl kein Unrecht an meinen Händen ist, und mein Gebet lauter, aufrichtig, ohne Heuchelei (vgl. Ps. 17, 1), ist. עַל Conj. (f. עַל אֲשֶׁר) obgleich, obwohl, vgl. Jes. 53, 9. G. § 155, 2, g. E. § 222 b. ⁷) V. 18: Erde, bedecke nicht mein (unschuldig vergossenes) Blut! d. i. sauge es nicht ein, lasse es offen daliegen (vgl. Ez. 24, 7,

— 19. עֵד Zeuge, שָׂהֵד Zeuge, Mitwisser, מָרוֹם Höhe [1]). — 20. מֵלִיץ *(Part. Hiph.* v. לוּץ) Spötter, דָּלַף träufeln, thränen [2]). — 21. הוֹכִיחַ *Recht schaffen,* עִם *gegen* (vgl. 9. 14) [3]). — 22. שְׁנוֹת מִסְפָּר *Jahre von Zahl,* d. i. zählbare, wenige Jahre, אָתָה kommen [4]).

Cap. XVII. 1. חֻבָּל zerstört, zerrüttet werden, נִזְעָךְ* (*Q.* u.) [= נִדְעָךְ 6, 17, wie auch einige *codd.* lesen] erlöschen, קֶבֶר

Jes. 26, 21)! *und kein Ort sei meinem Geschrei,* keine Stätte, wo es bleiben könnte, finde mein Geschrei, d. i. das Rachegeschrei meines vergossenen Blutes (vgl. 1 M. 4, 10) schalle unaufgehalten durch die ganze Welt hin (bis es seinen Rächer gefunden hat)!
[1]) V. 19: *Schon jetzt siehe da im Himmel ist* u. s. w. [2]) *Meine Spötter* nur (vgl. V. 4. 12, 4) *sind meine Freunde* (statt meine Tröster, Zeugen und Verteidiger zu sein), (weshalb) *zu Gott thränt mein Auge* (vgl. Jes. 38, 14), d. i. ich zu Gott mit thränendem Auge flehe. [3]) *Dass er Recht schaffe dem Manne* (Hiob) *gegen Gott, und dem Menschensohne* (Hiob) *gegen seinen Freund* (Eliphas der die andern Freunde vertritt). וְיוֹכַח, *Jussiv consec. Hiph.,* (E. § 347 *a*) schliesst sich an V. 20 *b* an: (zu Gott flehe ich) *dass er Recht schaffe.* —„Vor בֶּן־אָדָם ist aus dem 1. Gl. לְ zu ergänzen, s. zu 15, 3. — עִם רֵעֵהוּ f. לְרֵעֵהוּ nämlich kann für zu wiederholende längere Präpositionen stehen, vgl. Jer. 17, 1. Ez. 13, 3. E. § 217 *d, a,* 3. Doch bleibt die Construktion des 2. Gl. nach dem masoret. Texte immer zu hart. Daher ist (mit *Ewald* Jahrb. IX S. 38) בֵּין statt בֵּן zu lesen, so dass אָדָם dem גֶּבֶר wie 14, 10 parallel ist. Demnach das 2. Gl.: „*und dass er* (Gott) *Recht schaffe zwischen dem Menschen* (Hiob) *und seinem Freunde"*. בֵּין — לְ für בֵּין — וּבֵין, vgl. 1 M. 1, 6. 3 M. 20, 25. Joel 2, 17.
[4]) *Denn wenige Jahre,* die wenigen Jahre, die ich noch zu leben habe, *werden kommen, und einen Pfad, auf dem ich nicht wiederkehre, werd' ich gehen.* שְׁנוֹת als *masc.* mit dem Verb. verbunden, vgl. Ps. 102, 28. — יֶאֱתָיוּ *Impf. Pl.* v. אָתָה in *Pausa,* vgl. 30, 14. 3, 25. G. § 75, Anm. 4. — לֹא אָשׁוּב ein Relativsatz,

Grab¹). — 2. אִם־לֹא *fürwahr*, הֲתֻלִים* (v. הָתַל) Spöttereien, הִמְרָה mit jem. hadern, לִין weilen²).

3. שִׂים *einsetzen*, näml. ein Pfand, עָרַב jem. vertreten, sich für ihn verbürgen, m. d. *Acc.* d. P.; נִתְקַע לְיַד פּ' *sich einschlagen in die Hand* jemandes, d. i. in seine Hand einschlagen, d. h. sich durch Handschlag für ihn verbürgen³). — 4. צָפַן verbergen, *verschliessen vor* etwas, m. מִן; שָׂכַל u. שֵׂכֶל Einsicht, רוֹמֵם (*Pil.* v. רוּם) erheben, *die Oberhand bekommen lassen*⁴). — 5. חֵלֶק Teil, Anteil, *Los*, הִגִּיד anzeigen, *verraten*, כָּלָה verschmachten⁵). — 6. הִצִּיג (*Hiph.* v. im *Q.* u. יָצַג) hinstellen,

---

vgl. 38, 19. 24. G. § 123, 3, *b*. E. § 332 *a*.   ¹) Die Kapitelabteilung ist hier unpassend, weil 17, 1 den Gedanken von 16, 22 fortsetzt. — Cap. 17, 1: *Mein Geist, meine Lebenskraft ist zerrüttet, meine Tage sind erloschen; Gräber sind mein*, sind mein Los, stehen mir bevor. חֻבָּלָה 3. *Perf. f.* in *Pausa.* — Der *Pl.* קְבָרִים (wie קְבָרוֹת 21, 32) s. v. a. *Gräberplatz*, Friedhof.   ²) V. 2: *Fürwahr, Spöttereien sind bei mir*, Spott treibt man mit mir (näml. wenn man Hoffnungen vorspiegelnd von mir die Busse eines Sünders verlangt) *und auf ihrem* (der Freunde) *Hader muss mein Auge weilen*, solche Streitsucht meiner Freunde muss ich immer vor Augen haben! הַמְּרוֹתָם *Inf. Hiph.* v. מָרָה m. *Suff.* — Das Dagesch in מ ist das *Dag. dirim.*, s. zu 9, 18. — תָּלַן *Jussiv* f. תָּלִין vgl. Richt. 19, 20. E. § 141 *b.* Anm.   ³) *O setze ein* (ein Pfand)! *verbürge dich für mich bei dir, wer ist der* (welcher) sonst *in meine Hand einschlagen*, sich durch Handschlag für mich verbürgen *wird?* d. i. niemand (ausser dir) wird (als Bürge meiner Unschuld) sich für mich verbürgen. Der verlängerte *Imper.* שִׂימָה steht mit Emphase, G. § 48, 5. — Über הוּא im 2. Gl. s. zu 4, 7.   ⁴) *Denn ihr* (der Freunde) *Herz hast du vor der Einsicht*, d. i. der Einsicht (näml. in das wahre Sachverhältnis), *verschlossen; darum* (d. i. weil du ihren Wahn kennst) *wirst du sie nicht die Oberhand bekommen*, d. i. im Streite bis ans Ende Recht behalten *lassen.* — תְּרוֹמֵם zusammengezogen aus תְּרוֹמְמֵם (vgl. וַתְּמוּגְגֵנוּ f. וַתְּמֹגְגֵנוּ Jes. 64, 6.).
⁵) *Zum Lose*, zur Verlosung, d. i. dass das Los über sie (wie über

מָשָׁל* (= מָשָׁל) Sprüchwort, תֹּפֶת (v. u. תּוּף) das Speien, לְפָנִים Gegenstand des ins Gesicht Speiens, d. i. einer, dem man ins Gesicht speit ¹). — 7. כָּהָה erlöschen, trübe werden, sich trüben (von den Augen), כַּעַשׂ Kummer, Gram, יְצֻרִים* (eig. Gebilde, dah.) *Glieder* (des Körpers), צֵל Schatten ²). — 8. שָׁמֵם starr sein, sich entsetzen, יָשָׁר rechtschaffen, נָקִי unschuldig, חָנֵף ruchlos, gottlos, הִתְעֹרֵר *(Hithpal.* v. עוּר) sich aufregen, in Aufregung geraten, sich empören, m. עַל gegen jem. ³). — 9. אָחַז *fest halten,* טָהוֹר rein, אֹמֶץ* Kraft, אֹמֶץ הוֹסִיף *Kraft hinzufügen,* d. i. neue Kraft gewinnen, an Kraft zunehmen (vgl. הֶחֱלִיף כֹּחַ Jes. 40, 31) ⁴).

10. אוּלָם f. אֻלָם aber ⁵). — 11. עָבַר vorübergehen, זָמָה

Gefangene) geworfen werde, *verrät man Freunde, und die Augen seiner Kinder verschmachten*, d. i. dafür werden die Kinder der Verräter verschmachten und umkommen. יַגִּיד *man verrät,* s. zu 4, 2 u. 6, 20. — Der Sing. יַגִּיד ist im 2. Gl. in dem Worte בָּנָיו wieder aufgenommen.   ¹) V. 6: *Und hingestellt hat man mich zu einem Sprüchwort der Völker,* der Welt, *und einer, dem man ins Gesicht speit, muss ich sein.* הִצִּיגַנִי *man hat mich hingestellt,* vgl. V. 5.   ²) V. 7: *So dass vor Gram mein Auge sich trübt, und meine Glieder sind wie Schatten,* sind (ganz hager und abgezehrt) einem Schatten ähnlich (vgl. 19, 20) *alle,* einem Schatten bin ich ähnlicher, als einem Menschen.   ³) V. 8: *Rechtschaffene entsetzen sich darob, und der Unschuldige empört sich,* wird aufgebracht *gegen den Gottlosen.* Vgl. Ps. 37. 73.   ⁴) *Aber der Gerechte hält fest seinen Weg,* d. i. den Weg der Rechtschaffenheit, auf dem er bisher gegangen ist, *und der an Händen Reine,* der von Vergehungen Freie, der Unschuldige, *nimmt an Kraft zu,* erstarkt immer mehr in seinem Streben nach Lauterkeit des Wandels. ⁵) *Aber ihr alle, kommet nur wieder! ich werde doch unter euch keinen Weisen finden,* d. i. so oft ihr auch gegen mich dieselben Meinungen äussert, ich werde immer aufs neue eure Unweisheit, euren Unverstand wahrnehmen. אֻלָם f. אוּלָם wegen des Gleich-

(v. זְמָם) Plan, נָתַק (Niph. v. נָתַק) abgerissen, abgebrochen werden, מוֹרָשׁ Besitzung, מוֹרָשֵׁי לְבָבִי *die Besitzungen meines Herzens*, d. i. meine liebsten Gedanken, schönsten Hoffnungen [1]). — 12. שִׂים לְ *zu* etwas machen, קָרוֹב nahe, פְּנֵי־חֹשֶׁךְ *das Angesicht der Finsterniss*, d. i. die Finsterniss, deren Angesicht schon wahrnehmbar ist, die *offenbare* Finsterniss [2]). — 13. קָוָה *auf etwas hoffen*, m. d. *Acc.*, רָפַד hinbreiten, *sternere* יָצוּעַ *(Part.* v. יָצַע*)* Lager. — 14. שַׁחַת (v. שׁוּחַ) Grab, אָחוֹת Schwester, רִמָּה Gewürm. — 15. אַיֵּה wo? אֵפוֹא s. zu 9, 24, שׁוּר schauen [3]). — 16. בַּדִּים *(Pl.* v. בַּד*)* Riegel, יַחַד zugleich, נַחַת (v. נוּחַ) Ruhe [4]).

---

klangs mit כֻּלָּם. — כֻּלָּם f. כֻּלְּכֶם (vgl. 16, 2), E. § 327 a. — תָּשׁוּבוּ וּבֹאוּ *kehret zurück und kommet,* d. i. kommet wieder! G. § 142, 3 a: תָּשֻׁבוּ f. שׁוּבוּ, vgl. 18, 2 b. E. § 229 u. 226 a. [1]) V. 11: *Meine Tage sind vorübergegangen*, sind so gut wie vorüber, *meine Pläne*, Lebenspläne, *sind abgebrochen, die Besitzungen*, das (liebste) *Eigentum meines Herzens* d. i. meine liebsten Gedanken, schönsten Hoffnungen. נִתְּקוּ ohne Pausalaussprache, weil hier dem Sinne nach kein grosser Stillstand sein kann, E. § 100 c. [2]) V. 12: *Nacht machen sie* (die Freunde) *zu Tag.* „*Licht*" sagen sie „*ist näher als die offenbare Finsterniss*", d. i. während mein Leben so gut wie vorüber ist und alle meine Pläne und Hoffnungen vernichtet sind, kehren sie alles um, wollen aus der Nacht des Todes das Licht des Lebens machen, indem sie mir Hoffnungen auf ein hohes Alter und auf Rückkehr eines glücklichen Lebens vorspiegeln (vgl. 5, 17—26. 8, 20 ff. 11, 13 ff.) קָרוֹב וגו׳ comparativ: *näher als* u. s. w. [3]) V. 13—15: *Wenn ich auf die Unterwelt als mein Haus hoffe, in der Finsterniss* (der Unterwelt, vgl. 10, 21 f.) *mein Lager hinbreite: — Dem Grabe zurufe: „mein Vater du"! „meine Mutter und meine Schwester!"* dem Gewürme, wenn ich das Grab und das Gewürm meine nächsten Angehörigen nenne, mit ihnen ganz vertraut bin (vgl. 30, 20. Spr. 7, 4. 18, 9. Ps. 88, 19.): — *Wo ist denn nun meine Hoffnung? und meine Hoffnung — wer schauet sie?* V. 15 ist der Nachsatz zu V. 13 u. 14, durch das וְ cons. (vgl. E. § 348 a.) eingeführt. [4]) V. 16: *Zu den Riegeln*, Thoren (vgl. Jon. 2, 7) *der Unterwelt fährt sie*

Cap. XVIII. 2. עַד־אָ֫נָה quousque, wie lange? קָנֵץ * laqueus (vgl. arab. קנץ venari), שִׂימוּ קִנְצֵי לְמִלִּין laqueos tendere verbis, venari, aucupari verba, Jagd machen auf Worte, nach Worten jagen, haschen, בִּין zur Einsicht kommen, klug werden, אַחַר Adv. hernach, darnach¹). — 3. מַדּוּעַ warum? (s. zu 3, 12), נֶחְשַׁב כְּ wie etwas geachtet werden, einer Sache gleich geachtet werden, בְּהֵמָה Vieh, נִטְמָא für unrein gehalten werden²). — 4. טָרַף zerreissen, zerfleischen, לְמַעַן wegen, עָזַב verlassen, verödet werden, עָתַק fortrücken (intrans.), versetzt werden, צוּר Fels³).

---

hinab, wenn zugleich, näml. zugleich mit dem Hinabfahren meiner Hoffnung, *auf dem Staube Ruhe ist*, ich im Grabe Ruhe finde (vgl. 7, 21). — שַׁעֲרֵי שְׁאֹל=בַּדֵּי שְׁאֹל (Jes. 38, 10), u. שַׁעֲרֵי מָ֫וֶת (Hiob 38. 17. Ps. 9, 14. 107, 18). — בַּדֵּי שְׁאֹל Acc. des Orts, G. § 118, 1, *a*. — תֵּרַ֫דְנָה f. תֵּרֵד, vgl. Jes. 27, 11. 28, 3. G. § 47, Anm. 3. E. § 192 *c*. ¹) V. 2: *Wie lange noch wollt ihr* (d. i. du und deines gleichen) *nach Worten jagen* (nur um etwas zu sagen)? *Kommet zur Einsicht, und darnach wollen wir reden*, das Gespräch fortsetzen. [ת׳ קִנְצֵי לְמִלִּין] Der stat. constr. vor einer *Praep.* vgl. 24, 5. G. § 116, 1. — תָּבִינוּ f. den *Imper.* בִּ֫ינוּ, s. zu 17, 10. ²) V. 3: *Warum sind wir dem Viehe gleich geachtet* (vgl. Ps. 49, 13. 21. 73, 22), für so dumm wie das Vieh erklärt, *sind für unrein gehalten*, gelten für unrein *in euern Augen?* Das 1. Gl. bezieht sich auf 17, 4. 10, das 2. auf 17, 8. 9. — נִטְמֵ֫ינוּ f. נִטְמָ֫אנוּ, G. § 75, Anm. 21, *c*. E. § 198 *b*. ³) V. 4: *O der sich selbst zerfleischt in seinem Zorn*, (nicht von Gott zerfleischt wird [vgl. 16, 9], sondern) in seinem (zügellosen) Zorn sich selbst aufreibt! *Soll deinetwegen*, d. i. damit nur dein Wille geschehe und du (im grössten Unrecht) Recht behaltest, *die Erde verödet werden*, (die doch zum Bewohntwerden geschaffen worden ist, vgl. 1 M. 1, 28. Jes. 45, 18), *und ein Fels von seiner Stelle rücken* (vgl. 14, 18)?. d. i. soll die feste göttliche Weltordnung, zu welcher auch das Gesetz gehört, dass der Sünde immer die Strafe folgt, nach deinem Willen verändert werden? יֶעְתַּק mit *Pathach* in *ultima*, E. § 100 *a*.

5. גַּם *dennoch*, דָּעֵךְ erlöschen, נָגַהּ scheinen, leuchten, שָׁבִיב * Flamme¹). — 6. נֵר Leuchte²). — 7. צָרַר *intrans. (Impf.* יֵצַר) beengt sein, enge werden, צַעַד Schritt, אוֹן Kraft, צַעֲדֵי אוֹנוֹ *die Schritte seiner Kraft*, d. i. seine kräftigen Schritte, הִשְׁלִיךְ *stürzen*, עֵצָה Rat³). — 8. שֻׁלַּח geschickt, *getrieben* werden, רֶשֶׁת Netz, שְׂבָכָה (netzartiges) Flechtwerk, הִתְהַלֵּךְ wandeln⁴). — 9. אָחַז festhalten, m.: בְּ; עָקֵב Ferse, פַּח Schlinge, הֶחֱזִיק m. עַל: jem. (überwältigend) *ergreifen* (E. § 217 *i, γ*), צַמִּים Schlinge, Fallstrick⁵). — 10. טָמַן verbergen, חֶבֶל Strick, מַלְכֹּדֶת * Netz, Schlinge, *Falle*, נָתִיב Steig, Pfad. — 11. סָבִיב ringsum, בִּעֵת ängstigen, בַּלָּהָה Schrecken, הֵפִיץ (*Hiph.* v. פּוּץ) *forttreiben*, jagen, *exagitare*⁶). — 12. רָעֵב hungrig, ausgehungert, אֵיד Verderben, Untergang, נָכוֹן bereit, צֵלַע (m. *Suff.* צַלְעוֹ) Seite⁷). —

---

¹) V. 5 b: *Und nicht wird leuchten*, d. i. und zu leuchten wird aufhören *die Flamme seines Feuers*. Der *Pl.* (רְשָׁעִים) ist in den *Sing.* (אִשׁ) übergegangen, s. zu 17, 5. — *Licht* und *leuchtendes Feuer* sind Bilder des Glücks, vgl. 30, 2 u. a. ²) V. 6 a: *Das Licht verfinstert sich in seinem Zelt.* Das *Perf.* (חָשַׁךְ) von einer zukünftigen so gut als vollendeten und gewissen Handlung, vgl. 5, 20. 19, 27. G. § 126, 4. — *Leuchte* (wie Licht und Feuer V. 6) Bild des Glücks, vgl. 21, 17. 29, 3. Ps. 18, 29. Spr. 13, 9. ³) V. 7: *Enge werden seine kräftigen Schritte* (vgl. Spr. 4, 12. Ps. 18, 37.), d. i. während er noch vor kurzem mit weiten, kräftigen Schritten stolz einherschritt, werden diese (auf dem plötzlich unsicher und gefahrvoll gewordenen Wege) auf einmal enger und kleiner, schreitet er auf einmal langsam und ängstlich weiter, *und ihn stürzet sein eigener Rat*, d. i. seine verderbliche, gottlose Gesinnung. יִצְרוּ *Pl. Impf.* v. צָרַר vgl. Neh. 2, 3. E. § 193 *c*. ⁴) V. 8 a: *Denn ins Netz wird er getrieben mit seinen Füssen*. ⁵) Über das *Impf.* יֶחֱזָק s. zu 13, 27. ⁶) לְרַגְלָיו *nach seinen Füssen*, d. i. auf jedem seiner Tritte, vgl. 1 M. 30, 30. Jes. 41, 2. ⁷) V. 12: *Da wird ausgehungert seine Kraft, und Verderben ist bereit zu seiner Seite*, steht neben ihm bereit (ihn zu überfallen), vgl. 15, 23. Über יְהִי vgl. V. 9 u. s. zu 13, 27. — לְצַלְעוֹ = בְּיָדוֹ 15, 23.

13. בַּדִּים *Glieder,* עוֹר Haut, *Leib,* בְּכוֹר erstgeboren, בְּכוֹר מָוֶת *der Erstgeborne des Todes,* d. i. die schrecklichste Krankheit[1]). —
14. נָתַק herausgerissen werden, מִבְטָח Vertrauen, Gegenstand des Vertrauens, הִצְעִיד schreiten lassen, מֶלֶךְ בַּלָּהוֹת *der König der Schrecken,* d. i. der Tod[2]). — 15. שָׁכַן wohnen, מִבְּלִי־לוֹ (= אֲשֶׁר מִבְּלִי־לוֹ) *das nicht Seinige* (E. § 323 a. 294 a), זָרָה (*Pu.* v. זָרָה) gestreut werden, נָוֶה Wohnstätte, גָּפְרִית Schwefel[3]).
— 16. מִתַּחַת unten, unterhalb, שֹׁרֶשׁ Wurzel, יָבֵשׁ dürr werden, verdorren, מִמַּעַל (*contr.* aus מִן und מַעַל) oben, oberhalb, מָלַל verwelken (s. z. 14, 1), קָצִיר *Zweig,* Gezweig[4]). — 17. זֵכֶר Andenken, אָבַד schwinden, verschwinden, חוּץ Strasse, *Trift*[5]). —
18. הָדַף stossen, תֵּבֵל Erdkreis, נֶגֶד (*Hiph.* v. נָדַד) wegtreiben, forttreiben[6]). — 19. נִין Geschlecht, Nachkommen, נֶכֶד dass., beide Wörter stets verbunden: Sprössling und Stamm, *Spross und Schoss* (vgl. 1 M. 21, 23. Jes. 14, 22.), שָׂרִיד Übriggebliebener, Entkommener, Entronnener, מָגוּר Wohnung, Weiler[7]). —

---

[1]) V. 13: *Es frisst die Glieder seines Leibes, es frisst seine Glieder des Todes Erstgeborner.* בְּכוֹר מָוֶת ist Subjekt zum ganzen Vers. — Das wiederholte יֹאכַל drückt aus, dass die schrecklichste Krankheit die Glieder des Frevlers allmählig und unablässig frisst, vgl. Jes. 53, 7, Qoh. 4, 1. E. § 313 a.   [2]) V. 14: *Herausgerissen wird aus seinem Zelte, sein Vertrauen,* d. i. alles, worauf er vertraute (vgl. 8, 14) *und es,* d. i. das Verhängnis, welchem er anheimfällt, *lässt ihn* (langsam) *schreiten zum Könige der Schrecken.* Das *Fem.* תַּצְעִידֵהוּ als *Neutr.,* s. zu 4, 5.   [3]) V. 15 a: *Es wohnt in seinem Zelte das nicht Seinige,* d. i. fremdes Volk, fremde Leute. — מִבְּלִי־לוֹ ist Subj. und wird als *Neutr.* verbunden, daher das *Fem.* תִּשְׁכּוֹן; E. § 294 a. — Zum 2. Gl. vgl. 1 M. 19, 24. Ps. 11, 6.
[4]) Vgl. 8, 16—18, 15, 32 f. Jes. 5, 24. Anm. 2, 9.   [5]) V. 17 b: *Und kein Name ist,* bleibt *ihm auf der Fläche der Trift,* auf der weiten Steppe.   [6]) V. 18: *Man stösst ihn aus dem Licht in die Finsternis, und treibt ihn aus dem Erdkreis fort.* יֶהְדְּפֻהוּ *man stösst ihn,* od. er wird gestossen, s. zu 4, 19 u. 7, 3. — יְנִדֻּהוּ *Impf. Pl. Hiph.* v. נָדַד m. *Suff.*   [7]) V. 19: *Nicht Spross bleibt ihm, noch Schoss,*

20. נָשִׂם (Niph. v. שָׁמַם) staunen, sich entsetzen, אַחֲרוֹן der hintere, westliche, קַדְמוֹן der vordere, östliche, אָחַז ergreifen, שַׂעַר Schauder [1]). — 21. אַךְ nur, מִשְׁכָּן Wohnung, עַוָּל ungerecht [2]).

Cap. XIX. 2. הוֹגָה (Hiph. v. im Q. u. יָגָה) betrüben, bekümmern, דִּכָּא (Q. u.) zermalmen [3]). — 3. פַּעַם Tritt, ein Mal, עֶשֶׂר פְּעָמִים zehnmal, הִכְלִים beschimpfen, בּוֹשׁ sich schämen, הָכַר* (arab. حكر) ungerecht behandeln, misshandeln [4]). — 4. אָמְנָם wirklich, שָׁגָה irren, לִין bleiben, מְשׁוּגָה* Irrtum [5]). — 5. הִגְדִּיל gross thun, הוֹכִיחַ darthun, beweisen, חֶרְפָּה Schmach [6]).

---

d. i. gar keine Nachkommen bleiben von ihm *in seinem Volke, und kein Entronnener ist in seinen Weilern.* [1]) V. 20: *Über seinen Tag,* den Tag seines Untergangs (vgl. Ps. 37, 13. 137, 7. Jer. 50, 27) *entsetzen sich die Westlichen,* die Abendländer, *und die Östlichen,* die Morgenländer *ergreift Schauder.* Die *Westlichen* und *Östlichen,* d. i. die Bewohner der ganzen Erde, vgl. V. 17 f. אָחֲזוּ שַׂעַר *sie ergreifen Schauder* f. Schauder ergreift sie, vgl. 21, 6. Jes. 13. 8. [2]) V. 21: *Ja, dies sind die Wohnungen des Un-. gerechten,* d. i. ja, so geht es den Wohnungen des Ungerechten *und dies ist die Stätte,* d. i. so geht es der Stätte *dessen, der Gott nicht kennt,* sich um Gott nicht kümmert (vgl. 1 Sam. 2, 12). Über den *st. constr.* vor einem Relativsatze ohne אֲשֶׁר vgl. 29, 2. 16. G. § 116, 3. [3]) תּוֹגְיוּן *Impf. Hiph.* v. יָגָה mit der vollen Pluralendung וּן und beibehaltenem ursprünglichen י, vgl. 3, 25. 12, 6. 16. 22. 30, 14. — תְּדַכְּאוּנָנִי *Impf. Pl.* m. dem an die Pluralform וּן gehängten *Suff. 1. Sing.,* vgl. Ps. 91, 12. Jes. 60, 7. 10. G. § 60, Anm. 3. [4]) V. 3: *Schon zehnmal* (cf. G. § 122, 2, Anm.), d. i. vielmal (vgl. 1 M. 31, 7. 4 M. 14, 22. Neh. 4, 6), *beschimpft ihr mich.* — לֹא־תֵבֹשׁוּ וגו׳ *ihr schämt euch nicht, behandelt mich ungerecht,* f. ihr schämt euch nicht, mich ungerecht zu behandeln, s. zu 6, 28. [5]) V. 4: *Und wirklich auch, habe ich geirrt, so bleibet bei mir mein Irrtum,* so hab' ich doch nur meinen Fehltritt zu büssen. Das 1. Gl. ist ein Bedingungssatz ohne אִם, vgl. 4, 2. 7, 20. G. § 155, 4, *a.* [6]) V. 5: *Oder wollt ihr wirklich gegen mich gross thun,* euch gross zeigen (da-

6. אֵפוֹ gebraucht zur Hervorhebung des Imperativs: *denn* (s. zu 9, 24), עִוֵּת beugen, krümmen, מָצוֹד (m. *Suff.* מְצוּדוֹ) Netz, הִקִּיף m. d. *Acc.* d. S. u. עַל d. P.: jem. mit etwas umgeben, etwas *um ihn schlagen*[1]). — 7. צָעַק schreien, חָמָס Gewaltthat, נַעֲנָה erhört werden, שִׁוַּע (Q. u.) um Hilfe rufen[2]). — 8. גָּדַר (*denom.* v. גָּדֵר) vermauern, עָבַר überschreiten, נְתִיבָה Steig, Pfad[3]). — 9. כָּבוֹד Ehre, הִפְשִׁיט m. d. *Acc.* d. S. u. מֵעַל d. P.: jem. etwas ausziehen, הֵסִיר wegthun, wegnehmen, עֲטָרָה (*st. cstr.* עֲטֶרֶת) Krone. — 10. נָתַץ niederreissen, zerstören, סָבִיב ringsum, הָלַךְ vergehen, verschwinden, הִסִּיעַ (*Hiph.* v. נָסַע) ausreissen, herausreissen[4]). — 11. הֶחֱרָה entbrennen lassen (den Zorn), m. אֶל־ *gegen* jem., חָשַׁב כְּ als etwas achten, jemandem gleich achten, צַר Feind[5]). — 12. יַחַד zusammen, allesamt, גְּדוּד Schar, סָלַל bahnen, חָנָה sich lagern[6]). — 13. הִרְחִיק entfernen, m. מֵעַל; יְדָעִים Kenner, d. i. Bekannte, Vertraute, זוּר zurückweichen, m. מִן: von jem. sich entfernen, ihm fremd werden[7]). — 14. חָדַל ausbleiben (vgl. 14, 7), קָרוֹב nahe, Verwandter, *propinquus*, מְיֻדָּע Bekannter, שָׁכַח u. שְׁכֵחַ vergessen.

---

durch, dass ihr mich verhöhnet) *und gegen mich darthun meine Schmach?* אִם Fragewort, lateinisch: *an*. [1]) V. 6: *So wisset denn, dass* u. s. w. [2]) אֶצְעַק חָמָס *ich schreie: Gewaltthat!* (vgl. Hab. 1, 2. Jer. 20, 8), ich schreie über Gewaltthat. [3]) V. 8 a: *Meinen Pfad hat er* (Gott) *vermauert, dass ich nicht hinüber kann*, vgl. V. 6. 3, 23. [4]) Die *Impff. cons.* in V. 10—12 von der Gegenwart, s. zu 3, 21. [5]) וַיַּחַר *Impf. cons. Hiph.* v. חרה. — Zu 11 b vgl. 13, 24. [6]) V. 12: *Allesamt kommen, rücken heran seine Scharen*, d. i. das Heer der Leiden, Qualen und Plagen (vgl. 10, 17) *und bahnen wider mich ihren Weg* (vgl. 30, 12) *und lagern sich rings um mein Zelt.* [7]) V. 13: *Meine Brüder hat er* (Gott) *von mir entfernt, und meine Vertrauten sind mir ganz fremd geworden.* מֵעָלַי eig. *von bei mir*, d. i. von mir, bei dem od. um den sie früher waren, s. zu 13, 21. — אַךְ *nur*, d. i. nicht anders als, ganz. Zu V. 13 u. 14 vgl. Ps. 31, 12. 38, 12. 69, 9. 88, 19.

— 15. גּוּר wohnen, weilen, גָּרֵי בֵיתִי die in meinem Hause weilen, *inquilini mei*, meine Hausgenossen, אָמָה *(Pl.* אֲמָהוֹת*)* Magd, זָר *(Part.* v. זוּר*)* Fremder, חָשַׁב לְ *für* etwas achten (vgl. 13, 24), נָכְרִי fremd, Auswärtiger [1]). — 16. הִתְחַנֵּן לְ zu jem. flehen [2]). — 17. רוּחַ Atem, זוּר *zuwider sein*, חָנַן * vgl. arab. חן*) übel riechen, stinken* [3]). — 18. עֲוִיל (v. עוּל) Kind, מָאַס verachten, m. בְּ; דִּבֵּר m. בְּ *wider* jem. reden [4]). — 19. תָּעַב verabscheuen, סוֹד vertrauter Umgang, מְתֵי סוֹדִי *die Leute meines vertrauten Umgangs*, d. i. meine Vertrauten, אָהֵב lieben, נֶהְפַּךְ sich wenden, kehren, m. בְּ *gegen* jem. [5]). — 20. עוֹר Haut, דָּבַק kleben *(intrans.)*, m. בְּ *an* etwas; הִתְמַלֵּט sich retten, entrinnen,

---

[1]) V. 15: *Meine Hausgenossen und meine Mägde achten mich für einen Fremden, ein Auswärtiger bin ich geworden in ihren Augen.* Das Genus des Prädikats תֶּחְשְׁבֻנִי hat sich nach dem nächsten Subjekt אֲמָהֹתַי gerichtet, E. § 339 c. Statt תַּחְשְׁבֻנָה steht vor dem *Suff.* תַּחְשְׁבוּ, vgl. Jer. 2, 19. G. § 60. [2]) V. 16: *Meinem Knechte ruf' ich, und er antwortet nicht*, mein Knecht folgt nicht einmal mehr dem Rufe (statt dass er früher schon auf den Wink achtete, vgl. Ps. 123, 2), *mit meinem Munde*, mit ausdrücklichen Reden *muss ich zu ihm flehen* (wenn ich eine Dienstleistung von ihm wünsche). [3]) V. 17: *Mein Atem ist zuwider meinem Weibe, und ich rieche übel den Kindern meines Leibes.* חַנּוֹתִי 1. *Perf. S.* v. חָנַן, mit betonter Endsilbe, vgl. Jes. 44, 16. Ps. 116, 6. E. § 197,a. oder *Infinit.* mit *Suffix.* — בְּנֵי בִטְנִי *Kinder meines Leibes*, d. i. desselben Mutterleibes, aus dem ich hervorgegangen bin: meine Geschwister. [4]) *Auch*, selbst, sogar (kleine) *Kinder verachten mich; will ich aufstehen* (und fehlt mir die Kraft dazu), *so reden sie wider mich*, so verspotten sie mich (vgl. Ps. 50, 20). Über den *Cohortat.* (אָקוּמָה) in Bedingungssätzen vgl. 16, 6 u. s. zu 11, 17. [5]) Über die *Perff.* תְּעָבוּנִי u. אֲהַבְתִּי vgl. 7, 16 u. s. zu 3, 26. — Das 2. Gl.: *und die ich liebe*, meine Geliebten, meine lieben Freunde *haben sich gegen mich gekehrt*. זֶה f. אֲשֶׁר und, wie dieses, ohne Unterscheidung von Genus und Numerus, vgl.

עוֹר שִׁנָּי *die Haut meiner Zähne,* d. i. mein Zahnfleisch ¹). — 21. חָנַן sich erbarmen, נָגַע berühren, *treffen,* schlagen, m. בְּ. — 22. רָדַף verfolgen, שָׂבַע satt werden, m. מִן von etwas ²).

23. אֲפוֹ s. zu 9, 24, נִכְתַב aufgeschrieben werden, סֵפֶר Buch, הוּחָק (*Hoph.* v. חָקַק) eingegraben, *eingezeichnet* werden ³). — 24. עֵט Griffel, בַּרְזֶל Eisen, עֹפֶרֶת Blei, עַד Ewigkeit, לָעַד auf ewig, צוּר Fels, נֶחְצַב eingehauen werden ⁴). — 25. גֹּאֵל Retter, Erlöser, חַי lebend, lebendig, אַחֲרוֹן *der Nachkommende,* Nach-herige, קוּם aufstehen, sich erheben, auftreten ⁵). — 26. אַחַר

15, 17. G. § 122, 2. E. § 331 *b*.   ¹) V. 20: *An meiner Haut und meinem Fleisch klebt mein Gebein*, d. i. ich bin im höchsten Grade abgemagert, an mir ist nichts als Haut und Knochen (vgl. Ps. 22, 16. 18. 102, 6. Klagel. 4, 8), *und ich bin* (kaum) *entronnen mit der Haut meiner Zähne,* mit meinem Zahnfleisch, d. i. nur mein Zahnfleisch ist heil geblieben. וָאֶתְמַלְּטָה] Über das *Impf.* in dem 1. *S.* mit der Endung ־ָה vgl. 1, 15. G. § 49, 2.   ²) V. 22: *Warum verfolgt ihr mich wie Gott,* d. i. Gottes Partei nehmend und ihm nachahmend, *und werdet von meinem Fleische nicht satt,* zehrt unaufhörlich an meinem Fleische, d. i. verleumdet mich fortwährend (vgl. Dan. 3, 8. 6, 25 u. s. Wörterb.)?   ³) V. 23: *O dass doch meine Worte,* d. i. die Worte, durch welche ich meine Unschuld beteuere, *aufgeschrieben würden! o dass in ein Buch sie eingezeichnet würden!* מִי יִתֵּן mit dem ו *cons* vor dem *Impf.* vgl. 23, 3. G. § 136, 1, *c.* — Im 2. Gl. steht בַּסֵּפֶר des Nachdrucks wegen vor dem Verbum. — יֻחָקוּ 3 Pl. *Impf. Hoph.* v. חָקַק in *Pausa,* G. § 67, Anm. 8. ⁴) V. 24: (O dass doch sie) *mit Eisengriffel und Blei,* (das in die mit dem eisernen Griffel eingegrabenen Buchstaben zur Erhaltung und deutlichen Ausprägung ihrer Formen gegossen wird) *auf ewig,* zum ewigen Andenken *in den Fels gehauen würden!*   ⁵) Doch dieser Wunsch ist vergeblich, aber der lebendige Gott, mein Zeuge und Erlöser, wird wenigstens nach meinem Tode meine gerechte Sache führen und mich meine Rechtfertigung schauen lassen V. 25 — 27. — V. 25: *Aber ich* (meinerseits) *weiss, mein Erlöser lebt*

nach, נָקַף abschlagen, abhauen, zerstören, חָזָה schauen [1]. —
27. כָּלָה sich verzehren, כְּלָיוֹת Nieren, חֵיק u. חֵק Busen [2]. —
28. כִּי *wann*, wenn, שֹׁרֶשׁ דָּבָר Wurzel der Sache, *radix causae*,
d. i. Grund der Rechtssache, נִמְצָא gefunden werden. — 29.
גּוּר (= יָגֹר) sich fürchten, m. חֵמָה לְ, Glut, עָוֺן Strafe, לְמַעַן
auf dass, damit, m. dem *Impf.*[3]). דִּין Gericht, שֶׁ = אֲשֶׁר
dass.

(eig.: ist lebendig), d. i. wenn ich auch verkannt und verfolgt
sterbe, so stirbt doch der lebendige Gott, mein Erlöser, nicht, *und
der Nachkommende*, d. i. der nach mir, nach meinem Tode, noch
sein wird, d. h. Gott, mein Erlöser, *wird auf dem Staube*, d. i., auf
dem Grabe (vgl. 7, 21. 17, 16. 20, 11. 21, 26. Ps. 22, 16. 30.
30, 20) *aufstehen*, auftreten (zu meiner Verteidigung und Erlösung).
יָדַעְתִּי ohne folgendes כִּי *dass*, wie 30, 23. Ps. 9, 21. [1]) V. 26:
Und nach meiner Haut, die man (wie einen Baum [vgl. Jes. 10, 34]
nach und nach, stückweise) *abgeschlagen, zerstört hat,* (nach) *diesem
da!* d. i. nachdem man diesen meinen Leib (in dem jammervollen
Zustande, wie ihr ihn ja schon sehet) zerstört hat, *und ohne mein
Fleisch*, ohne meinen Körper, frei von meinem Körper (nach Zer-
störung desselben) *werde ich Gott schauen* (vgl. Ps. 11, 7. 17, 15).
נִקְּפוּ ein Relativsatz. Die 3. *Pl.* mit unbestimmtem Subj., s. zu
4, 19 u. 7, 3. — זֹאת *dies*, vgl. 5, 27. — מִבְּשָׂרִי *weg von meinem
Fleische*, d. i. ohne mein Fleisch, frei von meinem Fleische, vgl.
11, 15. 21, 9. E. § 217 *b*. [2]) V. 27: *Welchen ich schauen
werde mir*, d. i. mir zum Heil, *und meine Augen sehen werden
und nicht ein Fremder*, d. i. Anderer (vgl. Spr. 14, 10. 27, 2),
es verzehren sich meine Nieren in meinem Busen, in meinem Inneren,
näml. vor höchster Sehnsucht nach diesem Schauen Gottes (vgl.
Ps. 84, 3. 119, 81). Über das *Perf.* רָאוּ s. zu 5, 20 u. 18, 6.
[3]) V. 28 u. 29: *Wenn ihr saget*, denkt: „*Wie*, wie sehr *wollen
wir ihn verfolgen! und die Wurzel der Sache*, d. i. der Grund der
Rechtssache, d. h. meiner Leiden, *sei in mir*, d. i. in meiner Sünde
und Schuld, *gefunden* = auf dass die Wurzel gefunden werde: —
So fürchtet euch vor dem Schwerte, dem göttlichen Racheschwerte,
Strafgerichte (vgl. 15, 22. 27, 14. Zach. 13, 7. Ps. 7, 13. 17, 13.),
denn Glut, d. i. Zorn oder Grimm, *sind* = verdienen, ziehen nach

Cap. XX. 2. לָכֵן deshalb, darum, שְׂעִפִּים Gedanken, הֵשִׁיב erwidern (s. zu 13, 22); בַּעֲבוּר wegen, חוּשׁ stürmen, drängen ¹).
— 3. מוּסָר Verweis, כְּלִמָּה Beschimpfung, מוּסַר כְּלִמָּתִי Verweis meiner Beschimpfung, d. i. mich beschimpfender Verweis, בִּינָה Einsicht ²).

4. מִנִּי־עַד von Ewigkeit her. — 5. רְנָנָה Jubel, מִקָּרוֹב von nahe her, d. i. kurz, nicht weit her, שִׂמְחָה Freude, חָנֵף ruchlos, עֲדֵי־רָגַע während eines Augenblicks, d. i. einen Augenblick lang ³). — 6. עָלָה aufsteigen, שִׂיא* (v. נָשָׂא) Höhe, Erhebung, עָב Wolke, הִגִּיעַ (Hiph. v. נָגַע) an etwas reichen, m. לְ. — 7. גֵּל = גָּלָל Kot, לָנֶצַח auf immer, אֵי wo? (s. zu 14, 10) ⁴). — 8. חֲלוֹם Traum, עוּף verfliegen, entfliegen, יֻדַּד Impf. Hoph. v. נָדַד fliehen, Hoph. verscheucht, fortgescheucht werden, חֶזְיוֹן (st. cstr.

---

sich, *Verschuldungen des Schwertes*, schwere Verschuldungen, wie ihr sie gegen mich begeht; *damit ihr erkennet*, dass es ein Gericht giebt. — V. 28. רָדַף nur hier m. לְ. — וְשָׁרָשׁ וגו׳ eine *oratio obliqua*, vgl. 22, 17. 35, 3. Ps. 9, 21. 10, 13. 64, 6. G. § 155, 4, c. E. § 338. נִמְצָא *Perf. Niph.* ¹) V. 2: *Darum erwidern mir meine Gedanken*, geben mir meine Gedanken Antwort, *und zwar wegen meiner Erregtheit in mir.* ²) V. 3 b: *und der Geist, mein (tiefgekränkter) Geist, giebt aus meiner Einsicht,* meiner Einsicht gemäss *mir Antwort*, näml. die, welche nun folgt V. 4 ff. ³) V. 4 u. 5: *Weisst du dies von Ewigkeit her*, dass dies von Ewigkeit her *so ist, seit man Menschen auf die Erde setzte,* d. i. seit es Menschen auf der Erde giebt: — *Dass der Jubel der Frevler kurz, von kurzer Dauer ist, und die Freude des Ruchlosen einen Augenblick lang ist*, nur einen Augenblick währt? — V. 4. זֹאת bezieht sich auf V. 5. — שִׂים *Inf.* mit unbestimmtem Subj.: „seitdem *man* (d. i. Gott) setzte", vgl. 13, 9. Ps. 42, 4. 11. 66, 10. ⁴) V. 6 u. 7: *Wenn auch zum Himmel aufsteigt seine Erhebung und sein Haupt an die Wolken reicht,* d. i. wenn er auch die höchste Stufe des Glücks, der Ehre und des Ansehens erreicht: — *Wie sein Kot,* der von ihm kommende Kot, *geht er auf immer unter,* d. i. er geht auf eine schimpfliche Weise gänzlich unter; *die ihn sahen, sprechen,*

חִזָּיוֹן) Gesicht, Vision ¹). — 9. שָׁזַף erblicken, sehen, הוֹסִיף hinzufügen, fortfahren, (mit ausgelassenem *Inf.* des vorhergehend. *Verb.:)* es wieder thun; שׁוּר schauen, erblicken ²). — 10. רָצָה *begütigen*, beschwichtigen, befriedigen, דַּל gering, arm, הֵשִׁיב zurückgeben, אוֹן Vermögen, Reichtum ³). — 11. עֲלוּמִים Jugend, *Jugendkraft* ⁴).

12. הִמְתִּיק *süss machen*, d. i. süss schmecken (E. §. 122 c.), רָעָה das Böse, הִכְחִיד verbergen. — 13. חָמַל *sparen*, m. עַל; עָזַב lassen, *fahren lassen*, מָנַע zurückhalten, בְּתוֹךְ in der Mitte, mitten in, innerhalb, חֵךְ Gaumen. — 14. לֶחֶם Speise, מֵעִים Eingeweide, נֶהְפַּךְ sich verwandeln, מְרוֹרָה Galle, *Gift*, פֶּתֶן Otter, קֶרֶב das Innere, בְּקִרְבּוֹ *in seinem Innern*, d. i. in seinem Leibe ⁵). — 15. חַיִל Gut, בָּלַע verschlingen, הֵקִיא (*Hiph*. v. קוֹא

---

fragen: *wo ist er?* — V. 6. אִם *wenn auch*, E. § 355 b. — V. 7. רֹאָיו *Part. praet.: die ihn sahen.* ¹) יָדַד *Impf. Hoph.* v. נָדַד, G. § 76, 1. — Zu V. 8 vgl. Jes. 29, 7. ²) V. 9: *Das Auge erblickte ihn, und thut es nicht wieder*, d. i. das Auge, das ihn eben noch erblickte, sieht ihn nicht wieder, *und nicht mehr schauet ihn sein Ort.* שְׁזָפַתּוּ 3. *Perf. f.* m. *Suff.* — מָקוֹם hier *Fem.*, vgl. 1 M. 18, 24. G. § 107, 4, a. — Zu V. 9 vgl. 7, 8. 10. 8, 18. Ps. 103, 16. ³) V. 10: *Seine Söhne müssen die Armen befriedigen*, näml. dadurch, dass sie die ihnen geraubten Güter wieder erstatten, *und seine Hände müssen zurückgeben sein Vermögen* (das er unrechtmässig besitzt). בָּנָיו ist Subj. u. דַּלִּים Obj. — ⁴) V. 11: *Seine Gebeine waren voll von Jugendkraft, doch mit ihm legt sie sich auf den Staub*, mit ihm sinkt sie in das Grab. — Das *Fem. Sing.* תִּשְׁכַּב bezieht sich auf den *Pl.* עֲלוּמָיו, s. zu 14, 19. ⁵) V. 12—14: *Wenn auch süss schmeckt in seinem Munde das Böse, er es birgt unter seiner Zunge*, d. i. es nicht sogleich hinunterschluckt (um sich möglichst lange daran zu laben): — *Er es spart*, d. i. es im Munde behält, *und es nicht fahren lässt und es zurückhält mitten in seinem Gaumen:* — *So verwandelt sich seine Speise in seinen Eingeweiden plötzlich*, näml. in Gift, *und Otterngift*, d. i. tödliches Gift, *ist in seinem Innern.* — V. 12 u. 13 ist der Vordersatz, von אִם ab-

speien) speien, ausspeien, הוֹרִישׁ vertreiben, heraustreiben ¹). —
16. רֹאשׁ *Gift,* יָנַק (*Impf.* יִינַק) saugen, einsaugen, הָרַג morden,
אֶפְעֶה Otter, Natter. —. 17. רָאָה m. בְּ seine Lust *an* etwas
sehen (vgl. 3, 9), פֶּלֶג oder פְּלַגָּה nur *Pl.* פְּלַגּוֹת Bäche, נָהָר Strom,
נַחַל Bach, Fluss, דְּבַשׁ Honig, חֶמְאָה (dicke, geronnene) Milch,
Sahne²). — 18. יָגָע * Erarbeitetes, *Erworbenes,* תְּמוּרָה Tausch,
Eintausch, עָלַס (s. v. a. עָלַז u. עָלַץ) frohlocken, sich freuen,
froh werden³).

19. רָצַץ zerschmettern, zerschlagen, עָזַב *liegen lassen,*
גָּזַל an sich reissen⁴). — 20. שָׁלֵו ruhig, *Ruhe,* חָמוּד (*Part.* v.
חָמַד) das Liebste, Schönste, מָלַט *entkommen,* entrinnen.⁵) —

---

hängig, V. 14 der Nachsatz. — נֶהְפָּךְ *Perf.* in *Pausa.* Das *Perf.*
von einer plötzlich eintretenden Handlung, E. § 343 *a*. ¹) V. 15:
*Gut verschlang er und muss es dann wieder ausspeien; aus seinem
Bauche treibt es Gott.* Das *Impf. cons.* וַיְקִאֶנּוּ von der Gegenwart,
vgl. 3, 21. G. § 129, 2, *a*. E. § 343 *a*. ²) V. 17: *Nicht darf
er seine Lust sehen an Bächen, Strömen, Flüssen von Milch und
Sahne!* אַל־יִרְא *nicht darf er sehen,* s. zu 5, 22. — פְּלַגּוֹת ist
st. constr. und נַהֲרֵי וגו' Apposition zu demselben. Von den beiden
st. constr. נַהֲרֵי נַחֲלֵי ist der zweite Appos. zum ersten, vgl. Ps.
68, 34. Jes. 23, 12. 37, 22. G. § 116, 5. E. § 289 *c*. ³) V. 18:
*Er, der das Erworbene zurückgiebt, und es nicht verschlingt, geniesst;
gemäss dem Gute seines Eintausches wird er nicht froh,* d. i. mag
er auch noch so viel zeitliche Güter (durch seine Bosheit, Habsucht)
eintauschen, gewinnen, die von demselben erwartete Fröhlichkeit,
den frohen Genuss derselben, erlangt er nicht. ⁴) V. 19: *Denn
er zerschlug, liess liegen,* d. i. von ihm zerschlagen liess er liegen
Arme, Häuser riss er an sich und baut sie nicht, d. i. wird sie
nicht zu seinem Gebrauch aus- und umbauen, näml. weil sie nicht
sein Eigentum bleiben. Zwischen רָצַץ u. עָזַב fehlt das ו copulat.,
E. § 285 *b*. ⁵) V. 20: *Denn er kannte keine Ruhe in seinem
Bauche,* d. i. unersättlich war immer seine Gier und Genusssucht,
so wird er mit seinem Liebsten nicht entkommen, so wird er seine
liebsten Güter, an welchen sein ganzes Herz hängt, nicht retten
können. כִּי ist dem כִּי V. 19 coordiniert, vgl. 1 M. 3, 19. 4, 25.
Jes. 1, 29, 30. Mich. 1, 9. G. § 155, 1 zu Ende.

Hiob. Cap. XX, 21—26.

21. שָׂרִיד Übriggebliebenes, חַיִל stark, *dauerhaft* sein, dauern, טוּב Gut, Glück¹). — 22. מְלֹאות *Inf.* v. מָלֵא voll sein (G. § 75, Anm. 20. E. § 238e), סָפַק* Überfluss, צָרַר *intrans.* enge sein, עָמֵל der Mühselige, Leidende, Notleidende, בוֹא m. dem *Acc.* über jem. kommen, ihn treffen²). — 23. מָלֵא füllen, שָׁלַח schicken, senden, חָרוֹן Glut, הִמְטִיר regnen lassen, לְחוּם Speise, הִמְטִיר בִּלְחוּמוֹ *regnen lassen mit seiner Speise*, d. i. seine Sp. regnen lassen³). — 24. בָּרַח fliehen, m. מִן *vor etwas*; נֶשֶׁק Rüstung, בַּרְזֶל Eisen, חָלַף durchbohren, קֶשֶׁת Bogen, נְחוּשׁ ehern⁴). — 25. שָׁלַף herausziehen, גֵּוָה (= גֵּו) *Rücken*, בָּרָק Blitz, (blitzender) Stahl, מְרֹרָה Galle, אֵימִים f. אֵימָה (*Pl.* v. אֵימָה) Schrecken, (näml. des Todes, vgl. Ps. 55, 5)⁵). — 26. טָמַן m. לְ *verbergen*

---

¹) V. 21a: *Nichts ist übrig geblieben, entronnen seinem Frasse, seine Fressgier, Genuss- und Habsucht, hat alles verschlungen.* אָכְלוֹ *Inf.* m. *Suff.* ²) V. 22: *In der Fülle seines Überflusses wird es ihm enge*, gerät er in Not, *und jede Hand der Leidenden kommt über ihn,* näml. um sich an ihm für das erlittene Unrecht zu rächen. יֵצֶר mit dem Tone in *penultima* für יֵצַר (vgl. וַיִּצֶר E. § 193c. 232c.) wegen folgender Tonsilbe, s. zu 3, 2. — עָמֵל *coll.:* die Leidenden. ³) *Es wird geschehen, um seinen Bauch zu füllen, sendet er*, d. i. um seine unersättliche Gier zu befriedigen, sendet Gott *seines Zornes Glut auf ihn und lässt regnen auf ihn seine Speise*, d. i. seine Feuerregen und Blitze (vgl. 1 M. 19, 24. Ps. 11, 6), die er als eine Speise auf den Frevler herabsendet (damit er durch sie auf ewig gesättigt werde). Das *Suff. Pl.* in עָלֵימוֹ bezieht sich auf den רָשָׁע als *coll.* (vgl. רְשָׁעִים V. 5), vgl. 15, 29. 27, 23. G. § 103, 2,**). — Über הִמְטִיר m. בְּ s. zu 16, 4. — Das *Suff.* in לְחוּמוֹ ist auf Gott zu beziehen. ⁴) V. 24: *Fliehet er vor der Eisenrüstung* = vor den Waffen des Nahkampfs, *so durchbohrt ihn der eherne Bogen*, so trifft ihn von hinten unvermutet aus der Ferne das Geschoss. Das 1. Gl. ist ein Bedingungssatz ohne אִם, vgl. 4, 2, 7, 20 u. s. zu 19, 4. ⁵) V. 25: *Er zieht*, näml. an dem Geschoss, *da kommt es aus dem Rücken, und der Stahl aus seiner Galle; er fährt dahin, über ihn Schrecken!* überfallen von Todesschrecken.

für jem., d. i. ihm aufbewahren, aufsparen, צָפוּן (*Part.* v. צָפַן) Aufbewahrtes, *Schatz,* נֻפַּח angeblasen, angefacht werden, רָעָה abweiden, verzehren [1]). — 27. גָּלָה enthüllen, offenbaren, הִתְקוֹמֵם sich erheben, empören, mit לְ *gegen* jem.[2]). — 28. גָּלָה fortwandern, יְבוּל Ertrag, נָגַר (*Niph.* v. im *Q.* u. נָגַר) ausgegossen sein, zerfliessen, *Pl. f. Part.* נִגָּרוֹת Zerfliessendes, zerfliessende, zerrinnende Dinge [3]). — 29. חֵלֶק Teil, Los, נַחֲלָה Erbe, אֹמֶר Wort [4]).

Cap. XXI. 2. תַּנְחוּמוֹת Tröstungen [5]). — 3. נָשָׂא ertragen, הַלְעִיג spotten [6]). — 4. שִׂיחַ Klage, מַדּוּעַ warum? (s. zu 3, 12),

---

[1]) V. 26: *Jegliche Finsternis, eitel Finsternis, ist aufbewahrt seinen Schätzen; verzehren muss ihn Feuer, das nicht angefacht wurde,* näml. von Menschen, d. i. von Gott gesendetes, göttliches Feuer (אֵשׁ אֱלֹהִים 1, 16), *es* (das Feuer) *muss abweiden den Rest,* d. i. was den früheren Strafgerichten entgangen ist, *in seinem Zelte!* תְּאָכְלֵהוּ (spr. t'öklêhu *Juss. Qal* f. תֹּאכְלֵהוּ, E. § 253 *a*. — לֹא־נֻפָּח ein Relativsatz. Das Passiv. mit dem *Acc.* (v. אֵשׁ), G. § 143, 1, *b*. — יֵרַע *Juss. Qal* v. רָעָה. Das *Subj.* ist אֵשׁ, welches auch als *masc.* vorkommt, vgl. Ps. 104, 4. Jer. 48, 45. — Vgl. 15, 34. 18, 15. Jes. 33, 11 — 14. [2]) V. 27: *Offenbaren muss der Himmel seine Schuld, und die Erde empört sich gegen ihn,* während die Erde sich gegen ihn empört! יְגַלּוּ ist *Jussic*. — אֶרֶץ וגו' ein Zustandssatz. [3]) V. 28: *Fortwandern muss der Ertrag seines Hauses, als Zerfliessendes, zerfliessend am Tage seines Zornes,* d. i. am Tage des göttlichen Strafgerichts! יִגֶל *Juss.* [4]) V. 29: *Das ist das Los des freveln Menschen von Gott und sein ihm zugesprochenes, beschiedenes Erbe von Seiten Gottes.* נַחֲלַת אִמְרוֹ Das *Suff.* bezieht sich auf den אָדָם רָשָׁע: *sein Erbe des Worts,* d. i. sein durch ein Wort ihm beschiedenes, sein ihm zugesprochenes Erbe. [5]) V. 2: *Höret genau meine Rede, damit dies* (das Anhören) *sei eure Tröstungen,* eure Tröstungen ersetze. Über שִׁמְעוּ שָׁמוֹעַ s. zu 13, 17. — וּתְהִי *Juss. cons.,* E. § 347 *a*. [6]) V. 3: *Ertraget mich, dass ich rede, und nach meinem Reden,* nachdem ich geredet, *magst du spotten!* תַּלְעִיג *du magst spotten,* G. § 127, 3, d. E. § 136 *e*. Der *Sing.* des Verb. bezieht sich auf Zophar.

Hiob. Cap. XXI, 4—11.

קָצַר kurz sein, תִּקְצַר רוּחִי *mein Geist wird kurz*, d. i. ich werde ungeduldig [1]). — 5. פָּנָה *blicken*, m. אֶל־ *auf* jem.; הֵשַׁם *(Hiph.* v. שָׁמֵם*) staunen* [2]).

6. זָכַר *an etwas denken*, נִבְהַל bestürzt werden, erschrecken, אָחַז ergreifen, פַּלָּצוּת Beben, Schauder [3]). — 7. חָיָה leben, עָתַק *altern, alt werden*, גַּם *sogar*, גָּבַר stark werden, wachsen, חַיִל Macht, Vermögen [4]). — 8. זֶרַע Same, d. i. Kinder, Nachkommen, נָכוֹן bestehen, Bestand haben, צֶאֱצָאִים Sprösslinge, Nachkommen [5]). — 9. שָׁלוֹם Wohlbefinden, פַּחַד Furcht, Schrecken, שֵׁבֶט Stab, Rute, Zuchtrute [6]). — 10. שׁוֹר Stier, עָבַר befruchten, הִגְעִיל mit Ekel verwerfen, zurückstossen lassen, פִּלֵּט gebären (eig. die Leibesfrucht entgleiten lassen), פָּרָה Kuh, שִׁכֵּל eine Fehlgeburt *(abortus)* haben [7]). — 11. שָׁלַח *hinaustreiben*, hin-

---

[1]) V. 4: *Ich — ist in Beziehung auf Menschen, über Menschen oder an Menschen gerichtet meine Klage? oder warum sollte ich nicht ungeduldig werden?* אָנֹכִי des Nachdrucks wegen absolut vorangestellt, und durch das *Suff.* in שִׂיחִי wiederholt, vgl. Jes. 45, 12. Ez. 33, 17. G. § 145, 2. [2]) הֵשַׁמּוּ *Imper. Pl. Hiph.* v. שָׁמֵם in *Pausa*, G. § 29, 4, Anm. — וְשִׂימוּ וגו׳ *und leget die Hand auf den Mund*, d. i. verstummet, schweiget! vgl. 29, 9. 40, 4. Mich. 7, 16. [3]) V. 6: *Und wenn ich daran denke, so werde ich bestürzt, und Schauder ergreift meinen Leib.* Das *Perf. cons.* וְנִבְהַלְתִּי führt den Nachsatz ein, vgl. 7, 4. 14. — אָחַז וגו׳ *mein Leib ergreift Schauder* f. Schauder ergreift meinen Leib, s. zu 18, 20. [4]) V. 7: *Warum leben, bleiben am Leben die Frevler, werden alt, sogar stark an Macht?* חַיִל *Acc.*, vgl. 1, 5. 15, 10. G. § 118, 3. [5]) *Ihr Same besteht vor ihnen, mit ihnen, um sie her und ihre Sprösslinge vor ihren Augen.* [6]) V. 9: *Ihre Häuser sind wohlbehalten, ohne Furcht*, sicher vor Unglück, *und Gottes Rute* (vgl. 9, 34), kommt *nicht über sie*, keine Züchtigung Gottes trifft sie. Über שָׁלוֹם s. zu 5, 24. — מִפַּחַד *ohne Furcht*, s. zu 11, 15 u. vgl. 19, 26. [7]) V. 10: *Sein Stier befruchtet und lässt nicht verwerfen*, zurückstossen, näml. den Samen durch die Kuh, d. i. bespringt nicht ohne Erfolg, *seine Kuh gebiert*, kalbt, *und wirft nicht fehl*, verkalbt nicht. Der *Pl.*, der in den vorhergehenden und fol-

auslassen, צֹאן Herde (kleines Vieh), עֲוִיל Kind, יֶלֶד Knabe, רָקַד hüpfen. — 12. נָשָׂא erheben (die Stimme), *jauchzen*, תֹּף Pauke, כִּנּוֹר Cither, שָׂמַח sich freuen, עוּגָב Schalmei [1]). — 13. בָּלָה verbrauchen, verbringen, טוֹב Gutes, *Glück*, בְּרֶגַע in einem Augenblick, im Nu, נָחַת (*Impf.* יֵנְחַת u. יֵחַת) hinabsteigen, hinabsinken [2]). — 14. סוּר weichen, דַּעַת (*Inf.* v. יָדַע) Erkenntnis, חָפֵץ an etwas Gefallen haben, m. dem *Acc.* — 15. עָבַד dienen, m. dem *Acc.*; הוֹעִיל Nutzen haben, פָּגַע jem. (bittend) angehen, m. בְּ. — 16. טוּב Glück, עֵצָה Rat, רָחַק fern sein [3]).

17. כַּמָּה *wie oft?*, נֵר Leuchte, דָּעַךְ erlöschen, אֵיד Verderben, חֶבֶל Strick, Schlinge, חָלַק zuteilen [4]). — 18. תֶּבֶן (durch die Dreschmaschine klein gemachtes) Stroh, Häcksel, מֹץ Spreu, גָּנַב stehlen, *entführen*, סוּפָה Sturmwind [5]). — 19. צָפַן für jem. aufsparen, m. לְ; אָוֶן Unheil, שִׁלֵּם vergelten, m. אֶל- d. P.; יָדַע *erfahren*, fühlen (vgl. Jes. 9, 8) [6]). — 20. כְּיָד* Verderben,

---

genden Versen gebraucht ist, ist hier in den Sing. übergegangen, vgl. 19 ff. 12, 6. u. a.   [1]) V. 12: *Sie jauchzen mit, zu* oder *bei der Pauke und Cither und freuen sich zum*, od. beim *Klange der Schalmei.* Vgl. Jes. 5, 12.   [2]) V. 13: *Sie verbringen im Glück ihre Tage, und in einem Augenblick sinken sie in die Unterwelt hinab*, d. i. sie haben einen schnellen, leichten und schmerzlosen Tod. שְׁאוֹל *Acc.*, G. § 118, 1. — יֵחַתּוּ *Impf. Pl.*, v. נָחַת in *Pausa*, vgl. 29, 21. E. § 93 d.   [3]) *Siehe, nicht in ihrer Hand ist ihr Glück* (sondern in einer höhern Hand, in Gottes Hand), ihr Glück ist nicht von ihnen (sondern von Gott) abhängig; (doch billige ich nicht die Grundsätze dieser glücklichen Frevler, sondern) *der Rat der Frevler sei fern von mir!* Das *Perf.* רָחֲקָה drückt einen Wunsch aus, vgl. 22, 18. G. § 126, 4*), E § 223 b.   [4]) Das 1. Gl. bezieht sich auf 18, 5; das 2. auf 18, 12, und das 3. auf 18, 8—10.   [5]) V. 18: (Wie oft) *werden sie wie Stroh vor dem Winde, und wie Spreu, die der Sturmwind entführt?* גְּנָבַתּוּ סוּפָה ein Relativsatz. גְּנָבַתּוּ 3. Perf. f. m. *Suff.*, vgl. 20, 9. — Zu V. 18 vgl. 27, 20 f. Ps. 1, 4. 35, 5. Jes. 17, 13. Hos. 13, 3.   [6]) Die Einwendung V. 19 a, welche die Freunde machen könnten (vgl. 5, 4. 20, 10.). widerlegt Hiob V. 19 b — 21. — V. 19:

חֵמָה Glut, Zorn ¹). — 21. חֵפֶץ Bekümmernis, Interesse an etwas, m. בְּ; חֹדֶשׁ Monat, חָצֵץ abgeschnitten sein ²). — 22. לִמֵּד lehren, m. d. Dat. d. P. u. Acc. d. S.; דֵּעַת Wissen, Weisheit, רָם (Part. v. רוּם) hoch, רָמִים die Hohen, d. i. die Himmlischen, die Engel ³). — 23. עֶצֶם Gebein, Körper für: selbst, תֹּם Wohlstand, בְּעֶצֶם תֻּמּוֹ in seinem Wohlstande selbst, mitten in seinem Wohlstande (G. § 124, 2 Anm. 3.), שַׁלְאֲנָן ruhig, sorgenlos, שָׁלֵו ruhig, zufrieden ⁴). — 24. עָטִין* Trog, חָלָב Milch, מֹחַ* (v. u. מָחָה) Mark, שָׁקָה (Q. u.) getränkt werden ⁵). —

„Gott spart seinen (des Frevlers) Kindern sein (des Frevlers) Unheil auf, d. i. Gott spart das Unheil, welches den Frevler als Sündenstrafe treffen sollte, ihn aber nicht trifft, für seine nachgelassenen Kinder auf;" er (Gott) vergelte ihm, dass er selber es fühle!
¹) Seine Augen mögen sein Verderben sehen, und vom Zorne, aus dem Zornbecher (vgl. Jes. 51, 17. Jer. 25, 15. Ez. 23, 31. Ps. 11, 5. u. a.) trinke er! יִרְאוּ u. יִשְׁתֶּה sind Jussive, wie יִשְׁלֵם V. 19.
²) V. 21: Denn was ist seine Bekümmernis, was interessiert er sich für sein Haus nach ihm, nach seinem Tode, wenn die Zahl seiner Monden abgeschnitten, sein Leben zu Ende ist? וּמִסְפַּר וגו׳ ein Zustandssatz. — Über das Verb. חֻצָּצוּ im Pl., weil es sich nicht nach dem st. const. מִסְפַּר sondern nach dem Genit. חֳדָשָׁיו richtet, s. zu 15, 20. ³) V. 22: Will man Gott Weisheit lehren, ihm Gesetze vorschreiben, nach welchen er die Welt richten müsse, da er doch die Höchsten richtet, d. i. die himmlischen Geister (vgl. 4, 18. 15, 15. 25, 2) unter seiner richterlichen Gewalt hält und die Gesetze seiner Gerechtigkeit unter ihnen vollzieht? [לְאֵל] לְ vor dem vorangestellten Objekt, s. zu 5, 2. — וַיְלַמֵּד die 3. Sing. mit unbebestimmtem Subjekt, s. zu 6, 20. — וְהוּא וגו׳ ein Zustandssatz.
⁴) Vielmehr erweist sich in der Welt die Richterthätigkeit Gottes anders, und zwar so, wie sie V. 23—26 geschildert wird. — V. 23: Dieser stirbt in seinem Wohlstande selbst, mitten in seinem Wohlstande, er ganz, gänzlich sorglos und ruhig. זֶה (V. 23) — זֶה (V. 25), dieser — jener, der eine — der andere, s. zu 1, 16 u. vgl. 1 Kön. 22, 20. Ps. 75, 8. ⁵) V. 24: Seine Tröge sind voll von Milch (vgl. 20, 17), und das Mark seiner Gebeine (vgl. 20, 11) ist getränkt, d. i. lebensfrisch (vgl. Jes. 58, 11).

25. מַר bitter, betrübt, אָכַל m. בְּ an etwas, von etwas essen (vgl. 7, 13. Ps. 141, 4) ¹). — 26. שָׁכַב liegen, רִמָּה Gewürm, כִּסָּה bedecken, m. עַל.

27. מַחֲשָׁבָה Gedanke, מְזִמָּה (v. זָמַם) Plan, Anschlag, חָמַס überwältigen, Gewalt anthun ²). — 28. כִּי wenn, נָדִיב Tyrann, מִשְׁכָּן Wohnung ³). — 29. שָׁאַל fragen, עוֹבְרֵי דֶרֶךְ die des Weges Ziehenden, die Reisenden, אוֹת (Pl. אֹתוֹת) Zeichen Merkzeichen, Merkwürdigkeit, נָכַר verkennen⁴). — 30. נֶחְשָׂךְ zurückgehalten, geschont werden, עֶבְרָה Zorn, Pl. עֲבָרוֹת Zornausbrüche, הוּבַל (s. zu 10, 19) geführt, geleitet, hinweggeleitet werden⁵). — 31. הִגִּיד darthun, darlegen ⁶). — 32. גָּדִישׁ Grabhügel, Grab-

---

¹) V. 25: *Jener stirbt mit betrübter Seele, und hat nicht gegessen von dem Guten*, ohne vom Glück genossen zu haben.
²) V. 27: *Seht, ich kenne eure Gedanken, und die Anschläge, womit ihr mir Gewalt anthut.* עָלַי תַּחְמֹסוּ ein Relativsatz: (Anschläge) womit *ihr mir Gewalt anthut*, u. s. w. G. § 123, 3,b. E. § 332a.
³) V. 28: Wenn ihr sagt: „Wo ist das Haus des Tyrannen, und wo ist das Zelt der Wohnungen der Frevler, das Zelt, das die Frevler bewohnen, (welches mit seinen Bewohnern nicht untergegangen wäre, vgl. 8, 22. 15, 34. 18, 15, 21)?" ⁴) V. 29: *Habt ihr denn nicht gefragt die des Weges Ziehenden* (vgl. Ps. 80, 13), *die Reisenden* (die viel gesehen und erfahren haben), *und ihre Zeichen*, merkwürdigen Geschichten, *werdet ihr doch nicht verkennen* (sondern als einleuchtend und giltig anerkennen)? V. 29 Nachsatz zu V. 28. — שְׁאֵלְתֶם, G. § 64, Anm. 1. ⁵) V. 30. Aussage der Reisenden, durch כִּי (vgl. G. § 151, 1 am Ende) eingeleitet: „*Am Tage des Verderbens wird der Böse verschont, am Tage der Zornausbrüche* (Gottes) *werden sie* (die Bösen) *hinweggeleitet*, d. i. der Todesgefahr entführt, vor dem Untergange bewahrt." לְיוֹם *am Tage*, vgl. לָעֶרֶב *am Abend* (1 M. 49, 27. Ps. 30, 6. 59, 7), G. § 154, 3,e. ⁶) V. 31: *Wer legt ihm* (Gott) *ins Gesicht dar*, hält ihm ins Gesicht vor *seinen Weg*, sein Verfahren? *Er* (Gott) *hat es gethan, wer wird es ihm vergelten?* wer wird ihn wegen seiner Thaten zur Verantwortung ziehen? Über עַל־פָּנָיו s. zu 1, 11. — Vgl. 9, 12. 19. 23, 13.

mal, שָׁקַד wachen ¹). — 33. מָתַק süss sein, רֶגֶב Scholle, Erdscholle, נַחַל Thal, מָשַׁךְ ziehen (intrans.) ²). — 34. וְאֵיךְ wie nun? נָחַם trösten, הֶבֶל als Adv. eitel, vergebens (vgl. 9, 29). תְּשׁוּבָה Antwort, נִשְׁאַר übrig bleiben, מַעַל Sünde, Bosheit ³).

Cap. XXII. 2. סָכַן nützen, m. לְ u. עַל; גֶּבֶר Mensch, כִּי vielmehr, nein, מַשְׂכִּיל klug, vernünftig ⁴). — 3. חֵפֶץ Vorteil, בֶּצַע Gewinn, תָּתֵם Impf. Hiph. v. תָּמַם (G. § 67, Aum. 8) unsträflich sein, Hiph. unsträflich machen, תַּתֵּם דְּרָכֶיךָ du machst deine Wege unsträflich, d. i. du wandelst unsträflich ⁵). — 4. יִרְאָה Gottesfurcht, הוֹכִיחַ strafen ⁶). — 5. רָעָה Bosheit, קֵץ Ende. — 6. חָבַל pfänden, חִנָּם ohne Ursache, בֶּגֶד Kleid, עָרוֹם nackt, d. i. hier: schlecht, notdürftig gekleidet (vgl. 24, 7.

---

¹) V. 32 f. setzen den Bericht der Wanderer fort. V. 32: „Und er (der Frevler) wird zur Gräberstätte (vgl. 17, 1) getragen (mit ehrenvollem Leichenbegängnis), und auf einem Grabmale wacht er, d. i. in einem Grabmale lebt er gleichsam fort, sein Andenken wird (also nicht vernichtet, wie Bildad 18, 17 behauptete, sondern) durch ein Grabmal erhalten." ²) V. 33: „Süss sind ihm, sanft liegen auf ihm des Thales Schollen, er geniesst im Grabe eine sanfte, ungestörte Ruhe, und nach ihm ziehen alle Menschen, zieht alle Welt, und, wie vor ihm sind Unzählige; d. i. ihm, dem glücklichen Frevler folgend, betreten sehr viele seine Bahn, wie er auch auf derselben schon unzählige Vorgänger hatte. ³) V. 34: Wie nun möget ihr mich so eitel, vergebens trösten? und eure Antworten, was eure Antworten betrifft — so ist übrig geblieben Bosheit, d. i. prüft man euer Gerede, mit dem ihr mir antwortet, so erweist sich der Inhalt desselben als durchaus unwahr und nichtig, und nichts bleibt übrig als die boshafte Gesinnung, die euren Erwiderungen zu Grunde liegt (vgl. V. 27). תְּשׁוּבֹתֵיכֶם cas. absol., G. § 145, 2. E. § 309b. ⁴) V. 2: Nützt denn Gott der Mensch? Nein, sich (selbst) nützt der Besonnene! עָלֵימוֹ Sing. f. עָלָיו. vgl. Ps. 11, 7. Jes. 44, 15. ⁵) V. 3: Ist es ein Vorteil für den Allmächtigen, dass du gerecht bist, oder ein Gewinn, dass du unsträflich wandelst? ⁶) V. 4: Wird er wegen deiner Gottesfurcht dich strafen, mit dir gehen ins Gericht (vgl. Ps. 143, 2.), näml. um dich anzuklagen und zu verurteilen?

10.), הִפְשִׁיט ausziehen. — 7. עָיֵף ermattet, lechzend, וְהִשְׁקָה (Q. u.) trinken lassen, tränken, m. dopp. Acc. jem. etwas trinken lassen, mit etwas tränken; רָעֵב hungrig, מָנַע zurückhalten, m. d. Acc. d. S. und מִן d. P. etwas zurückhalten vor jem., es ihm vorenthalten, versagen (vgl. 31, 16). — 8. אִישׁ זְרוֹעַ der Mann des Armes, der Faust, d. i. der Gewaltthätige, נְשׂוּא פָנִים angesehen¹). — 9. אַלְמָנָה Witwe, שִׁלַּח fortschicken, entlassen, רֵיקָם (רִיק m. der Adverbialendung ם־) leer, 'שׁ ר' leer, d. i. hilflos, fortschicken, יְתוֹם Waise, דֻּכָּא zermalmt, zerbrochen werden²). — 10. סָבִיב Umkreis, Pl. cstr. סְבִיבֵי u. סְבִיבוֹת ringsum, פַּח Schlinge, בָּהֵל bestürzen, erschrecken, פִּתְאֹם plötzlich. — 11. שִׁפְעָה Menge, שִׁפְעַת־מַיִם Wasserflut, כָּסָה bedecken³).

12. גֹּבַהּ Höhe, רֹאשׁ כּוֹכָבִים Haupt, Gipfel der Sterne, d. i. die höchsten Sterne, רוּם hoch sein⁴). — 13. בְּעַד hinter, עֲרָפֶל dunkeles Gewölk⁵). — 14. עָב Wolke, סֵתֶר Hülle, חוּג Kreis,

---

¹) V. 8: *Dem Manne der Faust — ihm gehört das Land, und der Angesehene wohnt darin.* אִישׁ זְרוֹעַ cas. absol., s. zu 21, 34. — Unter dem אִישׁ זְרוֹעַ u. נְשׂוּא פָנִים versteht Eliphas den Hiob. ²) V. 9b: *und die Arme der Waisen zermalmt man,* d. i. alle Kräfte, Hilfsmittel und Rechte (vgl. Ps. 37, 17. Hos. 7, 15), worauf sich die Waisen noch stützen können, vernichtet man, entreisst man ihnen. Das Pass. יְדֻכָּא mit dem Acc. וּזְרֹעוֹת, vgl. Jes. 14, 3. 21, 2 G. § 143, 1, b. ³) V. 11: *Oder siehst du nicht die Finsternis und die Wasserflut, die dich bedeckt?* תְּכַסֶּךָ ein Relativsatz. — *Wasserfluten,* Bild von Unglück, Widerwärtigkeiten, vgl. 11, 16. 17, 20. Ps. 18, 17. 32, 6. 124, 4. u. a. ⁴) V. 12: *Ist Gott nicht Himmelshöhe,* d. i. himmelhoch (vgl. 11, 8)? wohnt er nicht in der höchsten Höhe, von wo aus er die ganze Welt und alles, was in ihr geschieht, überschaut (vgl. Jes. 57, 15. Ps. 113, 4. 138, 6.)? *Sieh den Gipfel der Sterne,* die höchsten Sterne, *wie hoch sie sind!* Über die Construktion der Worte וּרְאֵה וגו' vgl. 11, 6. 1 M. 1, 4. 6, 2. E § 336 b. — Das Verb. רָמוּ richtet sich nicht nach רֹאשׁ, sondern nach כּוֹכָבִים vgl. 21, 21 u. s. zu 15, 20. ⁵) V. 13: *Du aber sagst: „Was weiss Gott?* d. i. Gott sieht nichts von dem

תִּתְהַלָּךְ *durchwandeln* ¹). — 15. אֹרַח עוֹלָם *der Pfad der Vorzeit*, des Altertums, שָׁמַר *beobachten*, einhalten, דָּרַךְ *betreten*, מְתֵי־אָוֶן *Leute des Frevels*, d. i. Frevler²). — 16. קָמַט (gepackt und) weggerafft werden, נָהָר *Strom*, הוּצַק (*Hoph.* v. יָצַק) *hingegossen werden*, יְסוֹד *Grund*³). — 17. סוּר *weichen*⁴). — 18. טוּב *Gutes, Glück*, רָחַק *fern sein*⁵). — 19. שָׂמַח *sich freuen*, נָקִי *unschuldig*, לָעַג *spotten*, m. לְ ⁶). — 20. אִם־לֹא *fürwahr*, (s. zu 1, 11), נִכְחַד *vernichtet werden*, קִים *Gegner, Widersacher*, יֶתֶר *Übriggelassenes*, d. i. *Habe, Güter*⁷).

---

was auf der Erde geschieht (vgl. Ps. 73, 11). *Wird er hinter Wolkendunkel*, d. i. verhüllt vom Wolkendunkel, *richten?"* näml. die untere Welt. ¹) V. 14: *„Wolken sind eine Hülle ihm, verhüllen ihn, dass er nicht sieht* (vgl. Klagel. 3, 44) *und den Kreis des Himmels durchwandelt er* als seine Welt (während die Erde ihm fremd bleibt). Vgl. Jes. 29, 15. 40, 27. Jer. 23, 23. 24. Ez. 8, 12. ²) V. 15: *Willst du einhalten den Pfad des Altertums, den die Bösewichter einst betraten?* ³) V. 16: *Die weggerafft wurden vor der Zeit, zu einem Strome ward hingegossen ihr Grund*, d. i. flüssig, wankend, ward ihr (fester) Grund. וְלֹא־עֵת *du nicht Zeit war*, d. i. v o r der Zeit, vgl. בְּלֹא עִתֶּךָ Qoh. 7, 17, בְּלֹא יוֹמוֹ Hiob 15, 32. — נָהָר *Acc.* des Produkts: *„zu einem Strom, so dass er ein Strom wurde, ward hingegossen ihr Grund"*, E. § 281 e. — Vgl. 1 M. 6, 19. ⁴) V. 17: *Die zu Gott sprachen: „Weiche von uns!"* (vgl. 21, 14), *und was werde* od. *könne der Allmächtige ihnen thun*, ihnen nützen oder schaden? וּמַה יִּפְעַל וגו׳ eine *oratio obliqua*, s. zu 19, 28. ⁵) V. 18: *D a er doch ihre Häuser mit Gütern gefüllt hatte.* — *Doch der Rat der Frevler sei fern von mir!* — Das 1. Gl. ist ein Zustandssatz. — Im 2. Gl. wiederholt Eliphas die Worte Hiobs 21, 16 b., damit andeutend, dass nicht Hiob, der ebenso wie jene alten Frevler sündige (vgl. V. 15), sondern nur er so zu sprechen berechtigt sei. ⁶) V. 19: *Sehen*, d. i. erleben *werden es*, näml. dass die scheinbar glücklichen Frevler ganz so wie jene alten Sünder untergehen werden (vgl. V. 20), *die Gerechten und sich freuen, und der Unschuldige wird ihrer* (der Frevler) *spotten*. ⁷) V. 20 enthält die Worte der sich freuenden und spottenden Gerechten: *„Fürwahr, vernichtet ist*

21. הַסְכֶּן־ sich mit jemandem vertragen, m. עִם; שָׁלֵם in Frieden leben¹). — 22. תּוֹרָה Lehre, Belehrung. — 23. נִבְנֶה wieder aufgebaut werden²). — 24. שִׁית עַל־עָפָר auf den Staub werfen, בֶּצֶר Golderz, Gold, צוּר Kieselstein, נַחַל Bach, אוֹפִיר (= כֶּתֶם אוֹפִיר 28, 16. Ps. 45, 10) Ophirgold³). — 25. תּוֹעָפוֹת (v. יָעֵף = יָפַע glänzen) Glanz, כֶּסֶף תּוֹעָפוֹת glänzendes Silber⁴). — 26. הִתְעַנֵּג (Q. u.) sich einer Sache freuen, seine Lust daran haben, m. עַל. — 27. הֶעְתִּיר beten, m. אֶל־; נֶדֶר Gelübde, שָׁלֵם bezahlen⁵). — 28. גָּזַר beschliessen, אָמַר (= דָּבָר) Sache, etwas, קוּם zu Stande kommen, נָגַהּ scheinen, leuchten⁶). — 29. כִּי wann, wenn, הִשְׁפִּיל abwärts führen, (eig. niedrig

---

unser Gegner (coll.), unsere Gegner (näml. Gegner im sittlichen Sinn, d. i. Böse, Gottlose), *und ihre Habe hat das Feuer gefressen!"* קִימְנוּ in Puusa f. קִימְנוּ vgl. Jes. 47, 10. G. § 91, 1, Anm. 2. — Das Suff. Pl. in יִתְרָם bezieht sich auf קִימְנוּ als coll., vgl. 20, 23 u. a. — Zum 2. Gl. vgl. 1, 16. 15, 34. 18, 15. 20, 26. ¹) V. 21: *Vertrage dich mit ihm* (Gott); *und leb in Frieden*, näml. mit ihm, *dadurch wird über dich kommen Glück!* — Das Suff. Pl. m. in בָּהֶם als *Neutr.*, vgl. Jes. 30, 6. E § 172b. — תְּבוֹאַתְךָ ist 3. Impf. S. f. Qal v. בּוֹא m. der Femininendung ־ָה, dem Suff. ךָ u. dem Tone auf *ultima*, E. § 191 c. u. 249 c. ²) V. 23: *Wenn du umkehrst zum Allmächtigen, so wirst du wieder aufgebaut*, so wird dein früheres Glück wiederhergestellt *werden, wenn du entfernst das Unrecht aus deinen Zelten* (vgl. 11, 14). תִּבָּנֶה ist der Nachsatz und das 2. Gl. gehört noch zum Vordersatze. ³) V. 24: *Und wirf auf den Staub das Gold, und unter die Kiesel der Bäche das Ophirgold*, d. i. entledige dich des Goldes, selbst des kostbarsten und trefflichsten, als einer unnützen und wertlosen Sache. ⁴) V. 25: *So wird der Allmächtige dein Goldschatz werden und glänzendes Silber dir*, d. i. so wird der Allmächtige dein höchster Schatz werden. ⁵) V. 27: *Betest du zu ihm, so wird er dich hören, und du wirst deine Gelübde bezahlen*, d. i. du wirst dasjenige erfüllen, was du Gott, wenn er dein Gebot erhören werde, gelobt hast. תַּעְתִּיר אֵלָיו ein Bedingungssatz, vgl. V. 28 a, 20, 24. u. s. zu 19, 4. ⁶) V. 28: *Und beschliessest du etwas, so wird es dir zu Stande kommen*, ge-

machen, vgl. G. § 53, 2 Anm.), גֵּוָה (aus גַּאֲוָה v. גֵּאָה E. §
62 b. u. 73 b.) *Erhebung*, שַׁח* (v. שָׁחַח) gebeugt, שַׁח עֵינַיִם
der Niedergeschlagene, הוֹשִׁיעַ helfen, m. d. Acc.¹). — 30. מַלֵּט
retten, אִי (abgekürzt aus אַיִן, G. § 152, 1) nicht, אִי־נָקִי der
Nichtschuldlose, נִמְלַט gerettet werden, בְּבֹר Reinheit²).

Cap. XXIII. 2. הַיּוֹם diesen Tag, heute, מְרִי (v. מָרָה) Widerspenstigkeit, Auflehnung, שִׂיחַ Klage, כָּבֵד schwer sein, אֲנָחָה
Seufzen³).— 3. תְּכוּנָה (v. כּוּן, eig. Gestelle, dah.) *Stuhl*, Richterstuhl,
*tribunal*⁴). — 4. עָרַךְ rüsten, מִשְׁפָּט Rechtssache, תּוֹכֵחַת Beweis⁵).
— 5. בִּין *vernehmen*⁶). — 6. רָב־כֹּחַ Machtfülle (vgl. 30, 18),

---

lingen, *und auf deinen Wegen scheinet Licht*. Über die *Jussive*
תָּגֹזְר u. יָקָם־ in einem Bedingungssatze, vgl. 10, 16 f. G. § 128,
2, c.   ¹) V. 29: *Wenn abwärts führen*, näml. deine Wege,
Lebenswege, wenn es mit dir bergab geht, *so sprichst du* in fester,
aus dem Glauben an Gott geschöpfter Zuversicht: „*Erhebung!* aufwärts, empor!" *und dem Niedergeschlagenen hilft er* (näml. Gott).
Der Niedergeschlagene ist Hiob, dessen Wege abwärts geführt haben.
²) V. 30: *Er* (Gott) *wird retten den Nichtschuldlosen, und* (zwar)
wird er (der Nichtschuldlose) *gerettet durch die Reinheit deiner*
(näml. Hiobs) *Hände*, d. i. dein reines, unbeflecktes Handeln, fleckenloses Leben (vgl. 17, 9. Ps. 18, 21. 24, 4); d. i. (nicht allein du
wirst glücklich werden, sondern) als Bekehrter und Reiner wirst
du sogar andere Sünder durch deine Vermittelung, deine Fürbitte
bei Gott (vgl. 42, 8) vom Verderben retten können. Der אִי־נָקִי
ist ein anderer, als Hiob.   ³) V. 2: *Auch heute* noch *ist* (gilt
als) *Auflehnung meine Klage; meine Hand, ist, liegt schwer auf
meinem Seufzen*, d. i. obwohl meine Hand, ich selber mein Seufzen
soviel als möglich unterdrücke.   ⁴) V. 3: *O dass ich wüsste ihn
zu finden, käme bis zu seinem Richterstuhle!* Über מִי יִתֵּן s. zu
6, 8, und über das *Perf.* יְדַעְתִּי vgl. 3, 11. 13. E. § 357 b.   ⁵) V. 4:
Ich wollte rüsten, d. i. darlegen *vor ihm die Rechtssache,
und meinen Mund füllen mit Beweisen*. Zum 1. Gl. vgl. 13, 18.
⁶) V. 5: *Ich möchte wissen die Worte, die er mir erwiderte, und*

רִיב streiten, שִׂים *auf* etwas *achten*, m. בְּ (s. zu 4, 20) [1]). — 7. שָׁם *da, dann*, נוֹכָח *rechten*, פָּלֵט *loskommen, entkommen* [2]). — 8. קֶדֶם als *Adv.: nach vorn*, d. i. *nach Osten*, אָחוֹר als *Adv.: nach hinten*, d. i. nach *Westen*, בִּין *bemerken*, *wahrnehmen*, m. לְ. — 9. שְׂמֹאל die linke Seite, *Norden*, חָזָה *schauen*, עָטַף *sich verhüllen* (A.: *abbiegen*), יָמִין die rechte Seite, *Süden* [3]).

10. בָּחַן *prüfen*, זָהָב *Gold* [4]). — 11. אָשׁוּר *Schritt*, אָחַז m. בְּ *an etwas festhalten*, שָׁמַר *beobachten*, הִטָּה (*Hiph.* v. נָטָה) *abbeugen, ablenken (intrans.)*, *abweichen* [5]). — 12 מִצְוָה *Gebot*, הֵמִישׁ (*Hiph.* v. מוּשׁ) *weichen*, חֹק *Gesetz*, צָפַן *bewahren* [6]). — 13. הֵשִׁיב *zurückhalten, hindern*, אִוָּה *wünschen, begehren* [7]). —

---

vernehmen, was er mir sagte. יַעֲנֵנִי *ein Relativsatz.* [1]) V. 6: *Soll er mit Machtfülle mit mir streiten? soll er im Streite mit mir seine Allmacht mich fühlen lassen* (vgl. 9, 19. 34. 13, 21)? *Nein, nur achte er auf mich!* ich wünsche nur, dass er auf mich achtet (indem er meine Reden anhört). אַךְ ist mit יָשִׂים בִּי zu verbinden. [2]) *Dann*, näml. wenn Gott mich anhörte, *würde ein Rechtschaffener mit ihm rechten, und ich würde auf immer loskommen von meinem Richter*. Über das Part. נוֹכָח s. E. § 168 c. und über den Cohortat. vgl. 9, 14. 16, 4. E. § 338 a. [3]) V. 9: *Wenn er im Norden wirkt, so schaue ich ihn nicht, verhüllt er sich im Süden* (A.: biegt er nach Süden ab) *so sehe ich ihn nicht*. שְׂמֹאל u. יָמִין Accuss. des Orts (vgl. 1, 4. G. § 118, 1,*b*.), oder adverbial (vgl. V. 8). — אָחֹז, f. אֲחֻזָּה, vgl. V. 11. 24, 14. [4]) V. 10: *Denn er kennt den Weg bei mir*, d. i. den Wandel, den ich führe; *prüft er mich, so gehe ich als* (lauteres) *Gold hervor*. בְּחָנַנִי ein Bedingungssatz, vgl. 4, 20. [5]) V. 11: *An seinem Schritte hielt fest mein Fuss*, d. i. ich folgte immer genau seinen Fusstapfen, *seinen Weg beobachtete ich und lenkte nicht ab* davon. Über אָט f. אָטָה s. zu V. 9. [6]) V. 12: *Das Gebot seiner Lippen*, was das betrifft — *so wich ich nicht davon; mehr als mein Gesetz*, d. i. das Gesetz meines eigenen Willens (vgl. Röm. 7, 23) *bewahrt' ich die Worte seines Mundes*. וְלֹא ן in ist das ן consecut., vgl. 15, 17 u. s. zu 4, 6. [7]) V. 13: *Aber er ist ein und derselbe*, d. i. er ist unwandelbar, ändert seinen

14. כִּי *ja!* הִשְׁלִים vollenden, vollführen, חֹק *Beschluss,* כָּהֵנָּה *wie dieses,* d. i. solches, derlei, dergleichen (E. § 172 *b*) [1]). — 15. נִבְהַל bestürzt werden, erschrecken, m. מִפְּנֵי *vor* jem.; נִתְבּוֹ נָן (*Hithpal.* v. בִּין) aufmerken, *erwägen,* פָּחַד beben, m. מִן *vor* jem. [2]). — 16. הֵרַךְ (*Hiph.* v. רָכַךְ) weich, *furchtsam*, zaghaft machen, הִבְהִיל bestürzt machen, schrecken. — 17. נִצְמַת zum Schweigen gebracht werden, *verstummen,* m. מִפְּנֵי *vor* etwas; אֹפֶל Dunkel [3]).

Cap. XXIV. 1. נִצְפַּן aufgespart werden, עֵת (*Pl.* עִתִּים) Zeit [4]). — 2. גְּבוּלָה Grenze, הִשִּׂיג = הִסִּיג (*Hiph.* v. סוּג weichen, G. § 72,

---

Entschluss nicht, beharrt bei seinem Vorsatze, *und wer will ihn zurückhalten?* (vgl. 9, 12. 11, 10); *und seine Seele hat es gewünscht, so thut er es.* Über das בְּ in בְּאֶחָד vgl. Ps. 68, 5. G. § 154, 3, *a*. E. § 217 *f*. u. 299 *b*. — Das *Impf. cons.* וַיַּעַשׂ von der Gegenwart, s. zu 20, 15. [1]) V. 14: *Ja, vollführen wird er mein Geschick, und dergleichen ist vieles bei ihm* (vgl. 9, 35. 10, 13. 15, 9), dergleichen hat er vieles im Sinn. Das *Suff.* in חֻקִּי bezieht sich hier nicht (wie in V. 12) auf das Subj. sondern auf das Obj.: *mein Beschluss,* d. i. der Beschluss über mich, mein Geschick, G. § 121, 5. [2]) V. 15: *Darum erschrecke ich vor ihm, ich erwäge es und bebe vor ihm,* d. i. erwäge ich es, so bebe ich vor ihm. [3]) V. 17: *Denn nicht verstumme ich vor der Finsterniss,* vor dem Unglück (vgl. 22, 11), *noch vor meinem Angesicht,* d. i. vor mir selber (vgl. Ps. 42, 12. 43, 5), *welchen Dunkel bedeckt hat* (vgl. 22, 11*b*), noch vor dieser meiner Jammergestalt (über die sich die Leute entsetzen, vgl. 19, 13 ff.), sondern mich erfüllt nur der Gedanke mit Entsetzen, dass ich einem von Gott beschlossenen Verhängnis, dessen Ursache und Zweck mir unbegreiflich sind, anheim gefallen bin. כִּסָּה אֹפֶל ein Relativsatz. [4]) V. 1: *Warum sind von dem Allmächtigen nicht aufgespart Zeiten,* d. i. Zeiten, wo Gott seine Gerechtigkeit in der Welt offenbart (vgl. יָמָיו im 2. Gl., Ez. 30, 3.), *und schauen seine Kenner,* Verehrer (vgl. 18, 21. Ps. 36, 11) *nicht seine Tage*, näml. Gerichtstage? (vgl. יוֹם יְהוָה Jes. 2, 12. 13, 6. 9. Joel 1, 15 u. a.). [מִשַּׁדַּי] Beim

Anm. 9) verrücken, עֵדֶר Herde, גָּזַל an sich reissen, rauben, רָעָה weiden¹). — 3. חֲמוֹר Esel, יָתוֹם Waise, נָהַג wegtreiben, חָבַל pfänden, zum Pfande nehmen, שׁוֹר Stier, אַלְמָנָה Witwe. — 4. הִטָּה wegstossen, אֶבְיוֹן arm, חָבָא (Q. u.) sich verstecken *müssen*, עָנָו leidend, Dulder²). — 5. פֶּרֶא der wilde Esel, Waldesel, שָׁחַר suchen, m. לְ *nach* etwas; טֶרֶף *Speise, Beute,* עֲרָבָה *Steppe,* נְעָרִים *Kinder*³). — 6. בְּלִיל Mengfutter, *Futter,* קָצַר ernten, *Hiph.* dass., כֶּרֶם Weinberg, לָקַשׁ* *(Q. u.)* nachernten, לֶקֶשׁ כֶּרֶם *im Weinberge nachernten*, nachlesen⁴). — 7. עָרוֹם nackt, (vgl. 22, 6), לִין übernachten, מִבְּלִי *ohne,* לְבוּשׁ Kleid, כְּסוּת (v. כָּסָה) Bedeckung, Decke, קָרָה (v. קָרַר)* Kälte⁵). — 8. זֶרֶם (stark giessender) Regen, Platzregen, רָטַב* durchnässt werden, מַחְסֶה Zuflucht, Zufluchtsort, חָבַק umarmen⁶). — 9. שֹׁד (= שַׁד) Mutterbrust, עָנִי elend, arm⁷). — 10. הָלַךְ

Passiv. wird die handelnde Person selten durch מִן ausgedrückt, vgl. 28, 4. Ps. 37, 23. E. § 295 *c*. ¹) Die 3. *Pl.* in V. 2—4 mit unbestimmtem Subj.: „Grenzen verrückt *man* u. s. w.", G. § 137, 3, *b*. Über das *Impf. cons.* וַיִּרְעוּ s. zu 23, 13. ²) V. 4*b*: *allzumal müssen sich verstecken die Dulder des Landes.* — Für das *K'thib.* עָנְוֵי *Dulder* liest das *Q'ri* עֲנִיֵּי (v. עָנִי) *Elende.* ³) Siehe, (wie) *Waldesel in der Wüste ziehen sie aus in ihrem Werk,* Tagewerk, *nach Nahrung suchend, die Steppe ist*, giebt *ihm Brot für die Kinder.* [מְשַׁחֲרֵי לַטֶּרֶף] Der *st. constr.* vor einer *Praep.* vgl. 18, 2. G. § 116, 1. — Über den Übergang des *Pl.* in den *Sing.* (לוֹ) vgl. 12, 6. ⁴) Das *Suff.* in בְּלִילוֹ bezieht sich auf den רָשָׁע im 2. Gl. — Für das *Hiph.* יַקְצִירוּ, das in der Bedeutung ernten nur hier vorkommt, lesen das *Q'ri* und mehrere *codd.* das *Qal* יִקְצוֹרוּ. ⁵) V. 7: *Nackt übernachten sie ohne Kleid, und ohne Decke in der Kälte.* עָרוֹם im adverbial. Acc., vgl. V. 10. 12, 17. 19. E. § 316 *b*. ⁶) חִבְּקוּ צוּר *sie umarmen den Felsen,* sie schmiegen sich an ihn an, d. i. er ist ihr Lager. ⁷) Die 3. *Pl.* mit unbestimmtem Subj. wie in V. 2—4. — וְעַל־עָנִי יַחְבְּלוּ *und was der Elende anhat,* die Kleidung des Elenden, *nehmen sie* (die Frevler) od. nimmt man, *als Pfand.* וְעַל f. וְעַל אֲשֶׁר, vgl. E.

einhergehen, בְּלִי *ohne*, רָעֵב hungernd, עֹמֶר Grabe¹). — 11. שׁוּר (*Pl.* שׁוּרֹת) Mauer, הַצְהִיר* (*denom.* v. יִצְהָר) Öl bereiten, יֶקֶב Kelter, דָּרַךְ treten, צָמֵא dürsten²). — 12. מְתִים Männer, נָאַק ächzen, חָלָל erschlagen, tödlich verwundet, שִׁוּעַ um Hülfe rufen, שִׂים *beachten* (s. zu 4, 20), m. d. *Acc.*; תִּפְלָה Ungereimtheit (vgl. 1, 22)³).

13. מָרַד widerspenstig werden, sich empören, מֹרְדֵי אוֹר Feinde des Lichts, הִכִּיר kennen, נְתִיבָה Pfad⁴). — 14. רָצַח morden, töten, *Part.* רוֹצֵחַ Mörder, קָטַל töten, גַּנָּב Dieb⁵). — 15. נָאַף ehebrechen, *Part.* נֹאֵף Ehebrecher, שָׁמַר *erlauern, auf etwas lauern*, נֶשֶׁף Abenddämmerung, שׁוּר sehen, erblicken, סֵתֶר Hülle⁶). — 16. חָתַר durchbrechen, בָּתִּים 'ח Häuser er-

---

§ 333 *b*, Anm. ¹) Subj. sind die Armen, Elenden, von den Frevlern Gemisshandelten. Über עָרוֹם s. zu V. 7. — Das 2. Gl.: *und hungernd, ohne ihren Hunger stillen zu dürfen, tragen sie Garben,* näml. im Dienste der reichen Frevler. ²) V. 11: *Zwischen ihren* (der reichen Frevler) *Mauern machen sie Öl,* müssen sie Öl machen, *die Kelter treten sie und dürsten* dabei, (weil sie nicht von dem Most trinken dürfen). Über das *Impf. cons.* וַיִּצְמָאוּ vgl. V. 2 u. s. zu 20, 15. ³) V. 12: *Aus der Stadt,* aus Städten *ächzen Männer,* hört man das Ächzen von Männern, *und die Seele der Erschlagenen, tödlich Verwundeten ruft um Hülfe, aber Gott beachtet es nicht als Ungereimtheit,* als Unrecht. Für מְתִים liest *Syr.* und ein *cod.* bei *Rossi* מֵתִים (*Part.* v. מוּת) *Sterbende.* ⁴) V. 13: *Solche sind unter den Feinden des Lichts,* gehören zu den Feinden des Lichts, *kennen nicht seine* (des Lichts) *Wege und wohnen nicht auf seinen Pfaden.* Die Suff. in דְּרָכָיו u. בִּנְתִיבֹתָיו beziehen sich auf אוֹר. ⁵) V. 14: *Gegen Anbruch des Lichts erhebt sich der Mörder, tötet den Elenden und Armen, und in der Nacht ist er wie der Dieb,* thut er es dem Diebe gleich. לָאוֹר *gegen das Licht, ad lucem,* d. i. gegen Anbruch des Tages, vgl. 1 M. 3, 8. E. § 217 *d, b.* — יְהִי=יִהְיֶה vgl. 23, 9. 11. ⁶) V. 15: *Und des Ehebrechers Auge lauert auf die Dämmerung, denkend: „mich wird kein Auge sehen", und eine Hülle legt er* (der Ehebrecher) *auf das Gesicht* (um, wenn er gesehen würde, unkennt-

brechen, in sie *einbrechen,* חָתַם *verschliessen* ¹). — 17. בַּלָּהָה Schrecken ²).

18. קַל leicht, schnell, קִלֵּל verflucht werden, חֶלְקָה Teil, פָּנָה sich wenden ³). — 18. צִיָּה Trockenheit, Dürre, חֹם Hitze, גָּזַל wegraffen, שֶׁלֶג Schnee ⁴). — 20. שָׁכַח vergessen, מָתַק saugen, *sich an* etwas *laben,* רִמָּה Gewürm, נִזְכַּר es wird (jemandes) gedacht, נִשְׁבַּר zerbrochen werden ⁵). — 21. רָעָה

---

lich zu sein). Vgl. Spr. 7, 9 ff. ¹) V. 16: *Man bricht im Finstern in die Häuser, bei Tage schliessen sie sich ein; das Licht kennen sie nicht.* חָתַר *man bricht ein*, vgl. 21, 22. u. s. zu 6, 20. — Die 3. *Sing.* ist in den *Pl.* (vgl. V. 17. 18. 23. 24. 20, 23) übergegangen. — לָמוֹ *sich*, *sibi*, d. i. zu ihrer Sicherheit. ²) V. 17: *Denn Morgen ist ihnen zusammen* (ihnen allen) *das finstere Dunkel,* d. i. als ihren Morgen betrachten sie das Dunkel der Nacht, *denn sie kennen die Schrecken des,* dieses *finsteren Dunkels*, d. i. sie sind vertraut mit den Schrecken der Nacht und fürchten sie darum nicht. Dazu, dass יַחְדָּו äusserlich von לָמוֹ getrennt ist, cf. Jes. 9, 20 u. s. w. ³) In V. 18—21 wird das Schicksal der Frevler im Sinne der Freunde oder Gegner Hiobs geschildert. — V. 18: „*Im Flug ist er dahin auf des Wassers Fläche,* d. i. der Frevler fährt so schnell dahin, wie ein auf dem Wasser schwimmender Körper vom Strom unaufhaltsam fortgerissen und aus den Augen des Zuschauers schnell auf immer entrückt wird (vgl. Hos. 10, 7. Qoh. 11, 1), *verflucht wird ihr Erbteil,* Besitztum, *im Lande; nicht wendet er sich* mehr *nach den Weinbergen,* d. i. seinen schönen Landgütern, fruchtbaren Gefilden (vgl. V. 6 a, 10 b), Weinbergen (V. 6 b, 11 b), Ölgärten (V. 11 a) u. s. w. *hin,* er kann nicht mehr dem fröhlichen Genusse seiner Güter nachgehen." Die Worte קַל u. תְּקַלֵּל bilden ein Wortspiel. — דֶּרֶךְ כְּרָמִים *auf den Weg* (G. § 118, 1, *a*) *zu den Weinbergen* (1 M. 3, 24. G. § 114, 2), d. i. nach den Weinbergen hin. ⁴) V. 19: „*Dürre, auch Hitze raffen Schneewasser weg:* so (rafft weg) *die Unterwelt die,* welche *gesündigt haben,* d. i. wie die Hitze das Schneewasser plötzlich und spurlos wegrafft, so die Unterwelt die Sünder. חָטָאוּ ein Relativsatz, G. § 123, 3, *c*. ⁵) V. 20: „*Ihn vergisst der Mutterleib,* d. i. der Mutterleib, welcher ihn getragen hat, die

abweiden, *berauben,* עָקָר unfruchtbar, הֵיטִיב *(Hiph.* v. יָטַב) Gutes thun, wohlthun, m. d. *Acc.*¹). — 22. מָשַׁךְ hinziehen, in die Länge ziehen, *lange* (am Leben) *erhalten,* אַבִּיר stark, *gewaltig,* הֶאֱמִין trauen, vertrauen, m. בְּ *auf* etwas²). — 23. בֶּטַח Sicherheit, נִשְׁעַן sich stützen³). — 24. רֹמּוּ *Pf. Pl. Qal* v. רָמַם (G. § 67, Anm. 1) sich erheben, hoch steigen, emporkommen, מְעַט ein wenig, eine kurze Zeit, הֻמָּכוּ *Pf. Pl. Hoph.* v. מָכַךְ (G. § 67, Anm. 8) *Hoph.* hinsinken, נִקְפַּץ *sich zusammenziehen,* d. i. sterben, רֹאשׁ *Spitze,* שִׁבֹּלֶת Ähre, מָלַל *Niph.* abgeschnitten werden (vgl. 14, 2)⁴). — 25. הִכְזִיב jem. einer Lüge zeihen,

---

Mutter, welche ihn geboren hat, d. h. sogar seine Mutter vergisst ihn, *an ihm labt sich Gewürm, seiner wird nicht mehr gedacht, so dass dem Baume gleich der Frevel* (vgl. 5, 16) *gebrochen wird* (vgl. 19, 10). Über das *musc.* מָתְקוֹ vor dem *fem.* רִמָּה s. G. § 147, *a,* u. über das *Impf. cons.* וַתִּשָּׁבֵר vgl. V. 2 u. s. zu 20, 15. 23, 13. ¹) V. 21: „*Er, der beraubte die Unfruchtbare, welche nicht gebar,* (also keine Kinder zu ihrer Stütze und ihrem Schutze hatte), *und einer Witwe nicht Gutes that,* nicht wohl *that.*" — לֹא תֵלֵד ein Relativsatz. — Über die Form des *Impf.* יֵיטִיב s. G. § 70, 2, Anm., und über das *Part.* (רֹעֶה), welches in das *Verb. fin.* (לֹא יֵיטִיב) übergangen ist, vgl. Ps. 15, 3. G. § 134, 2, Anm. 2. ²) In V. 22—24 antwortet Hiob auf jene Schilderung (V. 18—21). — V. 22: *Doch erhält er* (näml. Gott) *lange* (am Leben) *die Gewaltigen,* Gewaltthätigen, Tyrannen *durch seine Kraft, er* (der Gewaltige) *steht* wieder *auf, während er auf das Leben nicht mehr vertraute,* schon am Leben verzweifelte, d. i. er entgeht (mit Gottes Hülfe) den offenbarsten Todesgefahren. וְלֹא וגו ein Zustandssatz, E. § 341 *a.* — חַיִּין aram. *Pl.* f. חַיִּים, s. zu 4, 2. ³) V. 23: *Er* (Gott) *giebt ihm* (dem Frevler) *zur Sicherheit,* er verleiht ihm Sicherheit, *und er* (der Frevler) *wird gestützt* (von Gott), *und seine* (Gottes) *Augen sind auf ihre* (der Frevler) *Wege* gerichtet, seine Augen wachen (schützend) über ihren Lebenswegen (vgl. 10, 3). עֵינֵיהוּ f. עֵינָיו, vgl. Nah. 2, 4. Hab. 3, 10. E. § 258 *a.* ⁴) V. 24: *Hoch sind sie gestiegen — ein wenig* nur, *eine kurze Zeit, da sind sie nicht mehr,* d. i. noch ganz auf ihrer Höhe stehend sterben sie

ihn Lügen strafen, שִׂים לְאַל *zu nichte machen* (E. § 286 g. u. 321 b.)¹).

Cap. XXV. 2. הַמְשֵׁל (vom *Hiph.* abgeleitetes *Subst.*, E. § 156 c.) Herrschaft, מָרוֹם Höhe²). — 3. גְּדוּד Schar³). — 4. זָכָה rein sein⁴). — 5. עַד *sogar* (s. zu 5, 5), יָרֵחַ Mond, הָאֳהִיל (*Hiph.* v. אָהַל = הָלַל) Helligkeit verbreiten, *hell scheinen*, זָכַךְ rein sein⁵). — 6. אַף כִּי *geschweige denn*, wie viel weniger, (vgl. 15, 16), תּוֹלֵעָה Wurm, Made.

Cap. XXVI. 2. עָזַר helfen, לֹא־כֹחַ *ohne — Kraft*, d. i. Kraftloser (E. § 270 e), הוֹשִׁיעַ aufhelfen, unterstützen, זְרוֹעַ Arm, לֹא־עֹז *ohne — Macht*, d. i. Ohnmächtiger⁶). — 3. יָעַץ raten, לֹא חָכְמָה *ohne — Weisheit*, d. i. Unwissender, תּוּשִׁיָּה Einsicht, לָרֹב in Menge, *Fülle*, הוֹדִיעַ kund thun⁷). — 4. הִגִּיד

---

nicht eines langsamen und schmerzhaften, sondern eines schnellen und leichten Todes (vgl. 21, 13), *und hingesunken sind sie, wie alle sterben sie, und wie die Spitzen der Ähren werden sie abgeschnitten*, d. i. (nicht vor der Zeit [vgl. 22, 16], sondern) alt und reif (vgl. 5, 26) verscheiden sie schnell. ¹) V. 25: *Und wenn nicht, wenn es nicht so ist, nun denn, wer wird mich Lügen strafen und zu nichte machen meine Rede?* Über וְאִם־לֹא אֵפוֹ s. zu 9, 24. — יָשֵׂם = יָשִׂים. ²) V. 2: *Herrschaft und Schrecken ist bei ihm, der Frieden macht in seinen Höhen*, d. i. der unter den himmlischen Geistern und Mächten (vgl. 21, 22. Jes. 24, 21) Ordnung und Frieden schafft und erhält. ³) V. 3: *Haben eine Zahl*, lassen sich zählen *seine Scharen*, d. i. die Scharen seiner Engel und Gestirne (= צְבָא הַשָּׁמַיִם)?, *und über wen erhebt sich nicht, wen überragt (durch seinen Glanz), überstrahlt nicht sein Licht?* Über das *Suff.* in אוֹרֵדוּ (f. אוֹרוֹ) s. G. § 91, 1, Anm. 1, b. ⁴) Zum 1. Gl. vgl. 9, 2 b., zum ganzen Vs. 15, 14 u. 4, 17. ⁵) V. 5 a: *Siehe, sogar der Mond — der scheint nicht helle*. In וְלֹא ist das ן *cons.* vgl. 23, 12 u. s. zu 4, 6. ⁶) V. 2: *Wie sehr hast du geholfen dem ohne Kraft, dem Kraftlosen, unterstützt den Arm der Ohnmacht, des Ohnmächtigen!* ⁷) V. 3: *Wie*

mit doppeltem *Acc.* jemandem etwas *darlegen,* נְשָׁמָה Hauch, Geist[1]).

5. רְפָאִים die Schatten der Unterwelt, חוֹלָל *(Pul.* v. חוּל) durchzittert, durchbebt werden, erbeben[2]). — 6. נֶגֶד vor, *coram*, כְּסוּת Decke, אֲבַדּוֹן *Untergang, Ort des Untergangs,* der Abgrund, d. i. das Totenreich[3]). — 7. נָטָה ausstrecken, hindehnen, צָפוֹן Norden, תֹּהוּ Leeres, leerer Raum, תָּלָה aufhängen, בְּלִימָה (aus בְּלִי nicht, u. מָה was, etwas) nichts[4]). — 8. צָרַר zusammenbinden, einbinden, עָב Wolke, נִבְקַע sich spalten, zerreissen, platzen, עָנָן Wolke, Gewölk[5]). — 9. אָחַז *einfassen, überziehen*, פָּנִים *Aussenseite,* כִּסֵּה = כִּסֵּא (vgl. 1. Kön. 10, 19) Thron, פַּרְשֵׁז* *quadrilitt.* (mit *Pathach* in der ersten Silbe,

---

hast du gerathen der Unweisheit, dem Unwissenden, *und* (wie) *hast du Einsicht in Fülle kund gethan!* [1]) V. 4: *Wem hast du Worte dargelegt?* wen hast du mit deinen Worten belehren wollen? (doch nicht mich, dessen Worte durch deine Ausführungen gar nicht getroffen werden?) *und wessen Geist ging von dir aus,* sprach aus dir? (doch nicht gar ein göttlicher Geist?) [2]) V. 5—14. Hiob überbietet Bildad in der Schilderung der Macht und Grösse Gottes. — V. 5: (Vor ihm) *erbeben die Schatten unterhalb des Wassers,* des Meeres *und seiner Bewohner.* מִתַּחַת לְ f. מִתַּחַת G. § 154, 2, Anm.) ist nach den Accenten mit מַיִם וְשׁ' zu verbinden. — Das *Suff.* in שְׁכֵנֵיהֶם bezieht sich auf מָיִם. [3]) V. 6: *Nackt,* unbedeckt, offen *ist die Unterwelt vor ihm,* liegt die Unterwelt vor ihm da, *und keine Decke hat das Totenreich.* Vgl. 38, 17. Ps. 139, 8. Spr. 15, 11. [4]) V. 7: *Der den Norden* (Nordhimmel) *hindehnt über Leeres,* einen leeren Raum, *die Erde aufhängt über einem Nichts.* Die Particip. schliessen sich an נֹגְדוֹ V. 6 an (vgl. 25, 2 b.). [5]) V. 8: *Der das Wasser bindet in seine Wolken, und es zerreisst,* platzt *nicht das Gewölk unter ihnen,* das Gewölk berstet nicht unter der schweren Last des in demselben enthaltenen Wassers (näml. zur Unzeit, gegen Gottes Willen). Die Wolken werden hier vorgestellt als Behälter, in welche das Regenwasser wie in Schläuche gefasst wird. — Das *Suff.* in תַּחְתָּם bezieht sich auf מָיִם.

Hiob. Cap. XXVI, 9—XXVII, 2.

G. § 56) ausbreiten ¹). — 10. חֹק *Grenze*, חוּג* abrunden, abzirkeln, תַּכְלִית Vollendung, Ende ²). — 11. עַמּוּד Säule, רוֹפֵף* (*Pul.* v. im *Q.* u. רוּף) hin- und hergestossen, erschüttert werden, תָּמַהּ staunen, sich entsetzen, m. מִן *vor* etwas; גְּעָרָה Schelten. — 12. רָגַע zittern machen, *aufschrecken*, תְּבוּנָה Einsicht, מָחַץ zerschmettern, zerschellen, רַהַב *Rahab*, s. zu 9, 13. ³). — 13. רוּחַ *Hauch*, Wind, שִׁפְרָה* Schönheit, *Heiterkeit*, חֹלֵל (*Po.* v. חָלַל) durchbohren, נָחָשׁ Schlange, Drache, בָּרִיחַ flüchtig ⁴). — 14. קָצֶה Ende, das Äusserste, שֵׁמֶץ leiser Laut, Geflüster, שָׁמַע ni. ב *auf* etwas hören, רַעַם Donner, גְּבוּרָה Kraft, הִתְבּוֹנֵן verstehen ⁵).

Cap. XXVII. 1. הוֹסִיף fortfahren, m. dem *Inf.* ohne לְ; שְׂאֵת *Inf.* v. נָשָׂא erheben, מָשָׁל Spruch, Spruchrede. — 2. חַי אֵל

---

¹) V. 9: *Der verschliesst die Aussenseite des Thrones*, des Gottesthrones (im Himmel), *breitet über*, um *ihn sein Gewölk*, verhüllt ihn mit seinem Gewölk. פַּרְשֵׁז ist *Perf.* oder *Inf. absol.*
²) V. 10: *Eine Grenze hat er abgerundet über des Wassers Fläche, bis zur Vollendung*, zum Ende *des Lichtes bei der Finsternis*, bis dahin, wo die Finsternis beginnt, was nach Vorstellung der Alten hinter dem die Erde umströmenden Ocean (cf. Verg. Georg. 1, 240 ff.) der Fall ist.   ³) Das K'thib ובתובנתו unrichtig geschrieben f. וּבִתְבוּנָתוֹ *und durch seine Einsicht.*   ⁴) V. 13: *Durch seinen Hauch*, Wind *ist Heiterkeit*, wird heiter *der Himmel, seine Hand durchbohrt den flüchtigen Drachen* (von dem die Sonne umstrickt und verfinstert wird). נָחָשׁ בָּרִיחַ (vgl. Jes. 27, 1) = לִוְיָתָן. 3, 8.   ⁵) V. 14: *Siehe, dies*, d. i. die bisher geschilderten Kraftäusserungen Gottes, *sind die Enden*, d. i. die äussersten, uns am nächsten liegenden und am meisten erkennbaren Erweisungen *seiner Wege*, d. i. seiner Thätigkeit, *und was für ein Geflüster von einem Wort*, d. i. was für ein leises Wort *ist das, worauf wir hören! Aber seiner Kräfte Donner — wer versteht* ihn? d. i. die volle Entfaltung seiner Kräfte, seine in ihrer ganzen Fülle sich äussernde Allmacht, versteht niemand. נִשְׁמַע־בּוֹ ist Relativsatz und Subj. zu מַה־שֵּׁמֶץ דָּבָר.

lebendig ist Gott! d. i. so wahr Gott lebt, הָסִיר entziehen, וַיֹּ֫אמֶר (*Hiph.* v. מָרַר) verbittern, betrüben¹). — 3. נְשָׁמָה Atem, רוּחַ *Hauch*²). — 4. הָגָה *reden, sprechen,* רְמִיָּה *Trug*³). — 5. חָלִילָה לִּי *zum Unheiligen sei es mir,* d. i. fern sei es von mir, לֹא הָסִיר nicht von sich *weichen lassen,* d. i. sich nicht nehmen lassen, תֻּמָּה *Unschuld*⁴). — 6. הֶחֱזִיק בְּ *an etwas fest halten,* הִרְפָּה *lassen, fahren lassen,* חָרַף *schmähen, tadeln*⁵). — 7. מִתְקוֹמֵם (*Part. Hithpal.* v. קוּם) Gegner, Widersacher (s. zu 20, 27), עַוָּל ungerecht⁶). — 8. חָנֵף *ruchlos,* כִּי *wann,* wenn, בָּצַע abschneiden, יְשַׁל *verkürzt. Impf.* v. שָׁלָה (= שָׁלַל u. נָשַׁל) herausziehen⁷).

---

¹) V. 2: *So wahr Gott lebt, der mir mein Recht entzogen hat, und der Allmächtige, der meine Seele betrübt hat.* הֵמַר כ' u. הֵסִיר מ' sind Relativsätze. ²) Der Inhalt des Schwures folgt erst V. 4. Zwischen eingeschoben ist V. 3 die Begründung desselben. — V. 3: *Denn ganz noch ist mein Atem in mir und Gottes Hauch in meiner Nase,* d. i. noch fühle ich (ungeachtet meiner schweren Leidenslast) in mir alle meine göttliche Lebenskraft, so dass ich mutig und kühn in meiner Sache weiter sprechen kann. Über das zwischen כָּל־ und נִשְׁמָתִי eingeschobene עוֹד vgl. 2 S. 1, 9. Hos. 14, 3. G. § 114, Anm. 1. ³) V. 4: *Gewiss, nicht reden meine Lippen Unrecht, und meine Zunge spricht nicht Trug!* Über אִם s. zu 6, 28 u. vgl. 1, 11. ⁴) V. 5: *Fern sei es von mir, wenn ich euch Recht haben lasse,* euch Recht zu geben; *bis ich verscheide, will ich meine Unschuld mir nicht nehmen lassen,* bis zu meinem Tod will ich meine Unschuld behaupten! ⁵) V. 6b: *nicht tadelt mein Herz,* Gewissen (vgl. 1 S. 24, 6. 2 S. 24, 10) *von meinen Tagen einen,* einen meiner Tage. מִן mit partitiver Bedeutung, vgl. 11, 6. G. § 154, 3, c. ⁶) V. 7: *Es erscheine als* (eig. es sei wie ein) *Schuldiger mein Feind,* d. i. mein Gegner, der mich mit falschen Anklagen verfolgt, *und mein Widersacher als ungerecht!* ⁷) V. 8: *Denn was ist eines Ruchlosen Hoffnung, wann abschneidet, wann herauszieht Gott seine Seele* (vgl. 4, 21. 6, 9)? (während ich dagegen, schon am Rande des Grabes stehend, meine Hoffnung auf Gott allein setze, vgl. 16, 19. 19, 25 ff.). כִּי יֵשַׁל Der *Jussiv* nach כִּי in der Bedeutung *wann,* E. § 235 c.

— 9. צְעָקָה Geschrei, צָרָה Bedrängnis, Not[1]). — 10. הִתְעַנֵּג עַל sich einer Sache freuen, seine Lust daran haben[2]).
11. הוֹרָה lehren, m. d. Acc. d. P. u. בְּ d. S.; כִּחֵד verhehlen[3]). — 12. חָזָה erschauen, הֶבֶל Eitelkeit, הָבַל eitel sein[4]). — 13. חֵלֶק Teil, Los, נַחֲלָה Erbe, עָרִיץ Wüterich[5]). — 14. צֶאֱצָאִים Sprösslinge, שָׂבַע m. d. Acc. sich mit etwas sättigen[6]). — 15. שָׂרִיד ein Übriggebliebener, Entkommener, נִקְבַּר begraben werden, בָּכָה weinen[7]). —16. צָבַר aufhäufen, חֹמֶר Lehm, Kot,

---

[1]) V. 9a: Wird Gott sein Geschrei hören, d. i. seinem Geschrei Gehör geben, es erhören?   [2]) V. 10: Oder wird er u. s. w.?
[3]) V. 11: Ich will euch belehren über die Hand, d. i. die Handlungsweise Gottes, was bei dem Allmächtigen ist (vgl. 10, 13), d. i. den Sinn des Allmächtigen, seine Grundsätze und Ratschlüsse, will ich nicht verhehlen.   [4]) V. 12: Siehe, ihr alle selbst habt, habt doch ihr alle selbst es erschaut, d. i. richtig wahrgenommen und beobachtet, und warum denn seid ihr so gänzlich eitel, d. i. heget ihr einen so ganz eitelen Wahn? näml. in Betreff meiner Person. הֶבֶל תֶּהְבָּלוּ ihr seid eine Eitelkeit eitel, d. i. ihr seid gänzlich, ganz und gar eitel, E. § 281,a. G. § 138, 1, Anm. 1.   [5]) Dies ist das Los des freveln Menschen bei Gott, d. i. das dem Frevler von Gott beschiedene Los und das Erbe der Wüteriche, das sie vom Allmächtigen empfangen. זֶה bezieht sich auf das Folgende (dagegen in der Parallelstelle 20, 29 auf das Vorhergehende). — מְשַׁדַּי יִקָּחוּ ein Relativsatz.   [6]) V. 14a: Mehren sich seine Söhne — fürs Schwert, näml. mehren sie sich. Im Nachsatze לְמוֹ־חָרֶב ist aus dem Vordersatze יִרְבּוּ in Gedanken zu wiederholen, vgl. Ps. 92, 8. E. § 355c. — לָמוֹ (poët. = לְ) kommt nur im B. Hiob vor, vgl. 29, 21. 38, 40. 40, 4. E. § 221 b.   [7]) V. 15: Seine Entronnenen, d. i. diejenigen der Seinigen, die dem Schwert (V. 14a) und Hunger (V. 14b) entronnen sind, werden durch den Tod, d. i. die Pest (vgl. Jer. 15, 2. 18, 21. 43, 11), begraben, d. h. nachdem sie durch die Pest hinweggerafft sind, werden sie sofort (ohne ordentliches Begräbnis, das bei grosser Sterblichkeit unmöglich ist) beerdigt (so dass gleichsam Tod und Begräbnis zusammenfallen), und seine Witwen weinen nicht, d. i. beweinen sie nicht im feierlichen Leichenzug. Das 2. Gl. in

Hiob. Cap. XXVII, 16—23.

הֵכִין schaffen, anschaffen, מַלְבּוּשׁ Kleid. — 17. לָבַשׁ sich kleiden, נָקִי unschuldig, חָלַק teilen¹). — 18. עָשׁ Motte, סֻכָּה Hütte, נֹצֵר Hüter, Wächter²). — 19. עָשִׁיר reich, פָּקַח öffnen³). — 20. הִשִּׂיג (Q. u.) erreichen, ereilen, בַּלָּהָה Schrecken, גָּנַב entführen, סוּפָה Sturmwind⁴). — 21. נָשָׂא aufheben, קָדִים Ostwind, הָלַךְ dahin gehen, vergehen, שָׂעַר wegstürmen⁵). — 22. הִשְׁלִיךְ werfen, חָמַל schonen, בָּרַח fliehen⁶). — 23. שָׂפַק schlagen, כַּפַּיִם שׂ׳ in die Hände schlagen, in d. H. klatschen, שָׁרַק zischen, mit עַל über etwas; hier prägn.: jem. wegzischen, fortzischen⁷).

Ps. 78, 64 wiederholt. ¹) Staub u. Kot Bild der Menge, die auch das Wertvolle entwertet, vgl. Zach. 9, 3. — V. 17 Nachsatz zu V. 16: *Er schafft an, und der Gerechte kleidet sich*, näml. in die Kleider, welche der Frevler angeschafft hat, *und das Silber teilen sich die Unschuldigen.* ²) V. 18: *Er hat der Motte gleich sein Haus* (vgl. 4, 19. 8, 14.) *gebaut,* d. i. so leicht zerstörbar wie das Haus, das Gespinst einer Motte, *und wie eine Hütte, die ein Wächter machte,* d. i. so hinfällig und von so kurzer Dauer, wie eine nur für den Sommer aufgeschlagene und leicht gebaute Wächterhütte in einem Weinberge (Jes. 1, 8) oder Garten. עָשָׂה נֹצֵר ein Relativsatz ³) V. 19: *Reich legt er sich hin und thut's nicht wieder; er schlägt seine Augen auf und ist nicht mehr,* kaum schlägt er des Morgens die Augen auf, so ist er schon weg, ist er schon dahingerafft. Für יֵאָסֵף ist (mit LXX, Ew. u. A.) יֹאסִף = יוֹסִיף (E. § 122, e) zu lesen vgl. 20, 9. 40, 45. ⁴) V. 20: *Es ereilen ihn wie Wasser*, wie eine alles überströmende Flut, (vgl. Jes. 8, 7 f. Jer. 47, 2. Ps. 124, 4.) *Schrecken, nachts hat ihn* (plötzlich) *ein Sturm entführt.* Das Fem. Sing. תַּשִּׂיגֵהוּ auf den Pl. בַּלָּהוֹת bezogen, s. zu 14, 19. — גְּנָבַתּוּ, s. zu 21, 18. ⁵) וַיֵּלַךְ *dass er vergeht,* vgl. 14, 20. 19, 10. ⁶) V. 22: *Und er* (Gott) *wirft auf ihn,* näml. Geschosse (vgl. 6, 4. 7, 20. 16, 13), *und schont nicht,* ohne Schonung (vgl. 16, 13), *vor seiner Hand kann er* (der Frevler) *nur fliehen,* kann er nichts als fliehen. וְיַשְׁלֵךְ s. zu 13, 27. Über den *Inf. absol.* s. G. § 131, 3, a. E. § 312 a. ⁷) V. 23: *Man klatscht über ihn in die Hände und zischt ihn weg von seinem Orte,* begleitet sein Verschwinden von seinem Wohnorte mit Zischen. Das *Händeklatschen* ist Zeichen der

Hiob. Cap. XXVIII, 1—5.

Cap. XXVIII. 1. מוֹצָא Ausgang, Ausgangsort, *Fundort*, זָקַק läutern¹). — 2. בַּרְזֶל Eisen, עָפָר *Erdboden*, Erdreich, צוּק (= יָצַק) giessen, נְחוּשָׁה *f.* v. נָחוּשׁ ehern, *Neutr. aeneum* = נְחֻשֶׁת *aes*, Erz²). — 3. קֵץ Ende, תַּכְלִית Vollendung, Ende, חָקַר erforschen, durchforschen³). — 4. פָּרַץ *brechen*, einbrechen, נַחַל *Schacht*, גּוּר wohnen, נִשְׁכַּח vergessen sein, דָּלַל hinabhängen, נוּעַ schweben⁴). — 5. נֶהְפַּךְ umgewendet, umgekehrt, umgewühlt

---

Schadenfreude und des Hohnes (vgl. Nah. 3, 19. Klagel. 2, 15. Hiob 34, 37), ebenso das *Zischen* (Jer. 19, 8. 49, 17. Zeph. 2, 15). — יִשְׁפֹּק *man klatscht*, יִשְׁרֹק *man zischt*, s. zu 6, 20. — עָלָיו *f.* עָלֵימוֹ s. zu 22, 2. — Das *Suff. Pl.* in כַּפֵּימוֹ bezieht sich auf den in dem unbestimmten Subj. des *Sing.* יִשְׁפֹּק enthaltenem *Pl.* ¹) V. 1: *Denn das Silber hat einen Fundort, und einen Ort*, einen Sitz *das Gold, das man läutert.* יָקֹק ein Relativsatz. Die 3 *Pl.* mit unbestimmtem Subj., s. zu 4, 19.   ²) V. 2b: *und Steine giesst*, schmilzt *man zu Erz*. יָצוּק *Impf.* v. צוּק. Die 3 *Sing.* mit unbestimmt. Subj. (vgl. 27, 23), wie in V. 3. 4. 9—11. — נְחוּשָׁה *Acc.* des Produkts: *zu Erz*, s. zu 22, 16.   ³) V. 3: *Ein Ende hat man gesetzt*, gemacht (mittelst der Bergmannslampe) *der Finsternis* (im Innern der Erde), *und nach jedem Ende hin*, d. i. allerwärts bis zu den äussersten Enden, bis in die äussersten Tiefen *erforscht man das Gestein des Dunkels und der schwarzen Nacht*, das in schwarzes Dunkel gehüllte Gestein. הוּא bezieht sich auf das unbestimmte Subjekt von שָׂם, vgl. Qoh. 10, 10. E. § 294*c.*
⁴) V. 4: *Man hat einen Schacht gebrochen fern vom Wohnenden*, fern von denen, die auf der Oberfläche des Bodens wohnen, sie (näml. die Bergleute) *die vergessen sind vom Fusse*, d. i. vom Fusse dessen, der die Oberfläche des Berges betritt, *hängen hinab fern von Menschen*, von menschlicher Wohnung, *schweben*. מִן *fern von*, vgl. Ps. 109, 10. E. § 217*b*, 1*a*. — מֵעִם־גָּר eig.: *fern von bei dem Wohnenden*, d. i. fern von dem Wohnendem, bei dem sie (die Bergleute) waren, (bevor sie sich in den Schacht hinabliessen), s. zu 13, 21. Der *Sing.* (פָּרַץ) ist in den *Pl.* (הַנִּשְׁכָּחִים) übergegangen. — Über מִן beim *Pass.* s. zu 24, 1. — נָעוּ דַּלּוּ מ׳ *sie hängen hinab* fern von Menschen, *schweben*, d. i. hinabhängend schweben sie f.

werden¹). — 6. סַפִּיר Sapphir, עַפְרוֹת זָהָב *Goldstufen*²). — 7. נָתִיב Pfad, עַיִט Raubvogel, Adler, שָׁזָף erblicken, אַיָה Geier³). — 8. הִדְרִיךְ betreten, שַׁחַץ Stolz, בְּנֵי שַׁחַץ *die Söhne des Stolzes*, d. i. die stolz Einhergehenden, die grossen, edlen Raubtiere, עָדָה vorübergehen, einherziehen, שַׁחַל Löwe⁴). — 9. חַלָּמִישׁ Kiesel, Kieselstein, שָׁלַח יָד m. בְּ die Hand *an* etwas legen, הָפַךְ מִשֹּׁרֶשׁ *von der Wurzel*, d. i. von Grund aus, *umkehren*, umwühlen⁵). — 10. יְאֹרִים Kanäle, *Gänge, Stollen*, בָּקַע spalten, בּ' יְאֹרִים Gänge *durchbrechen*, יְקָר Kostbarkeit, Kostbares⁶). — 11. בְּכִי Weinen, das Thränen, *Tröpfeln*, נְהָרוֹת Flüsse, חִבֵּשׁ verbinden, verstopfen, תַּעֲלֻמָה Verborgenes⁷).

12. אֵי זֶה wo? בִּינָה Einsicht⁸). — 13. עֵרֶךְ Schätzung,

---

v. M., vgl. 29, 8. E. § 349a. ¹) V. 5: *Die Erde — aus ihr wächst das Brot*, Brotkorn, *aber unter ihr kehrt*, wühlt *man um wie mit Feuer*, d. i. so gewaltsam und zerstörend, als geschähe es durch Feuer. אֶרֶץ *cas. absol.*, G. § 145, 2. — כְּמוֹ־אֵשׁ *wie mit Feuer*, vgl. 30, 14. G. § 118, Anm. ²) V. 6: *Der Ort des Sapphir sind ihre Steine*, d. i. den Sapphir findet man unter den Steinen im Innern der Erde, *und Goldstufen sind ihm* zu eigen, näml. dem מְקוֹם־סַפִּיר. ³) V. 7: *Den Pfad* (der in eben jene Tiefen führt), — *ihn hat der Adler nicht erkannt, und ihn hat des Geiers Auge nicht erblickt*, d. i. selbst die scharfsichtigsten Vögel, die Raubvögel, haben den Weg zu den in der Erde verborgenen Schätzen nie erspäht. נָתִיב *cas. absol.*, s. zu V. 5. — שְׁזָפַתּוּ, s. zu 20, 9. ⁴) V. 8: *Nicht haben ihn betreten die stolzen Tiere, nicht ist über ihn einhergeschritten der Löwe*, d. i. selbst die stolzen Raubtiere, die doch überall kühn vordringen, haben jenen Weg nie betreten. ⁵) V. 9: *An den Kiesel hat man gelegt* u. s. w. ⁶) V. 10: *In Felsen hat man Gänge durchgebrochen*, eingehauen, *und alles Kostbare hat das Auge erschaut.* ⁷) V. 11: *Weg vom Durchsickern*, d. i. damit sie nicht durchsickern, verstopft man Ströme, *und Verborgenes bringt man ans Licht.* אוֹר Acc. des Orts, G. § 118, 1, a. ⁸) V. 12a: *Aber die Weisheit, woher wird sie gefunden*, erlangt, erworben?

Wert, אֶרֶץ הַחַיִּים *das Land der Lebendigen*, d. i. die Oberwelt.
— 14. תְּהוֹם Flut, Meer. — 15. סְגוֹר = סָגוּר זָהָב auserwähltes, reines, *köstliches* Gold, תַּחַת anstatt, *für*, נִשְׁקַל gewogen, dargewogen werden, מְחִיר Kaufpreis [1]). — 16. סָלָה aufgewogen werden, m. בְּ *mit* etwas (vgl. V. 19); כֶּתֶם Gold, שֹׁהַם Onyx, יָקָר kostbar, köstlich. — 17. עָרַךְ *gleichkommen*, m. d. Acc. (vgl. V. 19); זְכוּכִית* (v. זָכַךְ) Glas, תְּמוּרָה Tausch, כְּלִי Gefäss, Gerät, פָּז geläutertes, gediegenes Gold, כְּלִי-פָז goldenes Gerät [2]). — 18. רָאמוֹת Korallen, גָּבִישׁ* Kristall, מֶשֶׁךְ Besitz, פְּנִינִים Perlen [3]). — 19. פִּטְדָה Topas, כּוּשׁ *Kûsch*, d. i. Aethiopien, טָהוֹר rein. — 20. [4]). — 21. נֶעְלַם verborgen sein, m. מִן *vor* etwas; נִסְתַּר verborgen, verhüllt sein, m. מִן [5]). — 22. אֲבַדּוֹן der Abgrund (s. zu 26, 6), שֵׁמַע Gerücht [6]).
23. הֵבִין *wissen*, kennen [7]). — 24. הִבִּיט blicken. —

---

[1]) V. 15 b: *und nicht wird Silber dargewogen*, bezahlt *als ihr Kaufpreis*. [2]) V. 17: *Nicht kommt ihr gleich Gold und Glas, noch ist ihr Tausch goldenes Gerät*, noch tauscht man sie für goldenes Gerät ein. Die Negation des 1. Gl. wirkt im 2. fort, vgl. 3, 10f. G. § 152, 3. [3]) *Korallen und Kristall sind nicht zu erwähnen*, sind gar nicht erwähnenswert, näml. neben der Weisheit, *und der Besitz der Weisheit geht vor Perlen*. Über die Bedeutung des Impf. יִזָּכֵר s. E. § 136 e. — Das Pass. (יִזָּכֵר) mit dem Acc. (רָאמוֹת וְגָבִישׁ), G. § 143, 1, Anm. — מִן in מִפְּנִינִים ist comparativ. [4]) וְ vor הַחָכְמָה ist consecutiv: „*die Weisheit also*, woher kommt sie?," E. § 348 a. [5]) וְ knüpft den Satz an die in der vorhergehenden Frage liegende Verneinung: (die Weisheit ist nirgends zu finden) *Und sie ist verborgen vor den Augen alles Lebendigen* u. s. w. [6]) Das letzte Wort des 1. Gl. אָמְרוּ hat keine Pausalaussprache, weil sie der Sinn nicht fordert, vgl. 17, 11. Ps. 18, 13. E. § 100 c. — Das 2. Gl.: *mit unsren Ohren haben wir ihr Gerücht gehört*, nur durch Hörensagen wissen wir von ihr, näml. durch die ankommenden Bewohner der Oberwelt. [7]) V. 23: *Gott kennt den Weg zu ihr, und er weiss ihren Ort*. Das Subj. אֱלֹהִים ist des Nachdrucks wegen vorangestellt. דַּרְכָּהּ *der Weg zu ihr*, vgl. 24, 18. 29, 25. 1 M. 3, 24. G. § 114, 2.

25. מִשְׁקָל Gewicht, תִּכֵּן abwägen, מִדָּה Mass¹). — 26. חָזִיז od. חֲזִיז Pfeil, חֲזִיז קוֹלוֹת Donnerstrahl, Wetterstrahl. — 27. סָפַר zählen, aussprechen, הֵכִין hinstellen, חָקַר durchforschen²). — 28.³).

Cap. XXIX. 1. s. zu 27, 1. — 2. יֶרַח Monat, קֶדֶם Vorzeit, Vergangenheit, יַרְחֵי קֶדֶם die Monate der Vergangenheit, שָׁמַר behüten⁴). — 3. הָלַל leuchten, strahlen, נֵר Leuchte⁵). — 4. חֹרֶף Herbst, סוֹד Freundschaft⁶). — 5. בְּעוֹד während noch (ist),

---

¹) V. 24 ist mit V. 25 zu verbinden: *Denn er blickt bis zu der Erde hin, unter dem ganzen Himmel hin siehet er:* — *Dass er dem Winde Gewicht mache*, bestimme, *und das Wasser abwäge mit dem Masse* (vgl. Jes. 40, 12). Der *Inf.* (עֲשׂוֹת) ist ins *Verb. fin.* (תִּכֵּן) übergegangen, vgl. 5, 11. 29, 3. 38, 7. G. § 132, Anm. 2. ²) V. 26 f.: *Als er dem Regen ein Gesetz machte,* gab *und einen Weg dem Donnerstrahl* (durch die Wolken, vgl. 38, 25): — *Damals, da sah er sie und sprach sie aus,* (setzte sie durch sein Wort in die Welt hinein) *stellte sie hin* (zur Betrachtung und Prüfung) *und durchforschte auch sie*, ergründete auch ihre Gedanken. ³) V. 28: *Und sprach zum Menschen: „Siehe, Furcht des Herrn ist Weisheit, und von Bösem weichen, Böses meiden Einsicht!"* Für אֲדֹנָי, welches nur hier im Hiob vorkommt, lesen viele *codd.* יְהֹוָה. ⁴) V. 2: *O dass ich doch hätte gleich den Monaten der Vergangenheit*, Monate, die den vergangenen gleichen, *gleich den Tagen*, Tage, die denen gleichen, *da mich Gott behütete*. Über מִי יִתֵּן vgl. 14, 4. G. § 136, 1. — יְרָחַי u. כִּימֵי ist das nächste u. das *Suff.* in יִתְּנֵנִי das zweite Obj. von יִתֵּן. — כִּימֵי ein *stat. constr.* vor einem Relativsatze: *gleich den Tagen da*, s. zu 6, 17. — Das *Impf.* יִשְׁמְרֵנִי von einer dauernden Handlung in der Vergangenheit, vgl. V. 3. 6. 7. 12. 13. 16. 1, 5. 4, 3. 4. G. § 127. 4, *c.* ⁵) V. 3: *Als sie, seine Leuchte, strahlte über meinem Haupte, bei seinem Licht ich Finsternis durchwandelte.* [הִלּוֹ] *Inf. intr.* הָל (G. § 67, Anm. 3, E. § 238 *b,*) m. *Suff.* Das *Suff.* bezieht sich auf das folgende נֵרוֹ, G. § 121, Anm. 3. — Über den Übergang des *Inf.* (הִלּוֹ) ins *Verb. fin.* (אֵלֵךְ) s. zu 28, 25, und über הָלַךְ mit dem *Acc.* s. 5 M. 9, 1. E. § 282 *a.* — Vgl. Ps. 18, 29. ⁶) V. 4: (O wäre ich doch) *wie ich war in den Tagen meines Herbstes*, d. i.

נְעָרִים Kinder¹). — 6. רָחַץ waschen, *sich baden*, הֲלִיךְ od. הֲלִיךְ * Schritt, חֵמְאָה = חֶמָה Milch, צוּק giessen, ergiessen (s. zu 24, 2), פֶּלֶג Bach, שֶׁמֶן Öl²). — 7. שַׁעַר Thor, קֶרֶת (v. קִרְיָה) Stadt, רְחוֹב Markt, Marktplatz, הֵכִין stellen, aufstellen, מוֹשָׁב Sitz³). — 8. נַעַר Jüngling, נֶחְבָּא sich verbergen, יָשִׁישׁ Greis⁴). — 9. שַׂר Fürst, עָצַר zurückhalten, hemmen, m. בְּ⁵). — 10. נָגִיד Fürst, Vornehmer, חֵךְ Gaumen, דָּבַק kleben (*intr.*), m. בְּ *an* etwas⁶).

11. אִשֵּׁר (*Q.* u.) glücklich preisen, הֵעִיד *für* jem. zeugen, ihn loben, rühmen (vgl. μαρτυρεῖν τινι Luc. 4, 22)⁷). — 12. מִלֵּט retten, עָנִי elend, שִׁוַּע um Hülfe rufen, עָזַר helfen, *Part.*

---

reifen Mannesalters, *bei der Freundschaft Gottes* (vgl. Ps. 25, 14. Spr. 3, 32) *über meinem Zelte*, d. i. als Gott noch wie ein trauter Freund über meinem Zelte waltete. ¹) V. 5: *Während der Allmächtige noch mit mir war*, mir noch mit seiner Hülfe und seinem Schutze nahe war, noch *rings um mich meine Kinder* waren. ²) V. 6: *Als meine Schritte sich badeten in Milch, und der Fels neben mir*, ohne dass ich auch nur einen Schritt darnach zu gehen brauchte, *Bäche Öls ergoss*, d. i. als überall her ungesucht und reichlich Segnungen Gottes, Glücksgüter mir zuflossen. — Der *Inf.* (רְחֹץ) ist ins *Verb. fin.* (יָצוּק) übergegangen, wie V. 7, vgl. V. 3. — Vgl. 20, 17. 5 M. 32, 13. ³) *Wenn ich ausging* (aus meinem Hause) *nach dem Thor hin hinauf zur Stadt, auf dem Markt meinen Sitz aufstellte.* שַׁעַר Acc., s. zu 28, 11. ⁴) V. 8: *Es sahen mich Jünglinge, verbargen sich*, d. i. zogen sich ehrerbietig zurück, *und Greise erhoben sich, standen*, d. i. blieben stehen (vgl. 28, 4. E. § 349 a). ⁵) Zum 1. Gl. vgl. 4, 2., u. zum 2. Gl. vgl. 21, 5. ⁶) V. 10: *Die Stimme der Edeln verbarg sich*, d. i. verstummte, *und ihre Zunge klebte an ihrem Gaumen*, d. i. sie schwiegen (vgl. Ps. 137, 6). Über das Verb. נֶחְבָּאוּ, welches sich nicht auf den *st. constr.* קוֹל, sondern auf den Genet. נְגִידִים bezieht, vgl. 21, 21. u. s. zu 15, 20. ⁷) V. 11: *Denn ein Ohr hörte und pries*, d. i. wer nur von mir hörte, pries *mich glücklich* (wegen meiner Thaten), *und ein Auge sah und zeugte für mich*, d. i. wer nur mich sah, rühmte mich.

Hiob. Cap. XXIX, 12—20.

עֹזֵר Helfer¹). — 13. בְּרָכָה Segen, Segenswunsch, אָבַד zu Grunde gehend, *verloren,* הִרְנִין jubeln machen, mit Jubel erfüllen. — 14. לָבַשׁ anziehen, מְעִיל Mantel, צָנִיף Kopfbund, Turban²). — 15. עִוֵּר blind, פִּסֵּחַ lahm. — 16. רִיב Streit, Rechtssache³). — 17. שִׁבֵּר zerschmettern, מְתַלְּעוֹת (= מַלְתָּעוֹת) Beisser, Zähne, עַוָּל ungerecht, הִשְׁלִיךְ מִשִּׁנָּיו aus den Zähnen werfen, *reissen,* טֶרֶף Raub. — 18. קֵן Nest, חוֹל der (Vogel) *Phönix,* הִרְבָּה viel machen, הִרְבָּה יָמִים *viele Tage haben,* leben⁴). — 19. פָּתַח öffnen, טַל Tau, לִין übernachten, קָצִיר *Zweig,* Gezweig⁵). — 20. כָּבוֹד Ehre, Ansehen, חָדָשׁ neu, frisch, קֶשֶׁת Bogen, הֶחֱלִיף *sich verjüngen*⁶).

---

¹) וְלֹא־עֹזֵר לוֹ ein Relativsatz: „und (ich rettete) die Waise und den, *der keinen Helfer hatte.* ²) V. 14: *Die Gerechtigkeit zog ich an* (wie ein Kleid, vgl. Jes. 11, 5. 51, 9. 59, 17. Ps. 132, 9), *und sie zog mich an,* d. i. indem ich mir die Gerechtigkeit aneignete, gewann sie in mir Gestalt, erfüllte sie mich; *wie Mantel und Turban,* wie ein ehrender und auszeichnender Schmuck, *war mein Recht,* d. i. das Recht, welches ich übte. ³) V. 16b: *und den Streit,* die Rechtssache *dessen, den ich nicht kannte,* des Unbekannten, — *den erforschte ich,* näml. um ihm, wenn er Recht hatte, als Sachwalter beizustehen. רִב *cas. absol.* (s. zu 28, 5. 7.) u. *stat. constr.* vor dem Relativsatze לֹא־יָדַעְתִּי (s. zu 18, 21). ⁴) V. 18: *Da sprach,* dachte *ich: „bei meinem Neste,* d. i. mit meiner ganzen Familie und all' meinem Hab und Gut, d. h. ohne alles dies vorher verloren zu haben, *werde ich sterben, und wie der Phönix,* der sich stets verjüngt, *viele Tage leben."* Über den *Phönix* vgl. die Commentare zu dieser Stelle. ⁵) V. 19: „*Meine Wurzel ist geöffnet,* offen *nach dem Wasser hin, und Tau übernachtet in meinem Gezweige,* d. i. ich bin gleich einem von unten und oben, an den Wurzeln und Zweigen, stets wohl bewässerten und deshalb stets grünenden Baume (gegen 18, 16)." ⁶) V. 20: „*Meine Ehre ist* stets *neu bei mir,* bleibt mir immer neu und frisch, *und mein Bogen in meiner Hand,* d. i. meine Stärke und Macht (1 M. 49, 13. Hos. 1, 5), *verjüngt sich,* altert nicht."

21. שָׁמַע m. לְ *auf* jem. hören, יָחַל harren, warten, דָּמַם stillschweigen ¹). — 22. שָׁנָה wiederholen, נָטַף träufeln (*intr.*)²). — 23. פָּעַר aufsperren, מַלְקוֹשׁ Spätregen ³). — 24. שָׂחַק m. אֶל־ jem. *an*lachen, הֶאֱמִין *absol.* vertrauen, לֹא ה׳ nicht vertrauen, *verzagen*, אוֹר פָּנִים *Licht des Antlitzes*, d. i. Heiterkeit des A. (vgl. Spr. 16, 15), הִפִּיל אוֹר פְּנֵי פ׳ *die Heiterkeit des Antlitzes jem. sinken machen*, d. i. sie trüben (vgl. 1 M. 4, 5 f.) ⁴). — 25. בָּחַר wählen, שָׁכַן *thronen*, גְּדוּד Schar, אָבֵל trauernd, נִחַם trösten ⁵).

Cap. XXX. 1. שָׂחַק עַל *über* jem. lachen, spotten, צָעִיר klein, *jung*, מָאַס m. d. *Acc.* u. לְ m. d. *Inf.*: jem. *nicht wür-*

---

¹) V. 21—25 Fortsetzung zu V. 7—10. — V. 21: *Auf mich hörten sie und harrten*, d. i. auf mich hörten sie aufmerksam und mit grosser Begierde nach meinen Worten, *und schwiegen still zu meinem Rat*, d. i. lauschten still auf meinen Rat. Über die Pausalform יְחֵלוּ f. יַחֲלוּ vgl. 21, 13. G. § 20, 2, c. E. § 93 d. — לָמוֹ, s. zu 27, 14. ²) V. 24: *Nach meinem Worte*, nachdem ich gesprochen hatte, *wiederholten sie nicht*, d. i. sprachen sie nicht wieder, (weil sie mir nichts einzuwenden hatten), *und auf sie träufelte meine Rede*, d. i. meine Rede wirkte auf sie so wohltuend, wie ein sanfter Regen das Erdreich erquickt (vgl. V. 23. 5 M. 32, 2). ³) V. 23: *Und sie harrten auf mich wie auf Regen*, wie das schmachtende Erdreich auf Regen harrt, *und ihren Mund sperrten sie auf nach Spätregen*. Im 2. Gl. wird das Bild mit der Sache vermischt. ⁴) V. 24: *Ich lachte sie an, wenn sie nicht vertrauten*, d. i. verzagten, d. h. ich trat ihnen mit ruhigem Lächeln entgegen, und machte ihnen dadurch wieder Mut, *und die Heiterkeit meines Antlitzes trübten sie nicht*. לֹא יַאֲמִינוּ ein Zustandssatz ohne וְ, vgl. 3, 24. 9, 25. E. § 341 b. ⁵) *Ich wählte*, nahm gern den Weg zu ihnen *und sass als Haupt und thronte wie ein König*, so stolz und angesehen wie ein König, *in der Schar* (seiner Krieger), *und wie einer, der Trauernde tröstet.* דַּרְכָּם der Weg zu ihnen, s. zu 28, 23.

Hiob. Cap. XXX, 1—7.

digen zu —, עִם שִׁית *setzen bei* —, d. i. beigesellen, כֶּלֶב
Hund [1]). — 2. כֶּלַח reifes Alter [2]). — 3. חֶסֶר Mangel, כָּפָן
Hunger, גַּלְמוּד *dürr*, ausgedörrt, עָרַק benagen, צִיָה dürres
Land, Steppe, אֶמֶשׁ Abend, Nacht, שׁוֹאָה Wüste, מְשֹׁאָה Verwüstung, אֶמֶשׁ שׁ׳ וּמ׳ *das Dunkel der Wüste und Verwüstung*,
d. i. die finsterste Wüste und Öde [3]). — 4. קָטַף pflücken, מַלּוּחַ *
(v. מֶלַח) Melde, Salzkraut, שִׂיחַ Gesträuch, רֹתֶם *(Pl.* רְתָמִים*)*
Ginster, Ginsterstrauch [4]). — 5. גֵּו *Mitte*, גָּרַשׁ vertrieben
werden, הֵרִיעַ schreien, גַּנָּב Dieb [5]). — 6. עָרוּץ *(Part. v.* עָרַץ*)*
schauerlich, grausig, עֲרוּץ נְחָלִים *das Schauerliche der Thäler*,
d. i. die schauerlichsten Thäler (E. § 313 c), חוֹר Loch, Höhle,
עָפָר *Erde*, Erdreich, כֵּף (nur im *Pl.* כֵּפִים) Fels [6]). — 7. נָהַק
schreien, חָרוּל Nessel, סָפַח zusammenkommen, sich sammeln

---

[1]) V. 1: *Aber nun lachen über mich Jüngere als ich an Tagen, deren Väter ich nicht gewürdigt habe, den Hunden meiner Herde beizugesellen.* Zu לְיָמִים vgl. 32, 4. 6. E. § 289 c. [2]) V. 2: *Auch ihrer Hände Kraft wozu mir?* wozu sollte mir auch ihrer Hände Kraft helfen? (wenn ich sie hätte benutzen wollen), *ihnen ist verloren reifes Alter,* sie gelangen (wegen ihres siechen und kraftlosen Körpers) nie zum reifen Alter. Die *Suff.* in יְדֵיהֶם u. עָלֵימוֹ beziehen sich auf צְעִירִים in V. 1. — עָלֵימוֹ ist hier *Dativ. incommodi: für sie* od. *ihnen,* E. § 217 i, γ. [3]) V. 3: *Durch Mangel und Hunger ausgedörrt, sie, die die Steppe benagen, die finsterste Wüste und Öde.* Das *Subst.* גַּלְמוּד *Fels,* Felsenhärte, f. das *Adj.: ausgedörrt,* s. zu 15, 34. [4]) V. 4: *Sie, die pflücken Melde am Gesträuch,* neben dem Gesträuch, *und deren Brot,* Nahrung, *die Ginsterwurzel ist.* [5]) V. 5: *Aus der Mitte* (der Menschen), aus der menschlichen Gesellschaft (wenn sie sich etwa in derselben blicken lassen) *werden sie verstossen, man schreit über sie wie über Diebe,* als ob es Diebe wären. יָרִיעוּ *man schreit,* s. zu 4, 20. [6]) V. 6: *In den schauerlichsten Thälern müssen sie wohnen,* in den Höhlen der Erde und Felsen. לִשְׁכֹּן *es ist* ihnen *zu wohnen,* d. i. sie müssen wohnen, G. § 132, Anm. 1. — Vor חֹרֵי ist בְּ aus dem 1. Gl. zu wiederholen, vgl. 15, 3. 34, 10. G. 154, 4.

müssen. — 8. נָבָל Thor, gottlos, בְּלִי־שֵׁם der ohne - Namen = ignobilis, namenlos (E. § 286 g), נִכְּאָ (Niph. v. נָכָא = נָכָה) geschlagen werden ¹).

9. נְגִינָה Saitenspiel, Lied zum Saitenspiel, Spottlied, מִלָּה Gespräch, Gerede ²). — 10. תָּעַב verabscheuen, חָשַׂךְ zurückhalten, רֹק Speichel ³). — 11. יֶתֶר Strick, Zaum, פָּתַח lösen, עִנָּה beugen, רֶסֶן Zaum, שִׁלַּח loslassen, d. i. schiessen lassen ⁴). — 12. עַל־יְמִין zur Rechten, פִּרְחָח * (niedrige, verächtliche) Brut, סָלַל bahnen, אֵיד Unglück, Verderben ⁵). — 13. נָתַם* (= נָתַץ u. נָתַשׁ) zerstören, נְתִיבָה Pfad, הַוָּה Fall, Sturz (s. zu 6, 2.), הוֹעִיל nützen, עֹזֵר Helfer ⁶). — 14. פֶּרֶץ Riss, Mauerriss, רָחָב weit, breit, אָתָה kommen, שׁוֹאָה Trümmer, הִתְגַּלְגֵּל

---

¹) V. 8: Söhne von Thoren (vgl. Ps. 14, 1), auch Söhne Namenloser, die geschlagen, ausgestossen sind aus dem Lande. Das 1. Gl. ist Appos. zum Subj. der vorigen Verse. — נִכְּאוּ וגו' ein Relativsatz.   ²) V. 9 kehrt zum Gedanken von V. 1 zurück. — V. 9: Und nun bin ich ihr Spottlied, der Gegenstand ihres Spottliedes geworden und ward ihnen zum Gerede. Vgl. Ps. 69, 13. Klagel. 3, 14.   ³) V. 10: Mich verabscheuend entfernen sie sich von mir (sogleich nachdem sie zu mir herangekommen sind), und vor meinem Gesicht halten sie Speichel nicht zurück, d. i. sie speien mir sogar in's Gesicht. Zum 1. Gl.: sie verabscheuen mich, entfernen sich von mir, d. i. mich verabscheuend entfernen sie sich von mir, vgl. 28, 4. 29, 8.   ⁴) V. 11: Denn seinen Strick hat er (Gott) gelöst, d. i. den Zaum, durch den er die Unglücksmächte zurückhielt, hat er gelöst, und so mich gebeugt, und den Zügel haben sie (die Unglücksmächte) vor mir schiessen lassen, mit zügelloser Gewalt sind die Unglücksmächte auf mich losgestürmt. Das Q'ri liest unnötig יִתְרִי f. יִתְרוֹ.   ⁵) V. 12: Zur Rechten erhebt sich (als falscher Ankläger und Zeuge zugleich, vgl. 16, 8. Zach. 3, 1. Ps. 109, 6) die Brut, d. i. das Leidensheer, meine Füsse stossen sie weg und bahnen zu mir heran ihre Unglückspfade (vgl. 19, 12). פִּרְחָח als coll. mit dem Pl.   ⁶) V. 13: Sie (die Unglücksmächte) zerstören meinen Pfad, Lebenspfad, zu

(*Hithpalp.* v. גָּלַל) sich einherwälzen¹). — 15. הָהְפַּךְ gewendet, gekehrt sein, m. עַל gegen jem.; בַּלָּהָה Schrecken, רָדַף *verjagen*, נְדִיבָה Adel, *Würde,* עָב Wolke, עָבַר vorübergehen, verschwinden, יְשׁוּעָה Heil²).

16. הִשְׁתַּפֵּךְ sich ergiessen, אָחַז ergreifen, עֲנִי (in *Pausa* עֳנִי) Leiden, Elend³). — 17. נָקַר durchbohren, עֹרְקִים *(Part.* v. עָרַק vgl. V. 3) *Nager*, d. i. Schmerzen, שָׁכַב *schlafen*, ruhen⁴).

— 18. רָב־כֹּחַ *Allgewalt*, (vgl. 23, 6), הִתְחַפֵּשׂ (eigentlich sich suchen lassen, dah.) sich verkleiden, sich entstellen, *entstellt sein*, לְבוּשׁ Gewand, Oberkleid, פֶּה Öffnung, Halsöffnung (eines Kleides), *Kragen*, כֻּתֹּנֶת Leibrock, Hemd, אָזַר gürten, umgürten⁵). — 19. הוֹרָה *(Hiph.* v. יָרָה) *werfen,* (wie *Qal)*,

---

meinem Sturze nützen, helfen sie, *denen selbst niemand hilft.* לֹא עִ׳ ל׳ ein Relativsatz. ¹) V. 14: *Wie durch einen weiten Mauerriss kommen sie, unter Trümmern wälzen sie sich heran.* כְּפֶרֶץ *wie durch einen Riss,* s. zu 28, 5. ²) V. 15: *Gekehrt sind wider mich Schrecken*, Todesschrecken (vgl. 18, 11. 14. 27, 20), *sie (die Schrecken) verjagen dem Winde gleich meine Würde, und wie eine Wolke ist vorüber mein Heil,* so spurlos wie eine Wolke ist mein Heil verschwunden (vgl. 7, 9. Jes. 44, 22.). Über den *Sing. masc.* des Prädikats הָהְפַּךְ vor dem *Pl. fem.* des Subj. בַּלָּהוֹת s. G. § 147 a. — Der *Sing. fem.* תֶּהְדֹּף mit dem *Pl.* בַּלָּהוֹת construiert, s. zu 14, 19. ³) V. 16: *Und nun ergiesst sich bei mir* (vgl. 10, 1), d. i. löst sich mir auf in Thränen und Klagen *meine Seele, mich ergreifen Tage des Elends.* ⁴) V. 17: *Die Nacht durchbohrt meine Gebeine von mir,* d. i. durchbohrt sie so, dass sie sich von mir ablösen, *und meine Nager*, d. i. meine nagenden Schmerzen, *schlafen nicht.* לַיְלָה ist personificiert, wie 3, 3. 9. 10; und die Nacht ist genannt, weil in ihr die Schmerzen doppelt heftig empfunden werden. — נִקַּר מֵעָלַי prägn. wie שָׁחַר מֵעָלַי V. 30. vgl. 6, 16. G. § 141. ⁵) V. 18: *Durch die Allgewalt* (Gottes) *ist mein Oberkleid entstellt, wie der Kragen meines Hemdes umgürtet es mich,* d. i. durch die göttliche Allgewalt ist mein Körper so abgezehrt, dass mein Oberkleid, welches früher die vollen Glieder in weitem Faltenwurf umgab, jetzt dem Körper eng anliegt

חֹמֶר Kot, הִתְמַשֵּׁל ähnlich, gleich werden, m. כְּ; אֵפֶר Asche [1]). — 20. הִתְבֹּנֵן m. בְּ *auf* etwas merken, sein Augenmerk darauf richten [2]). — 21. נֶהְפַּךְ sich verwandeln, m. לְ *in* etwas; אַכְזָר hart, grausam, עֹצֶם Stärke, שָׂטַם befeinden. — 22. נָשָׂא aufheben, הִרְכִּיב (wie in einem Wagen) dahin fahren lassen, מוֹגֵג (*Pil.* v. מוּג) zerfliessen lassen, תְּשֻׁוָּה * (*K'thib*) = תְּשֻׁאָה 36, 29 = שׁוֹאָה (Spr. 1, 27) Krachen, Sturm mit Krachen, Gewittersturm mit Donnergekrach [3]). — 23. מוֹעֵד Zusammenkunft, Versammlung, בֵּית מ׳ Versammlungshaus [4]).

24. עִי Trümmer, Einsturz, פִּיד Unglück, Untergang, לָהֵן (= לָהֶן Ruth, 1. 13.) *deswegen, darum*, שׁוּעַ (= שֶׁוַע) Geschrei um Hülfe [5]). — 25. בָּכָה weinen, m. לְ *über* jem.; קָשֶׁה hart, קְשֵׁה־יוֹם *der, dessen Tag hart ist*, der einen harten Tag hat, der

---

ihn wie ein Hemdkragen umschliesst. [1]) V. 19: *Er (Gott) hat mich geworfen in den Kot*, d. i. er hat mich aufs tiefste erniedrigt (vgl. 16, 15), *so dass ich Staub und Asche gleich geworden bin*, d. i. in die grösste Trauer versunken bin (vgl. 2, 8). [2]) V. 20*b*: *bleibe ich stehen*, harre ich (nach der ersten vergeblichen Klage) immer noch auf Erhörung, *so richtest du dein Augenmerk auf mich*, näml. um mich nicht zu erhören, sondern mich zu befeinden (vgl. V. 21). [3]) V. 22: *Du hebst mich auf in den Wind hinein* (wie in einen Wagen), überlieferst mich der Gewalt des mich sehr schnell fortreissenden Sturmes, *lässest mich dahin fahren und lässest mich zerrinnen in Sturmeskrachen*. תְּשֻׁוָּה Acc. der Bewegung, vgl. V. 23. G. § 118, 1. Für תְּשֻׁוָּה liest das *Q'ri* unpassend תֻּשִׁיָּה. [4]) V. 23: *Denn ich weiss, zum Tode willst du mich führen, in das Versammlungshaus für alles Lebende*, d. i. an den Ort, wo alle Lebenden zusammenkommen, d. h. in die Unterwelt (vgl. 3, 17 ff.). יָדַעְתִּי ohne כִּי, s. zu 19, 25. — מָוֶת u. בֵּית מ׳ sind Acc., s. zu V. 22. [5]) V. 24: *Jedoch streckt man nicht beim Sturz*, wenn man ins Verderben stürzt, *die Hand aus* (nach Hülfe)? *oder bei seinem Untergange*, wenn man untergeht, — *ist* nicht *darum Geschrei um Hülfe*? d. h. ist es einem Unglücklichen zu verargen, dass 'er beim Einsturz schon mitten unter Trümmern noch die Hand nach Hülfe ausstreckt, bei seinem

Hartbedrängte, עָנָם* traurig sein, m. לְ um jem.¹). — 26. טוֹב
Gutes, Glück, רַע Böses, Unglück²). — 27. מֵעִים Eingeweide,
das Innere, רֻתָּח. (Q. u.) sieden, wallen, דָּמַם ruhen, קִדֵּם überfallen. — 28. קָדַר schwarz, geschwärzt sein, הָלַךְ einhergehen,
בְּלֹא ohne, חַמָּה Wärme, Sonnenglut, קָהָל Versammlung³). —
29. תֵּן nur im Pl. תַּנִּים Schakale, בְּנוֹת יַעֲנָה Strausse⁴). —
30. עוֹר Haut, שָׁחַר schwarz sein, חָרָה brennen, (intr.), חֹרֶב
Hitze⁵). — 31. אֵבֶל Trauer, כִּנּוֹר Cither, עוּגָב u. עֻגָב Schalmei, קוֹל בֹּכִים Stimme Weinender, d. i. Klagetöne.

Cap. XXXI. 1. כָּרַת בְּרִית einen Bund schliessen, m. לְ
mit jem. (wenn ein Höherer einem Niedrigeren einen Bund und

Untergange noch um Hülfe aufschreit? הֲלֹא=לֹא, s. zu 2, 10.
— יִשְׁלַח man streckt aus, s. zu 6, 20. — Das Suff. in בְּפִידוֹ
bezieht sich auf das Subj. v. יִשְׁלַח. — Die Negation des 1. Gl.
wirkt im 2. fort, vgl. V. 25 u. s. zu 28, 17.   ¹) V. 25:
Oder weinte ich nicht über den Hartbedrängten, bekümmerte sich
nicht meine Seele um den Armen? לֹא wirkt im 2. Gl. fort, vgl.
V. 24.   ²) V. 26: (Zu klagen und um Hülfe zu schreien bin
ich berechtigt [vgl. V. 24],) denn Glück hoffte ich, und es kam Unglück; ich harrte auf Licht, und es kam Finsternis. וָאֲיַחֲלָה Impf.
cons. v. יָחַל. וָאֲ f. וָאֲ wegen der betonten Endung ־ָה, vgl. Ps.
73, 16. E. § 232 h.   ³) V. 28: Geschwärzt gehe ich einher,
ohne Sonnenglut, d. i. sonnenlos, ohne Licht; ich stehe auf in der
Versammlung, d. i. öffentlich, vor allen Leuten (vgl. Spr. 26, 26),
um zu schreien um Hülfe. Über das Impf. אֲשַׁוֵּעַ nach einem Verb.
der Bewegung s. zu 16, 8.   ⁴) V. 29: Bruder bin ich geworden
den Schakalen und Genosse den Straussen, d. i. durch mein kla-
gendes Geheul bin ich den Schakalen und Straussen gleichsam verwandt geworden (vgl. 17, 14), d. h. ich klage heulend wie Schakale und Strausse.   ⁵) V. 30: Meine Haut ist schwarz geworden (und löst sich ab) von mir, und mein Gebein brennt vor
(ausdörrender) Hitze. Über שְׁחַר מֵעַל s. zu V. 17. — חָרָה 3. Perf.
f. v. חָרַד. — Zum 2. Gl. vgl. Ps. 102, 6.

die Bedingungen desselben vorschreibt); הִתְבּוֹנֵן m. עַל auf etwas achten, blicken¹). — 2. חֵלֶק Teil, Los, מִמַּעַל von oben (s. zu 18, 16), נַחֲלָה Erbe, מָרוֹם Höhe²). — 3. אֵיד Verderben, עַוָּל ungerecht, נֵכֶר * (fremdes, d. i.) feindliches Geschick, Unglück, פֹּעֲלֵי אָוֶן die Übel thun, Übelthäter³). — 4. צַעַד Schritt⁴). — 5. הָלַךְ עִם־שָׁוְא mit Lüge, Falschheit, umgehen, חוּשׁ eilen, mit עַל auf etwas hineilen, מִרְמָה Trug⁵). — 6. שָׁקַל wägen, מֹאזְנֵי־צֶדֶק gerechte Wage⁶). — 7. נָטָה weichen, abweichen, m. מִן; אַשּׁוּר (sonst אָשׁוּר cf. E. § 260a.) Schritt, דָּבַק בְּ kleben an —, מְאוּם (gewöhnl. מוּם, vgl. 11. 15) Flecken, Makel⁷). — 8. זָרַע säen,

---

¹) V. 1: *Einen Bund hatte ich geschlossen mit meinen Augen*, d. i. ich hatte meinen Augen einen Vertrag vorgeschrieben, nach welchem sie nicht dahin schauen sollten, woher der Unschuld meines Herzens Gefahr drohen konnte, *und — so dachte ich — wie sollte ich auf eine Jungfrau blicken!* näml. um ihrer zu begehren (vgl. Matth. 5, 28).   ²) V. 2: *Und was — so dachte ich ferner — wäre* (wenn ich es thäte) *das Los Gottes von oben und das Erbe vom Allmächtigen aus den Höhen* (16, 19. 25, 2)? Vgl. 20, 29. 27, 13.   ³) V. 3 antwortet auf die Frage V. 2, und zwar ebenfalls in Frageform: *Ist nicht Verderben dem Ungerechten*, d. h. trifft nicht Verderben den Ungerechten u. s. w.?   ⁴) V. 4: *Sieht er* (Gott) *nicht meine Wege*, meinen Lebenswandel, *und zählt alle meine Schritte*, beobachtet genau all' mein Thun (vgl. 14, 16)? ⁵) V. 5: *Wenn ich mit Falschheit umging, und mein Fuss auf Trug hin*, d. i. zur Ausübung eines Betruges, *eilte*. וַתָּחָשׁ (f. וַתֶּחֱשַׁ, E. § 232b) Impf. cons. Qal v. חוּשׁ, oder v. חוּשׁ=חָשָׁה.   ⁶) V. 6 ist eingeschoben, um die Beteuerung V. 5, die V. 7 fortgesetzt wird, zu bekräftigen. V. 6: *Er* (Gott) *wäge mich mit gerechter Wage*, prüfe mich genau, *und Gott erkenne meine Unschuld!*   ⁷) V. 7: *Wenn abwich mein Schritt von dem Wege*, d. i. dem von Gott vorgezeichneten Wege (vgl. 23, 11. Ps. 5, 9. 27, 11. 37, 34 u. a.), *und meinen Augen*, d. i. der sinnlichen Lust meiner Augen, *nachging*, folgte *mein Herz, und an meinen Händen klebt ein Flecken*, d. i. wenn ich (durch die böse Lust verleitet) eine Schandthat verübte.

אַחֵר der andere, *alius*, צֶאֱצָאִים Sprösslinge (aus der Erde), Gewächse, שָׁרַשׁ (*Q.* u.) entwurzeln, (V. 12), *Pu.* שֹׁרָשׁ *pass.*[1]). — 9. נִפְתָּה sich bethören lassen, נ' עַל־אִשָּׁה sich *ob* eines Weibes beth. l., פֶּתַח Thür, רֵעַ Nächster, אָרַב lauern, m. עַל *an* (einem Orte)[2]. — 10. טָחַן mahlen (mit der Handmühle). כָּרַע sich beugen, כ' עַל אִשָּׁה *sich beugen auf ein Weib*, d. i. *comprimere feminam*, ein Weib beschlafen[3]). — 11. זִמָּה (v. זָמַם) Schandthat, Verbrechen, פָּלִיל nur *Pl.* פְּלִילִים Richter[4]). — 12. אֲבַדּוֹן Abgrund, Hölle (s. zu 26, 6), תְּבוּאָה (v. בּוֹא) Einkommen, Ertrag[5]).

---

[1]) V. 8. Nachsatz zu V. 5 u. 7: *So will ich säen, und ein anderer soll essen*, d. i. von dem, was ich gesäet habe, geniessen, (vgl. 3. M. 26, 16; 4. M. 28, 33. Am. 5, 11), *und meine Sprösslinge*, d. i. die von mir gepflanzten Gewächse (vgl. Jes. 34, 1. 42, 5), *mögen entwurzelt werden!* [2]) V. 9: *Wenn sich bethören liess mein Herz ob eines Weibes*, Eheweibes, *und ich an der Thüre meines Nächsten lauerte* (bis er ausgegangen war, und ich dann hinein konnte). Vgl. Spr. 7, 8 ff. [3]) V. 10. Nachsatz zu V. 9: *So mag einem andern mein Weib mahlen*, d. i. einem andern das Geschäft der niedrigsten Sclavin verrichten (vgl. 2. M. 11, 5. Jes. 47, 2), seine geringste und niedrigste Sclavin werden, *und andere mögen sie beschlafen!* אַחֲרִין aram. *Pl.* f. אֲחֵרִים, vgl. 24, 22 u. s. zu 4, 2. [4]) V. 11: *Denn das*, näml. der Ehebruch (vgl. V. 9), *ist ein Verbrechen, und das*, dieses Verbrechen *ist eine Sünde vor Richtern*, d. i. eine schwere Sünde, die vom Gericht (aufs härteste) bestraft wird (vgl. 5. M. 22, 22). הוּא (als *Neutr.*, s. zu 8, 19) *das* bezieht sich auf V. 9, u. הִיא auf זִמָּה. Das *Q'ri* liest unnötig im 1. Gl. הִיא, und im 2. הוּא, damit das Pronom. im Genus mit den nachfolgenden Prädikaten übereinstimme. — Für den *stat. absol.* עָוֹן ist der *st. constr.* עֲוֹן zu lesen, und פְּלִילִים ist ein *Genet. obj.* (G. § 114, 2). [5]) V. 12: *Denn ein Feuer ist das, das bis zur Hölle frisst*, d. i. das einmal entzündet immer weiter frisst, bis es den Frevler gänzlich vernichtet, *und in meinem ganzen Einkommen soll es entwurzeln*, d. i. all mein erworbenes Gut soll es durch und durch zerstören und vertilgen! עַד־אֲבַדּוֹן ת' ein Relativsatz — Vgl. Spr. 2, 18. 6, 27—35. 7, 26 f.

13. מָאַס missachten, אָמָה Magd, רִיב streiten¹). — 14. כִּי wann, wenn, פָּקַד heimsuchen, untersuchen, הֵשִׁיב m. dopp. Acc. jem. etwas erwidern²). — 15. כּוֹנֵן (Pil. v. כּוּן) bereiten, רֶחֶם Mutterleib³). — 16. מָנַע mit dem Acc. des Plurals u. מִן der Sache: jem. von etwas zurückhalten, es ihm verweigern (vgl. 22, 7), חֵפֶץ Bedürfnis, Anliegen, דַּל niedrig, arm, כָּלָה schmachten lassen⁴). — 17. פַּת Bissen⁵). — 18. כִּי vielmehr, nein, נְעוּרִים Jugend, גָּדַל gross werden, aufwachsen, הִנְחָה leiten⁶). — 19. אוֹבֵד verloren, verlassen (vgl. 29, 13),

---

¹) V. 13: *Wenn ich missachtete das Recht meines Knechtes und meiner Magd, wann sie stritten mit mir.* Das Impf. אֶמְאַס von einer Handlung, welche in der Vergangenheit zu geschehen pflegte, vgl. V. 7. 16—20. 25. 26. 29. 4, 2. 3. G. § 127, 4,*b*. — רִיבָם Inf. m. Suff. ²) V. 14 u. 15 sind eingeschoben, um den Beweggrund anzugeben, aus welchem Hiob das Recht seiner Dienstboten nicht verletzt habe. — V. 14: *Und was wollte ich thun, wann Gott sich erhübe* (um mich zur Rechenschaft zu ziehen), *und wann er untersuchte, was wollte ich ihm erwidern?* ³) V. 15: *Hat nicht im Mutterleibe, der mich schuf, ihn geschaffen, und uns nicht Einer bereitet im Mutterschosse?* Hat nicht Ein Gott (alle Menschen, Hohe und Niedrige) Herren und Knechte auf gleiche Weise geschaffen, und haben deshalb nicht die Knechte vor Gott gleiche Rechte, wie die Herren? vgl. Mal. 2, 10. Eph. 6, 9. עֹשֵׂנִי *der mich schuf*, G. § 135, 2. — וַיְכֻנֶנּוּ zusammengezogen aus וַיְכוֹנְנֶנּוּ (Impf. cons. Pil. m. Suff. 1. Pl.), vgl. 17, 4. E. § 81*a*. — אֶחָד ist Subj. zu וַיְכֻנֶנּוּ. ⁴) Zu 16*b* vgl. 11, 20. 17, 5. ⁵) V. 17*b*: *ohne dass davon gegessen die Waise*, s. zu 9, 25 ⁶) V. 18. Ein Zwischensatz, der das Gegenteil von V. 16f. versichert: *Nein, von meiner Jugend an wuchs sie* (die Waise) *mir auf wie einem Vater*, d. i. war ich ihr ein Vater, ernährte und erzog ich sie mit väterlicher Liebe und Sorgfalt, *und von dem Leibe meiner Mutter, von meiner Geburt an leitete ich sie* (die Witwe), war ich ihr ein Führer, eine Stütze und Hülfe! כִּי *vielmehr, nein!* s. zu 5, 2. 22, 2. — Das Subj. zu גְדֵלַנִי ist יָתוֹם V. 17. Das Suff. = לִי, G. § 121, 4. E. § 315*b*. — Das Suff. in אַנְחֶנָּה bezieht sich auf אַלְמָנָה V. 16.

מִבְּלִי ohne, כְּסוּת Decke¹). — 20. חֲלָצַיִם Du. Lenden, Hüften, גֵּז v. (גָּזַז) Schur, geschorene Wolle, כֶּבֶשׂ Lamm, הִתְחַמֵּם sich wärmen²). — 21. הֵנִיף (Hiph. v. נוּף) schwingen, שַׁעַר Thor, עֶזְרָה Hülfe³). — 22. כָּתֵף Schulter, שְׁכֶם Nacken, אֶזְרוֹעַ (= זְרוֹעַ) Arm, קָנֶה Rohr, Röhre, Armröhre, נִשְׁבַּר gebrochen, ausgebrochen werden⁴). — 23. אֵיד Verderben, שְׂאֵת Hoheit (s. zu 13, 11), לֹא יָכֹל unvermögend sein, nichts vermögen, m. מִן vor etwas⁵).

24. שִׂים zu etwas machen, m. dopp. Acc.; כֶּסֶל Vertrauen, Zuversicht, כֶּתֶם feines Gold, מִבְטָח Vertrauen, Gegenstand des Vertrauens. — 25. חַיִל Vermögen, כַּבִּיר als Neutr.: Gewaltiges, vieles, (E. § 172b.), מָצָא erreichen, erlangen. — 26. הָהֵל (Hiph. v. הָלַל) leuchten, יָרֵחַ Mond, יָקָר prächtig, הָלַךְ dahin wallen⁶). — 27. פָּתָה sich bethören lassen, בַּסֵּתֶר im Verborgenen, heim-

---

¹) V. 19: *Wenn ich sah den Verlassenen ohne Kleid, und dass der Arme keine Decke hatte.* Das 2. Gl. ist 2. Obj. zu אֶרְאֶה ²) V. 20: *Wenn mich nicht segneten seine Lenden*, seine vorher nackten, aber von mir bekleideten Lenden, *und er sich von der Schur meiner Lämmer nicht wärmte.* ³) V. 21: *Wenn ich wider eine Waise meine Hand schwang*, um sie zu schlagen, ihr Gewalt anzuthun, *weil ich im Thore meine Hülfe sah,* d. i. weil ich (vermöge meines grossen Einflusses) die sichere Aussicht hatte, gegen die hülflose Waise, wenn sie klagte, vor Gericht Recht zu bekommen. ⁴) V. 22. Nachsatz zu V. 13. 16. 17. 19. 20. 21: *So falle meine Schulter von ihrem Nacken, und mein Arm werde aus seiner Röhre ausgebrochen!* הָ— (mit Raphe) in שִׁכְמָה u. קָנֶה ist das Suff. fem., und zwar ohne Mappiq, G. § 23, 4. E. § 21 f. u. 247 d. ⁵) V. 23: *Denn ein Schrecken ist für mich*, in meinen Augen (vgl. Qoh. 9, 13), *das Verderben Gottes, und vor seiner Hoheit* (vgl. 13, 11) *vermag ich nichts*, d. i. vor der Strafgerechtigkeit der göttlichen Majestät fühle ich einen solchen Schrekken, dass ich nicht vermag dergleichen böse Thaten zu verüben. ⁶) V. 26: *Wenn ich das Licht*, Sonnenlicht (37, 21. Jes. 18, 4. Hab. 3, 4), *sah, wie es leuchtet und den Mond prächtig dahin wallend.* אֶרְאֶה וגו' *ich sah das Licht, dass* od. *wie* u. s. w., s. zu 22, 8. — יָקָר adverbialer Acc., E § 279 a.

lich, נָשַׁק küssen, m. לְ [1]). — 28. פְּלִילִי richterlich, כָּחַשׁ heucheln, m. לְ (m. בְּ verleugnen vgl. 8, 18); מִמַּעַל *oben* [2]). — 29. פִּיד Verderben, Unglück, מְשַׂנֵּא (*Part. Pi.* v. שָׂנֵא) Hasser, הִתְעוֹרֵר sich erregen lassen (vor Freude), frohlocken, מָצָא *treffen*, רַע Böses, Unglück [3]). — 30. נָתַן gestatten, m. d. *Acc.* u. d. *Inf.* m. לְ (s. zu 9. 18), חֵךְ Gaumen, שָׁאַל fordern, אָלָה Fluch [4]). — 31. מְתֵי אָהֳלִי die Leute *meines Zeltes*, d. i. meine Zeltgenossen, Hausgenossen [5]). — 32. בַּחוּץ auf der Strasse, draussen, ausser dem Hause, לִין übernachten, גֵּר Fremdling, דֶּלֶת Thür (s. zu 3, 10), אֹרַח Weg, Strasse [6]). — 33. כִּסָּה *verhehlen*, verheimlichen, טָמַן verbergen, חֹב Busen [7]). — 34. עָרַץ

---

[1]) V. 27: *Und dann heimlich mein Herz bethört wurde, und meine Hand meinen Mund küsste*, d. i. ich ihnen, der Sonne und dem Monde, die Kusshand zuwarf, als ein Zeichen der Verehrung (vgl. 1. Kön. 19, 18. Hos. 13, 2). [2]) V. 28 eine Zwischenbemerkung wie V. 11, welche die Strafwürdigkeit des Gestirndienstes und den Abscheu vor demselben darlegt: *Auch das ist eine richterliche Sünde*, d. i. eine Sünde die vom Richter als Abgötterei gestraft wird (5 M. 17, 2—7. Ez. 8, 14—18), *weil ich dem Gott droben geheuchelt hätte.* [3]) כִּי וגו׳ *weil ihn Unglück traf.* [4]) V. 30 ein die vorhergehende Beteuerung noch steigernder Zwischensatz, an V. 29, der dem Sinne nach eine Verneinung enthält, durch וְלֹא angeschlossen: *Auch gestattete ich nicht zu sündigen meinem Gaumen, durch einen Fluch zu fordern* (von Gott) *seine* (näml. meines Feindes, מְשַׂנְאַי V. 29) *Seele*, sein Leben, d. i. mit einem Fluch meinem Feinde den Tod anzuwünschen. חֵךְ hier als Werkzeug der Rede. [5]) V. 31 *b*: „Wäre doch einer von seinem Fleische nicht gesättigt! d. i. wo wäre jemand zu finden, der nicht von seinem Fleisch gesättigt worden wäre? d. h. niemand ist zu finden, der nicht u. s. w." — נִשְׂבַּע *Part. Niph.* und *Acc.* von מִי יִתֵּן abhängig. — Über מִי יִתֵּן mit dem *Acc.* vgl. V. 35 u. s. zu 14, 4. — בִּשְׂרוֹ *sein Fleisch*, d. i. das Fleisch seines Schlachtviehs = טִבְחָתוֹ 1. Sam. 25. 11. [6]) V. 32 ist ein Zwischensatz wie V. 30. [7]) V. 33: *Wenn ich verhehlte wie Adam* (vgl. Hos. 6, 7. Genes. 3) *meine Vergehungen, verbergend in meinem Busen,*

scheuen, sich fürchten, m. d. *Acc.;* הָמוֹן Menge, בּוּז Verachtung, מִשְׁפָּחָה Geschlecht, Familie, הֵחַת (*Hiph.* v. חָתַת) schrecken, אֶדֹּם (*Impf.* יִדֹּם) schweigen, sich ruhig verhalten[1]). — 35. תָו Zeichen, *Unterschrift,* סֵפֶר *Schrift,* Klageschrift, אִישׁ רִיבִי *der Mann meines Streites,* d. i. mein Gegner[2]). — 36. אִם־לֹא *fürwahr,* שְׁכֶם Schulter, נָשָׂא tragen, עָנַד binden, umbinden, עֲטָרָה Krone[3]). — 37. צַעַד Schritt, הִגִּיד m. dopp. *Acc.* (vgl. 26, 4)

Herzen *meine Sünde.* לִטְמוֹן *occultando,* indem ich verbarg, vgl. Ps. 63, 3. 78, 18. u. a. G. § 45, 2. E. § 280d. ¹) V. 34: *Weil ich die grossе Menge scheute, und die Verachtung der Geschlechter,* der edeln Familien *mich schreckte, so dass ich mich ruhig verhielt,* mich zurückzog, *nicht zur Thür hinausging,* ohne zur Thür hinauszugehen. הָמוֹן ist nur hier *Femin.,* E. § 174b. — אֵצֵא לֹא פֶתַח ein Nebensatz zu וָאֶדֹּם. — Die Bedingungssätze in V. 24—34 haben keinen Nachsatz. ²) V. 35—37 sind eingeschaltet. — V. 35: *O hätte ich einen, der auf mich,* auf meine Klagen und die Beteuerungen meiner Unschuld *hörte! Siehe da,* hier *ist mein Zeichen,* meine Unterschrift, d. i. meine mit meiner Unterschrift versehene und beglaubigte Verteidigungsschrift, *der Allmächtige antworte mir!* auf alles, was ich in meiner Schrift zu meiner Verteidigung und Rechtfertigung angeführt habe, *und* o hätte ich *die Schrift,* Klageschrift, *welche mein Gegner* (d. i. seine menschlichen Widersacher) *geschrieben,* um beide zugleich, seine Verteidigung und der Menschen Anklage vor Gott zu bringen. Über מִי יִתֵּן mit dem *Acc.* s. zu V. 31. — סֵפֶר ist *Acc.,* abhängig von מִי יִתֵּן im 1. Gl., nach Andern von הֵן = siehe, da ist zusammen mit meiner Verteidigung das, was meine Gegner mir vorwerfen: o dass Gott als Richter über beides entscheiden wolle. — כָּתַב ein Relativsatz. — עָנָנִי ein eingeschobener Zwischensatz. ³) V. 36: *Fürwahr, auf meiner Schulter würde ich sie* (näml. die Klageschrift) *tragen,* d. i. ich würde sie (nicht aus Furcht und Scham verbergen, sondern vielmehr) wie ein Zeichen meiner Würde [vgl. Jes. 22, 22]) öffentlich (voll Freude) auf meiner Schulter tragen, *als Kronen würde ich sie mir umbinden,* als einen Ehrenschmuck würde ich sie um mein

jem. etwas *kund thun*, נָגִיד Fürst, קֶרֶב *intens.: langsamen, festen Schrittes*, nahen, m. d. *Acc.*¹). — 38. אֲדָמָה *Acker,* זָעַק schreien, תֶּלֶם Furche²). — 39. כֹּחַ *Kraft* (des Ackers), d. i. Früchte, Ertrag, בְּלִי־כֶסֶף *ohne Geld*, ohne Zahlung, בַּעַל Herr, Besitzer, הִפִּיחַ aushauchen machen, נֶפֶשׁ ה' die Seele jemandes *ausblasen* (vgl. 11, 20)³). — 40. תַּחַת *statt,* חִטָּה Weizen, חוֹחַ Dorn, Dornstrauch, שְׂעֹרָה Gerste, בָּאְשָׁה* Unkraut, תָּמַם geendigt sein, zu Ende sein⁴).

Cap. XXXII. 1. שָׁבַת ruhen, aufhören, m. מִן vor dem *Inf.:* aufhören etwas zu thun⁵). — 2. חָרָה brennen, entbrennen, חָרָה אַפּוֹ sein Zorn entbrannte, m. בְּ *gegen,* jem.; צִדֵּק *für gerecht erklären,* נַפְשׁוֹ צ' *sich selbst,* f. ger. erkl.⁶). — 3. מַעֲנֶה

Haupt binden. Über die *Impff.* in V. 36 f. vgl. 3, 13. 6, 27. E. § 136 *f.*   ¹) V. 37: *Die Zahl meiner Schritte,* d. i. alle meine Handlungen, *würde ich ihm* (näml. dem göttlichen Richter) *kund thun, wie ein Fürst,* d. i. (nicht wie ein von Schuldgefühl Gebeugter, sondern) stolz und unerschrocken, wie ein Fürst *ihm nahen!*
²) V. 38: *Wenn über mich mein Acker schreit,* um Rache schreit (vgl. 16, 18. Hab. 2, 11), *und sämtlich seine Furchen weinen*, weil ich sie ihrem rechtmässigen Eigentümer entrissen habe. Poëtisch wird hier dem Acker Empfindung und Fähigkeit dieselbe zu äussern, beigelegt, vgl. V. 20. יִבְכָּיוּן *Impf. Pl.* v. בָּכָה, G. § 75, Anm. 4.
³) V. 39: *Wenn ich ass seinen Ertrag ohne Zahlung,* d. i. ohne den Acker käuflich an mich gebracht zu haben, *und die Seele seiner Besitzer ausblies,* d. i. seine Besitzer (durch meine gewaltsame Habsucht) verschmachten liess (vgl. 17, 5).   ⁴) V. 40 Nachsatz zu V. 38 f.: *So sprosse statt Weizen* u. s. w. — Die Schlussworte תַּמּוּ דִבְרֵי אִיּוֹב rühren nicht vom Dichter selbst her, sondern sind ein späterer Zusatz.   ⁵) כִּי וגו' *weil er gerecht war in seinen Augen,* d. i. weil er sich für gerecht hielt.   ⁶) עַל־צִדְקוֹ וגו' *wegen seines Fürgerechterklärens sich selbst,* d. i. weil er sich selbst für gerecht erklärte, *vor Gott.* וַיִּחַר *Impf. cons.* v. חָרָה G. § 75. Anm. 3, *d.*   Über מִן in מֵאֱלֹהִים s. zu 4, 17.

Antwort, הִרְשִׁיעַ für schuldig erklären¹). — 4. חִכָּה warten, m. מִן älter als — ²).

6. עָנָה *anheben zu reden*, צָעִיר *gering*, זָחַל *kriechen*, hier (wie das aram. דְּחַל) *sich scheuen*, יָרֵא m. מִן vor dem Inf. *sich fürchten etwas zu thun*, חִוָּה *anzeigen, verkünden*, m. dopp. Acc.; דֵּעַ (= דַּעַת) *Wissen*³). — 7. הוֹדִיעַ *kund thun*⁴). — 8. אָכֵן *aber, doch*, נְשָׁמָה *Hauch*, הֵבִין *verständig machen*⁵). — 9. רַבִּים *Grosse, grandes natu, Bejahrte*, בִּין מִשְׁפָּט *das Recht verstehen, wissen was Recht ist*⁶). — 10. אַף *auch*⁷). — 11. הוֹחִיל *warten*, m. לְ *auf etwas;* הֶאֱזִין *horchen*, m. עַד *auf etwas,* תְּבוּנוֹת *einsichtige, verständige Reden*, חָקַר *erforschen, prüfen*⁸). — 12. הִתְבּוֹנֵן עַד *auf etwas merken,* הוֹכִיחַ

---

¹) עַל אֲשֶׁר וגו׳ *Darum dass sie keine Antwort fanden*, d. i. ihn nicht widerlegen konnten, *und dennoch ihn für schuldig erklärten.* — Das *Impf. cons.* וַיַּרְשִׁיעוּ ist zugleich adversativ, vgl. 3, 26. E. § 345a.   ²) V. 4: *Elihu aber hatte auf Hiob gewartet mit Worten*, d. i. mit der Rede, die er schon längst gegen ihn in Bereitschaft hatte, *denn jene waren älter als er an Tagen.* לְיָמִים, vgl. V. 6 u. s. zu 30, 1.   ³) צָעִיר־יְשִׁישִׁים *gering bin ich an Tagen* (vgl. V. 5), jung bin ich, *und ihr seid Greise.* Die Wortform דֵּעַ f. דַּעַת kommt nur in den Reden Elihu's vor, vgl. 10. 17. 36, 3. 37, 16.   ⁴) V. 7: *Ich sagte*, dachte: *Tage mögen, das Alter mag reden, und die Menge der Jahre, das hohe Alter Weisheit kund thun!* Über den Pl. יוֹדִיעוּ s. zu 15, 20.   ⁵) V. 8: *Aber der Geist im Menschen ist es, und der Hauch des Allmächtigen, der sie* (die Menschen) *verständig macht.* הִיא ist das Prädikat zu den beiden Subj. נִשְׁמַת שַׁדַּי und רוּחַ בֶּאֱנוֹשׁ. — תְּבִינֵם ein Relativsatz. — Das *Suff. Pl.* in תְּבִינֵם bezieht sich auf אֱנוֹשׁ als *coll.*   ⁶) Die Negation im 1. Gl. wirkt im 2. fort, vgl. 30, 24 f. u. s. zu 28, 17.   ⁷) V. 10: *Darum sage ich: höre auf mich! mein Wissen will auch ich kund thun.* — שִׁמְעָה verläng. Imper. v. שְׁמַע.   ⁸) V. 11: *Siehe, ich habe gewartet auf eure Worte* (die ihr vorbringen würdet), *ich horchte auf eure verständigen Reden, bis dass ihr die Reden* (Hiobs) *prüftet* (oder: Reden gegen Hiob aufsuchtet, ausdachtet.) אָזִין f. אַאֲזִין, G. § 68, Anm. 1. Das *Impf.* von einer dauernden

widerlegen, m. לְ ¹). — 13. נָדַף vertreiben, aus dem Felde schlagen, besiegen ²). — 14. עָרַךְ מִלִּים *verba struere*, Worte aufstellen, *vorbringen*, m. -אֶל *gegen* jem.; הֵשִׁיב erwidern (s. zu 13, 22) ³). — 15. חַתּוּ erschrocken, verwirrt sein, הֶעְתִּיק aufbrechen, *fortwandern* ⁴). — 16. ⁵). — 17. חֵלֶק Teil ⁶). — 18. הֵצִיק (*Hiph.* v. צוּק) beengen, *drängen*, בֶּטֶן *das Innere* (des Menschen) ⁷). — 19. יַיִן Wein, אוֹב (*Pl.* אוֹבוֹת) Schlauch, חָדָשׁ neu, נִבְקַע zerspringen, platzen ⁸). — 20. רָוַח luftig, geräumig,

Handlung in der Vergangenheit, s. zu 29, 2.   ¹) V. 12: *Und auf euch merkte ich, aber siehe, keiner ist der Hiob widerlegt, der seine Worte* (genügend) *beantwortet, von euch*. עֲדֵיכֶם (mit Nachdruck vorangestellt) f. עֲדֵיכֶם, E. § 266 a.   ²) V. 13: *Dass ihr nur nicht saget: Wir haben Weisheit gefunden*, d. i. wir sind (bei Hiob) einer Weisheit begegnet, die uns überlegen ist, *Gott mag ihn* aus dem Felde *schlagen, nicht ein Mensch!* Über פֶּן־ zu Anfange des Satzes s. G. § 152, 1 am Ende.   ³) V. 14 Nebensatz zu V. 13 (vgl. E. § 341a): *Da er doch gegen mich nicht vorgebracht hat Worte*, (seine Ansicht beweisende) Reden, *und mit euren Reden ich ihm nicht erwidern werde*, (sondern mit ganz anderen und besseren.)   ⁴) V. 15: *Verwirrt sind sie, antworten nicht mehr, fortgewandert sind von ihnen*, d. i. ausgegangen sind ihnen *Worte*. חַתּוּ לֹא־עָנוּ und in V. 16. עָמְדוּ לֹא־עָנוּ wegen steigernder Rede ohne וְ verbunden, vgl. E. § 349a.   ⁵) V. 16: *Und ich sollte* (noch länger) *warten, weil sie nicht* mehr reden u. s. w.? Das *Perf. cons.* וְהוֹחַלְתִּי *und ich sollte worten?*, vgl. Ps. 140, 6. E. § 342c.   ⁶) V. 17a: *Erwidern will auch ich meinen Teil*, d. i. ich meines Teils, ich für meinen Teil, will (dem Hiob) erwidern. Für אַעֲנֶה (welches als *Hiph.* nur noch Qoh. 5, 19 vorkommt) ist viell. nach V. 20 אֶעֱנֶה zu lesen. — Zum 2. Gl. vgl. V. 10b.   ⁷) V. 18: *Denn voll bin ich von Worten*, von Stoff zum Reden, *es drängt mich der Geist meines Inneren*, d. i. ich fühle den unwiderstehlichen inneren Drang, meiner Gedankenfülle Luft zu machen. מְלֵתִי f. מָלֵאתִי (was auch einige *codd.* haben) s. zu 1, 21. — הֱצִיקַתְנִי 3. *Perf. f.* m. *Suff.*   ⁸) V. 19: *Siehe, mein Inneres ist wie Wein, der nicht geöffnet wird*, verschlossen

Hiob. Cap. XXXII, 20 — XXXIII, 7.

weit sein, יִרְוַח לִי es wird mir weit, mir wird Luft, ich bekomme Erleichterung[1]). — 21. נָשָׂא פְנֵי פ׳ auf jem. Rücksicht nehmen, כָּנָה schmeicheln, m. אֶל־ jem. (eig. *gegen* jem.) schmeicheln[2]). — 22. כִּמְעַט um *weniges*, d. i. leicht, נָשָׂא *aufheben*, d. i. wegraffen[3]).

Cap. XXXIII. 1. הַאֲזִין auf etwas merken, m. d. *Acc.* — 2. חֵךְ Gaumen. — 3. יֹשֶׁר Geradheit, Aufrichtigkeit, Ehrlichkeit, בָּרוּר (*Part.* v. בָּרַר) rein, lauter, unverfälscht[4]). — 4. חִיָּה beleben[5]). — 5. הֵשִׁיב erwidern, עָרַךְ rüsten, *sich* rüsten, הִתְיַצֵּב (*Q.* u.) sich stellen, hinstellen[6]). — 6. כְּפִי nach Verhältnis, קֹרַץ kneifen, *Pu.* pass., קֹרַץ מֵחֹמֶר vom Thon abgekniffen, gebildet werden[7]). — 7. אֵימָה Schrecken, בָּעַת schrecken, betäuben,

---

ist, d. i. wie junger noch gährender Wein, der sein Gefäss zu sprengen trachtet, *wie neue* (mit neuem Wein gefüllte) *Schläuche* (vgl. Matth. 9, 17) *will es* (näml mein Inneres) *platzen.* Das *Fem.* בִּטְנִי ist *Obj.* zu יִבָּקַע, also eigentlich: *man zersprengt es* (mein Inneres), d. i. es zerspringt, s. zu 22, 9. [1]) V. 20 *a*: *Reden will ich, auf dass mir Luft werde*, ich Erleichterung bekomme! [2]) V. 21: *Nicht doch will ich auf jemanden Rücksicht nehmen, noch werde ich einem Menschen schmeicheln.* אֶשָּׂא ist *ein Cohortativ*, welcher bei den Verbis אל״ה (wie bei den Verbis לה״ה) gewöhnlich nicht durch die Endung ־ָה ausgedrückt wird, E. § 228 c. [3]) V. 22: *Denn nicht weiss ich zu schmeicheln, leicht würde sonst mich wegraffen* (vgl. 27, 21) *mein Schöpfer.* Über die Construction der Worte לֹא יָדַעְתִּי אֲכַנֶּה s. G. § 142, 3, *c.* — עֹשֵׂנִי *der mich schuf*, mein Schöpfer, s. zu 31, 15. [4]) V. 3: *Geradheit meines Herzens*, d. i. der treue Ausdruck meines Innern, *sind meine Worte, und das Wissen meiner Lippen*, d. i. was meine Lippen wissen, *reden sie* (die Lippen) *rein*, lauter, unverfälscht. בָּרוּר *Adv.*, vgl. 31, 26. E. § 279 *a*. — Subj. zu מִלָּלוּ ist שְׂפָתַיִם. [5]) עֲשָׂתְנִי 3. Perf. *f.* von עָשָׂה m. *Suff.* in *Pausa*, G. § 75, 19. [6]) V. 5*b*: *rüste dich vor mir*, d. i. gegen mich, *stelle dich!* zum Kampfe (vgl. 1. Sam. 17, 16). עֶרְכָה *verläng. Imper.* v. עָרַךְ (G. § 63, Anm. 1.), u. הִתְיַצְּבָה dieselbe Form von הִתְיַצֵּב in *Pausa*. [7]) V. 6: *Siehe ich bin nach deinem Verhältnis in Beziehung zu Gott,* d. i.

אָכַף* Last, Bürde, כָּבֵד schwer sein, m. עַל: schwer auf jem. liegen, ihn belästigen[1]).

8. אַךְ nur, jedoch[2]). — 9. זַךְ rein, unschuldig, בְּלִי ohne, חַף* rein, lauter, schuldlos[3]). — 10. תְּנוּאָה (v. נוא) Entfremdung, Pl. Feindschaften, חָשַׁב לְ achten für etwas (vgl. 13, 24)[4]). — 11. s. 13, 27[5]). — 12. צָדַק Recht haben, רָבָה gross sein[6]). — 13. רִיב אֶל־ gegen jem. hadern[7]). — 14. בְּאַחַת einmal, בִּשְׁתַּיִם zweimal (A.: auf eine oder die andere Weise), שׁוּר beachten[8]). — 15. חֲלוֹם Traum, חִזָּיוֹן (st. constr. חֶזְיוֹן) Gesicht, Vision, תַּרְדֵּמָה tiefer Schlaf, תְּנוּמָה (v. נום) Schlummer, מִשְׁכָּב Lager[9]). — 16. גָּלָה öffnen, מֹסָר* (= מוּסָר) Zucht, Mahnung,

---

ich stehe zu Gott wie du, d. h. nicht näher als du, sondern bin ganz deinesgleichen, *von Thon gebildet*, aus Erde (von Gott) gebildet, *bin auch ich* wie du (vgl. 10, 9). [1]) Zu V. 7 vgl. 9, 34. 13, 21. [2]) V. 8: *Nur sprachst du vor meinen Ohren, so dass ich den Laut der Worte hörte.* [3]) V. 9 — 11 enthalten die teils wörtlich, teils nur dem Sinne nach wiedergegebenen Äusserungen Hiobs. — Zu V. 9 vgl. 9, 21. 10, 7. 16, 17. 23, 10. 27, 5 f. [4]) V. 10 a: „Siehe, Feindschaften findet er, macht er ausfindig, sucht er *gegen mich.*" Zu V. 10 vgl. 10, 13 — 17. 13, 24. 19, 11. 30, 21. [5]) Zu V. 11 vgl. 13, 27. [6]) V. 12: Siehe, *darin hast du nicht Recht, antworte ich dir*; denn Gott *ist grösser als ein Mensch*, (wird also nicht, wie Menschen thun, jemanden ohne Ursache feindlich behandeln). זֹאת ist Obj. zu צְדַקְתָּ und bezieht sich auf V. 9 — 11. — זֹאת לֹא־צ׳ ist der Inhalt von אֶעֱנֶךָּ. [7]) V. 13: *Warum hast du gegen ihn gehadert, weil er auf alle seine* (näml. des Menschen) *Worte nicht antworte*? רִיבוֹת 2. Perf. Qal v. רִיב, G. § 73, 1. — Das *Suff.* in דְּבָרָיו bezieht sich auf אֱנוֹשׁ V. 12. [8]) V. 14: *Denn einmal redet Gott und zweimal*, d. i. wiederholt (vgl. 40, 5. Ps. 62, 12) redet Gott; nur *beachtet man es* (näml. das Reden Gottes) *nicht*. — יְשׁוּרֶנָּה *man beachtet es*, s. zu 4, 2. Das *Suff. f.* als *Neutr.*, vgl. 5, 27. [9]) V. 15: *Im Traume, dem Nachtgesichte, wann tiefer Schlaf auf die Menschen fällt, im Schlummer auf dem Lager.* חֶזְיוֹן לַיְלָה ist Appos. zu בַּחֲלוֹם. — Vgl. 4, 13.

חָתַם siegeln, m. בְּ *ein Siegel auf* etwas *drücken*, es versiegeln ¹).
— 17. הֵסִיר abhalten, abbringen, גֵוָה (s. zu 22, 29) *Übermut, Stolz* ²). — 18. חָשַׂךְ zurückhalten, שַׁחַת *Grab*, חַיָּה (= חַיִּים) *Leben*, עָבַר dahinfahren, umkommen (vgl. 34, 20), שֶׁלַח *Geschoss* ³). — 19. הוּכַח (*Hoph.* v. יָכַח) gezüchtigt werden, מַכְאוֹב *Schmerz*, רִיב *(K'thib) Streit, Kampf*, אֵתָן (f. אֵיתָן vgl. 12, 19) *dauernd, dauerhaft, kräftig* ⁴). — 20. זָהַם * (Q. u.) causativ u. m. dopp. *Acc.*: jemandem *Ekel* erregen *vor* etwas, מַאֲכָל *Speise*, תַּאֲוָה *Wunsch*, מ׳ת׳ *erwünschte* Speise, Lieblingsspeise ⁵). — 21. כָּלָה hinschwinden, sich abzehren, רֳאִי *Ansehen*, שְׁפִי *(K'thib) Kahlheit, Magerkeit*, שֻׁפִּי עַצְמוֹתָיו *die Magerkeit seiner Gebeine*, d. i. seine magern, abgezehrten Glieder ⁶). — 22. קָרַב nahen, m. לְ; מְמִתִים (*Part. Hiph.* v. מוּת) *die Tötenden*,

---

¹) V. 16: *Da öffnet er das Ohr der Menschen*, d. i. er erschliesst ihr Verständnis und macht ihnen Mitteilungen, *und versiegelt* dadurch *ihre* (die ihnen nötige) *Mahnung*, d. i. er giebt ihnen die für sie nötige Mahnung in einer ernst bedeutsamen Art.
²) V. 17: *Um den Menschen abzuhalten von dem* (bösen) *Thun, und den Übermut vor dem Manne zu verhüllen* (so dass dieser ihn nicht sieht und nicht von ihm verlockt werden kann), d. i. den Mann von dem Übermute fern zu halten, ihn davor zu bewahren. Für מַעֲשֶׂה ist (mit LXX u. *Vulg.*) מִמַּעֲשֵׂה zu lesen. — מַעֲשֶׂה hier, wie 1. Sam. 20, 19, im übeln Sinne, vgl. פֹּעַל (36, 9) und *facinus*. Über den Übergang des *Inf.* (הֵסִיר) ins *Verb. fin.* (יְכַסֶּה) s. zu 28, 25. ³) *Um zurückzuhalten seine Seele vom Grabe*, d. i. seine Seele vor dem Tode zu bewahren (vgl. Ps. 16, 10. 30, 10), *vom Dahinfahren durch das Geschoss*, d. i. vom Untergang durch das göttliche Todesgeschoss. ⁴) V. 19: *Und er wird durch Schmerzen gezüchtigt auf seinem Lager, und die Menge seiner Gebeine ist* noch *kräftig*, während noch alle seine Gebeine (vgl. 4, 14) kräftig sind, d. i. noch bei seiner vollen Lebenskraft. — Für רִיב ist nach dem Q'ri רוֹב (vgl. 4, 14) zu lesen. ⁵) V. 20: *Und sein Leben*, Lebenstrieb *erregt ihm Ekel vor dem Brote, und seine Seele vor der Lieblingsspeise*, d. i. er verliert (in Folge der Krankheit) die Esslust, den Selbsterhaltungstrieb. ⁶) V. 21: *So dass sein Fleisch hin-*

d. i. die Todesengel¹). — 23. מַלְאָךְ Engel, מֵלִיץ *Mittler,* יֹשֶׁר Geradheit, *rechtes Verhalten,* Pflicht. — 24. חָנַן begnadigen, פָּדָה* = פָּדַע befreien, erlösen, כֹּפֶר Lösegeld, Sühne, Sühnung²). — 25. רֻטֲפַשׁ* *quadrilitt. pass.* (G. § 55) wiederaufgrünen, wiederaufleben, נֹעַר Jugend, עֲלוּמִים Jünglingsalter, Jugend³). — 26. עָתַר beten, רָצָה wohlgefällig annehmen, begnadigen, תְּרוּעָה Jubel, Jauchzen, הֵשִׁיב zurückgeben, wiedergeben⁴). — 27. שׁוּר

schwindet, sich abzehrt, *vom Ansehen weg,* d. i. und dadurch alles Ansehen verliert (vgl. Jes. 52, 14. 53, 2), *und seine abgezehrten Glieder nicht mehr gesehen,* d. i. unscheinbar *werden.* יְכָל f. וַיִּכָל vgl. Ps. 18, 12. E. § 233 a. — Über den *Pt.* רֻאוּ (*Perf.* von dem nur hier vorkommenden *Pu.* v. רָאָה) vgl. 32, 7 u. s. zu 15, 20. — Über den Punkt über א in רֻאוּ vgl. 1. M. 43, 26. E. § 21 e.
¹) V. 22: *So nahet dem Grabe seine Seele, und sein Leben den Todesengeln,* d. i. den Engeln, die im Auftrage Gottes Tod und Verderben bringen (vgl. 2. Sam. 24, 16. 1. Chr. 21, 15. Ps. 78, 19).
²) V. 23 f.: *Wenn dann für ihn,* zu seinem Gunsten, zu seinem Schutz und seiner Rettung *ein Engel* vorhanden *ist, ein Mittler* (vgl. 5, 1.), *einer von den Tausend,* den Tausenden (des himmlischen Heeres, vgl. Ps. 68, 18. Dan. 7, 10. Matth. 26, 53. Offenb. 5, 11), welche dazu dienen, *dem Menschen kund zu thun seine Geradheit,* seinen rechten Weg, seine Pflicht: — So *begnadigt* er (Gott) *ihn* (den Menschen, näml. weil dieser sich vom Engel zurechtweisen und zur Busse leiten liess) *und spricht* (zu dem vermittelnden, Fürbitte einlegenden Engel): „*erlöse ihn vom Niederfahren in das Grab,* vom Tode, *gefunden habe ich ein Lösegeld,* erhalten habe ich Sühnung, versöhnt bin ich (durch die Busse des Leidenden und die Verwendung des Mittlers, so dass ich ihn von seinen Leiden befreie). — שַׁחַת *Acc.,* vgl. 7, 10 u. s. zu 17, 16.   ³) V. 25: *So grünt,* lebt dann *sein Fleisch,* Leib *wieder auf mehr als in der Jugend,* d. i. bekommt (nach der durch die göttliche Gnade erfolgten Genesung) sein Körper mehr als jugendliche Kraft und Frische, *er kehrt zurück zu den Tagen seiner Jugend.* Über טֻ in רֻטֲפַשׁ s. E. § 31 b. מִנֹּעַר *mehr als in* der Jugend, vgl. 28, 5. 30, 14. G. § 118, Anm. — Vgl. 2. Kön. 5, 14.
⁴) V. 26: *Er betet zu Gott, und er* (Gott) *nimmt ihn wohlgefällig*

(= שִׁיר) singen, m. עַל an jem. gerichtet singen, ihm zusingen, וַיָּשֶׁר als *Neutr.*: *Gerades*, הֶעֱוָה krumm machen, verkehren, שָׁוָה gleich sein [1]). — 28. עָבַר s. zu V. 18, רָאָה בְ seine Lust *an* etwas sehen (vgl. 3, 9. 20, 17) [2]). — 29. פַּעֲמַיִם (*Du.* v. פַּעַם) *zweimal*, שָׁלֹשׁ *dreimal* (E. § 269 b) [3]). — 30. נָאוֹר (*Niph.* v. אוֹר) erleuchtet werden [4]). — 31. הִקְשִׁיב aufmerken, הֶחֱרִישׁ schweigen. — 32. חָפֵץ etwas zu thun *wünschen*, צֶדֶק *für gerecht erklären* [5]). — 33. אָלֵף lehren, m. dopp. *Acc.* [6]).

Cap. XXXIV. 2. יֹדְעִים *Kundige*, הַאֲזִין auf etwas merken, m. לְ — 3. vgl. 12, 11 [7]). — 4. בָּחַר erwählen [8]).

---

an und er (der Mensch) *sieht sein* (Gottes) *Angesicht mit Jubel und er* (Gott) *giebt dem Menschen seine Gerechtigkeit wieder*, d. i. erklärt ihn wieder für einen Gerechten. — וַיַּרְא *Impf. cons. Qal* v. רָאָה [1]) V. 27: *Er singt den Menschen zu*, singt vor allem Volk (Ps. 22, 23. 26. 35, 18), *und spricht:* „*Ich hatte gesündigt und Gerades krumm gemacht*, Recht in Unrecht verkehrt; *und es ist mir nicht Gleiches geworden*, d. i. es ist mir nicht nach Verdienst vergolten. יָשַׁר (*verkürzt. Impf.* von שׁוּר) f. וַיָּשֶׁר, s. zu V. 21. — שָׁוָה impersonell. [2]) V. 28: „*Er erlöste meine Seele vom Dahinfahren in das Grab, und mein Leben sieht* nun *seine Lust am Licht* (des Lebens, der Oberwelt, vgl. V. 30)." Da Vs. 28 noch Worte des begnadigten Menschen enthält, und Elihu erst von V. 29 an wieder redet, so liest das *Q'ri* (nach welchem schon V. 28 dem Elihu beizulegen ist) unrichtig נַפְשִׁי u. חַיָּתוֹ für נַפְשִׁי u. חַיָּתִי [3]) V. 29: *Sieh*, *all dieses thut Gott zweimal, dreimal* d. i. wiederholt (vgl. V. 14) *mit dem Manne*, Menschen. [4]) V. 30: *Um zurückzuführen seine Seele vom Grabe, dass er erleuchtet werde mit dem Licht des Lebens* (vgl. V. 28. Ps. 56, 14). לָאוֹר f. לְהָאוֹר. vgl. 2. M. 34, 24. Jes. 1, 12. E. § 244 b. [5]) V. 32: *Wenn dir Worte sind*, du Worte hast, zu antworten weisst, *so erwidre mir*, *ich wünsche dich für gerecht erklären*, dir Recht geben *zu können*. [6]) V. 33 a: *Wenn nicht, so höre d u deinerseits auf mich*. Zu אִם־אַיִן ist מִלִּין (vgl. V. 32) zu ergänzen. — אַתָּה ist mit שְׁמַע zu verbinden. [7]) V. 3 ist aus 12, 11 wiederholt. Nur steht für das dortige אֹכֶל יִטְעַם־לוֹ hier לֶאֱכֹל: *er kostet*, prüft *essend*, d. i. beim essen. [8]) V. 4: *Das Recht wollen wir uns erwählen*, das Richtige (in der

5¹). — 6. כָּזַב lügen, אֱנוֹשׁ *(Part. v.* אָנַשׁ*)* unheilbar, חֵץ Pfeil, Pfeilwunde, Wunde, בְּלִי *ohne* ²). — 7. לַעַג Hohn, gotteslästerliche Rede³). — 8. אָרַח wandeln, חֶבְרָה* Gesellschaft, פֹּעֲלֵי אָוֶן Übelthäter, רֶשַׁע Frevel, אַנְשֵׁי־רֶשַׁע Menschen des Frevels, d. i. Frevler⁴). — 9. סָכַן *Nutzen haben,* רָצָה m. עִם mit jem. gern umgehen (vgl. Ps. 50, 18) ⁵). — 10. אַנְשֵׁי לֵבָב Männer von *Verstand,* חָלִילָה fern sei es (s. zu 27, 5), mit מִן des Abgewehrten; עָוֶל Unrecht⁶). — 11. שִׁלֵּם vergelten, אִישׁ *jeder,* ein Jeder⁷). —

Streitsache zwischen Hiob und Gott) wollen wir erforschen, *wir wollen erkunden zwischen uns was gut ist!* (vgl. 1. Thes. 5, 21). ¹) Zum 1. Gl. vgl. 13, 18. 9, 20. 21 u. a., zum 2. vgl. 27, 2. — Über die Pausalform von צָדָקְתִּי s. E. § 75 d. ²) V. 6: *„Trotz meines Rechtes soll ich lügen,* d. i. obgleich ich Recht habe, gelte ich doch, wenn ich dasselbe behaupte, als Lügner (die Art seines Leidens erklärt ihn dafür), *unheilbar ist mein Pfeil,* d. i. meine Pfeilwunde (die mir Gott beigebracht hat, vgl. 6, 4), *ohne Schuld,* ohne dass ich schuldig bin." עַל־מִשְׁפָּטִי *trotz meines Rechts,* s. zu 10, 7. 16, 17. ³) V. 7: *Wer ist ein Mann wie Hiob, der Hohn trinkt wie Wasser* (vgl. 15, 16)? d. i. wo ist jemand, der so begierig und eifrig, wie Hiob, gotteslästerliche Reden führt? Das 2. Gl. ein Relativsatz. — Die Redensart שֹׁתֶה לַעַג כַּמָּיִם ist aus 15, 16 entlehnt. ⁴) V. 8: *Und wandelt zur,* d. i. *in Gesellschaft mit Übelthätern, und geht mit Frevlern.* — וְלָלֶכֶת *und er geht.* Der *Inf. constr.* mit לְ setzt (wie der *Inf. absol.*) das Verb. fin. fort, vgl. Jes. 44, 28. Jer. 17, 10. 19, 2. E. § 351 c. ⁵) V. 9: *Denn er sprach: „keinen Nutzen hat der Mann, wenn er mit Gott gern umgeht."* Da Hiob eine solche Äusserung nicht gethan hat, so kann sie nur aus Behauptungen desselben, wie 9, 22 f. 21, 7 ff. 24, 1 ff., gefolgert sein. ⁶) V. 10: *Darum, Männer von Verstand, höret auf mich! Fern sei Gott ein Frevel und dem Allmächtigen ein Unrecht!* Vor שַׁדַּי ist לְ aus dem 2. Gl. zu ergänzen, s. zu 15, 3. — עָוֶל im B. Hiob nur bei Elihu (vgl. V. 32), sonst עוֹלָה (vgl. 6, 29 f., 11, 14. 13, 7. 15, 16. 22, 23. 27, 4). ⁷) *Denn des Menschen Thun vergilt er ihm und gemäss dem Weg,* d. i. dem Wandel, der Handlungsweise *eines jeden, lässt er es ihn finden,* d. i. ihm ergehen.

12. אַף אָמְנָם *ja fürwahr!* הִרְשִׁיעַ *ungerecht handeln*, freveln, עִוֵּת beugen ¹). — 13. פָּקַד *auftragen*, anvertrauen, m. עַל d. P.; אַרְצָה ist אֶרֶץ m. ה *parag.* (vgl. 37, 12), שִׂים *gründen*, תֵּבֵל *Erdkreis, Welt*²). — 14. שִׂים לֵב אֶל־ Acht haben auf etwas (vgl. 2, 3), אָסַף sammeln, אֵלָיו 'א *an sich ziehen.* — 15. שׁוּב עַל *zu etwas zurückkehren* ³).

16. בִּינָה Verstand ⁴). — 17. אַף auch, שָׂנֵא hassen, חָבַשׁ binden, bändigen, *herrschen*, כַּבִּיר mächtig, הִרְשִׁיעַ für ungerecht erklären, verdammen ⁵). — 18. בְּלִיַּעַל (aus בְּלִי u. יַעַל) *Nichtswürdiger, Taugenichts*, נָדִיב der Edle, Fürst ⁶). — 19. 'נָשָׂא פְנֵי פ

---

¹) Zum 2. Gl. vgl. 8, 3. ²) V. 13: *Wer hat ihm die Erde aufgetragen*, seiner Obhut anvertraut? d. i. niemand! er selbst ist freiwillig dies Verhältnis eingegangen; *und wer hat gegründet die ganze Welt?* d. i. niemand als er hat die ganze Welt gegründet, er nur ist ihr Gründer, Schöpfer. — תֵּבֵל כֻּלָּה *die Welt sie ganz*, d. i. die ganze Welt. Steht כֹּל (in Apposition) nach dem Substantiv, zu dem es gehört, so wird letzteres durch sein *Suff.* wiederholt, vgl. Jes. 9, 8. E. § 286 c. ³) V. 14 u. 15: *Wenn Gott auf sich Acht hätte* d. i. nur an sich selbst dächte, *seinen Geist und seinen Atem* (vgl. 32, 8. 33, 4) *an sich zöge*, (vgl. Ps. 104, 29 f. Qoh. 12, 7) d. i. seinen Leben schaffenden Geist (von den Geschöpfen) zurückzöge: — *So stürbe alles Fleisch*, stürben alle lebenden Geschöpfe *zumal, und der Mensch kehrte zu dem Staube* (von dem er genommen ist, vgl. 1. M. 3, 19) *zurück.* אִם V. 14 setzt hier etwas Unmögliches, E. § 355 b. — V. 15 ist der Nachsatz zu V. 14. ⁴) V. 16 a: *Und wenn Verstand dir ist, du Verstand hast, so höre dies.* שִׁמְעָה, s. zu 32, 10. ⁵) V. 17: *Wird auch, wer das Recht hasset, herrschen können?* d. i. ein Rechthasser kann nicht regieren, ohne Recht ist eine Regierung undenkbar, *oder darfst du den mächtig Gerechten verdammen*, für ungerecht erklären? Die zwei zusammengestellten Adjektive צַדִּיק כַּבִּיר bilden einen zusammengesetzten Begriff, E. § 270 d. ⁶) V. 18: *Zu einem Könige sagen: „Nichtswürdiger", „Frevler" zu den Edeln*, ergänze: darf man das wagen? הֲאָמֹר ist *Inf. constr.* v. אָמַר m. ה *interr.*

auf jem. Rücksicht nehmen, für ihn Partei nehmen (vgl. 32, 21), שַׂר Fürst, נִכַּר ansehen, *berücksichtigen*, שׁוֹעַ begütert, reich, דַּל gering¹). — 20. רֶגַע als *Adv.* augenblicklich, im Nu, חֲצוֹת nur *st. cstr.* חֲצוֹת Mitte, ח' לַיְלָה Mitternacht, גֹּעֲשׁ (*Pu.* v. גָּעַשׁ) erschüttert werden, wanken, עָבַר vergehen, verschwinden, הָסִיר entfernen, אַבִּיר stark, mächtig²). — 21. אִישׁ, *jeder,* צַעַד Schritt³). — 22. נִסְתָּר sich verbergen⁴). — 23. שִׂים עַל *auf* etwas *achten*, (s. zu 20)⁵). — 24. רֹעַ zerschmettern, חֵקֶר *Untersuchung*, הֶעֱמִיד stellen, aufstellen, תַּחַת *loco*, an Stelle, anstatt⁶). — 25. לָכֵן darum, *demnach*, מַעֲבָד (im B. Hiob nur bei Elihu) That, Hand-

---

¹) V. 19: *Der nicht Partei nimmt für Fürsten, und nicht berücksichtigt den Reichen vor dem Geringen, weil seiner Hände Werk sie alle sind.* Zwischen V. 18 u. 19 ist zu ergänzen: und so etwas gar zu dem zu sagen, der u. s. w. ²) V. 20: *Augenblicklich sterben sie* (näml. die Fürsten) *und um Mitternacht,* d. i. unversehens *erschüttert wird das Volk, und sie* (die Fürsten) *vergehen, und man entfernt den Starken,* d. i. der Starke wird entfernt (s. zu 7, 3), *nicht durch eine Hand* (eines Menschen), nicht durch eine menschliche Macht, sondern durch eine höhere Gewalt, durch Gottes Gewalt (vgl. Zach. 4, 6. Dan. 2, 34. Hiob 20, 26). חֲצוֹת לַיְלָה *Acc.* der Zeit. — עָם als *coll.* mit dem *Pl.* יְגֹעֲשׁוּ. — יָסִירוּ *man entfernt*, vgl. 6, 2. 7, 3 u. s. zu 4, 19. ³) V. 21*a*: *Denn seine* (Gottes) *Augen sind,* blicken *auf die Wege eines jeden.* Zu V. 21 vgl. 31, 4. ⁴) V. 22: *Keine Finsterniss ist und keine schwarze Nacht, dass sich daselbst verbärgen die Übelthäter* (und von Gott nicht gesehen würden). ⁵) V. 23: *Denn er achtet nicht erst noch auf einen Menschen, dass er* (der Mensch) *gehe zu Gott in das Gericht,* zu dem Zweck, dass er vor Gott im Gericht erscheine, d. i. er braucht nicht einen Menschen, nachdem derselbe eine That vollbracht hat, erst noch besonders zu untersuchen, um zu finden, dass er schuldig ist, und ihn dann vor Gericht zu fordern (vgl. 11, 11). כִּי ist dem כִּי in V. 21 coordiniert. ⁶) V. 24: *Er zerschmettert Mächtige ohne Untersuchung,* näml. ihrer Vergehungen, (weil er dies nicht nötig hat, vgl. V. 24), *und stellt andere an ihre Stelle.* לֹא חֵקֶר *ohne Untersuchung,* s. zu 12, 24.

lung, הָפַךְ umkehren, הִדְכָּא zermalmt werden (s. zu 5, 4)¹). — 26. סָפַק schlagen, züchtigen²). — 27. הִשְׂכִּיל auf etwas achten, es beachten, m. d. *Acc.* — 28. צְעָקָה Geschrei³). — 29. הִשְׁקִיט *Ruhe schaffen,* הִרְשִׁיעַ verdammen, שׁוּר schauen, גּוֹי Volk⁴). — 30. מָלַךְ herrschen, חָנֵף ruchlos, מוֹקֵשׁ (v. יָקַשׁ) Fallstrick⁵). — 31. נָשָׂא tragen (näml. Strafe der Sünde), *büssen,* חָבַל *verderbt, übel handeln*⁶). — 32. בִּלְעֲדֵי (aus בַּל u. עֲדֵי)

---

¹) V. 25: *So kennt er denn ihre* (der Frevler) *Thaten, und kehrt* (sie) *um,* bewirkt ihren Umsturz, richtet sie zu Grunde *des Nachts, über Nacht,* d. i. unversehens, plötzlich (vgl. V. 20), *dass sie zermalmt werden.* מָעָבָד mit unwandelbarem *Kamess,* E. § 160c. — וְהָפַךְ *Perf. cons.* — לַיְלָה *Acc.,* vgl. V. 20. ²) V. 26: *An Frevler Statt,* d. i. als Frevler *schlägt er sie, an dem Ort von Sehenden,* wo die Leute es sehen, d. i. öffentlich vor den Augen aller Welt. ³) V. 27 u. 28: *Sie die darum von ihm abwichen, und nicht auf alle seine,* alle von ihm vorgezeichneten *Wege achteten: — Um vor ihn zu bringen das Geschrei,* die Klage des Geringen, *und dass er das Geschrei,* die Klage *der Elenden höre.* לָכֵן in V. 28 bezieht sich auf לְהָבִיא in V. 29 (vgl. 20, 2). — Der *Inf.* (הָבִיא) ist ins *Verb. fin.* übergegangen, vgl. 33, 17 u. s. zu 28, 25. ⁴) V. 29: *Schafft er* (auf solchen Notruf der Leidenden) *Ruhe,* näml. gegen die Gewaltthaten der Mächtigen (vgl. Richt. 5, 31. Jes. 14, 7), indem er mit seinem Strafgericht einschreitet — *wer wird ihn verdammen? und verbirgt er das Gesicht,* d. i. entzieht er die Gnade (vgl. 13, 24. Ps. 13, 2), *wer wird ihn schauen* d. i. ihn zur Gnade stimmen, ihm Gnade abnötigen? — *sowohl über einem Volk als über einzelne Menschen zumal.* Die Sätze וְהוּא יַשְׁקִט u. וְיַסְתֵּר פָּנִים sind Bedingungssätze, zu welchen וּמִי יְשׁוּרֶנּוּ u. וּמִי יַרְשִׁעַ die Nachsätze sind. — וְעַל־גּוֹי וגו׳ ist mit יַסְתֵּר פָּנִים zu verbinden. — וְ־ *et — et,* sowohl — als auch, vgl. Jes. 38, 15. Ps. 76, 7. — יַחַד fasst וְ־ו zusammen. ⁵) V. 30: *Dass,* damit *nicht herrschen ruchlose Menschen, dass sie nicht seien Fallstricke des Volkes,* d. i. das Volk nicht ins Verderben stürzen. V. 30 schliesst sich an יַשְׁקִט u. וְיַסְתֵּר פְּ V. 29 an. — מִן vor dem *Inf.* (מִמְּלֹךְ) und vor einem Substant. als Prädikat (מִמֹּקְשֵׁי): *dass nicht, damit nicht,* E. § 337 *b.* ⁶) V. 31: *Denn sagt man*

ausser, חָזָה sehen ¹). — 33. שָׁלֵם vergelten²). — 34. אַנְשֵׁי לֵבָב
s. zu V. 10., שָׁמַע zuhören³). — 35. דַּעַת Einsicht, הַשְׂכִּיל
(Subst. v. Hiph. הִשְׂכִּיל vgl. 25, 2) Klugheit⁴). — 36. אָבִי
Wunschpartikel (E. § 101c. 358a): o! wenn doch! יִבָּחֵן geprüft werden, עַד־נֶצַח bis in Ewigkeit, fort und fort, תְּשׁוּבָה
Antwort, אַנְשֵׁי־אָוֶן Leute des Frevels, d. i. Frevler⁵). — 37.
הוֹסִיף hinzufügen, m. עַל zu etwas; פֶּשַׁע Frevel, סָפַק klatschen
(näml. in die Hände, vgl. 27, 23), höhnen⁶).

---

zu Gott: „ich büsse, ich werde nicht wieder übel thun."? אַל־אֵל ist
des Nachdrucks wegen vorangestellt. — הֶאָמַר Perf. אָמַר m. הֲ interr.
— אָמַר man sagt, s. zu 4, 2. ¹) V. 32: Was ich nicht sehe,
nicht weiss, lehre du mich, d. i. belehre mich über die Sünden,
die ich begangen haben soll, von denen ich aber nichts weiss (vgl.
Ps. 19, 13. 90, 18), wenn ich Unrecht that, so will ich es nicht
wieder thun." בִּלְעֲדֵי אֶחֱזֶה ist Objekt zu הֹרֵנִי 'א. בְּלִי' das ausser
dem, was ich sehe, d. i. das was ich nicht sehe, vgl. E. § 333b.
²) V. 33: Soll nach deinem Sinn er (Gott) es, d. i. das Thun
der Menschen vergelten, wie man das daraus entnehmen könnte,
dass du verschmäht, getadelt hast, näml. seine Art und Weise zu
vergelten, so dass du wählen musst, so musst du wählen, d. i.
eine bessere Vergeltungsweise angeben, und nicht ich! und so rede
was du nur immer weisst! מֵעִמָּךְ nach dem was bei dir ist, d. i.
nach deinem Sinn, vgl. 9, 35. 10, 13. 27, 11. — Das Suff. f. in
יְשַׁלְּמֶנָּה als Neutr., vgl. 33, 14. — כִּי dass, s. zu 3, 12. — מָה
(das) was nur, E. § 331b. ³) V. 34b: und der weise Mann,
der mir zuhört (wird mir sagen:). ⁴) V. 35b: und seine Worte
sind ohne Klugheit. ⁵) V. 36: O würde doch Hiob geprüft
immerfort, d. i. o verbliebe doch Hiob in seiner jetzigen Prüfung
so lange, bis er zur Einsicht gekommen, nicht mehr solche Reden
führt, ob der Antworten, die unter Frevlern üblich sind, d. i. ob der
von ihm nach Art der Frevler gegebenen Antworten! Zu בְּ in בְּאַנְשֵׁי
vgl. 36, 14. ⁶) V. 37: Denn zu seiner Sünde (für welche er leidet)
fügt er noch Frevel hinzu (durch seine Reden gegen Gott), unter uns
höhnt er und mehret seine Worte, d. i. mehrmals bringt er (höhnische)

Cap. XXXV. 2. חָשַׁב לְ *für* etwas halten¹). — 3. סָכַן nützen, הוֹעִיל Gewinn haben²). — 5. הִבִּיט anblicken, m. d. *Acc.;* שׁוּר anschauen, שְׁחָקִים Wolken, גָּבַהּ hoch sein³). — 6. פָּעַל בְּ thun *an* jem., ihm etwas *an*thun, erzeigen⁴). — 7. לָקַח empfangen. — 8⁵). 9. עֲשׁוּקִים Bedrückung, Unterdrückung, הִזְעִיק schreien, שִׁוַּע schreien, klagen, זְרוֹעַ Arm, Gewaltthätigkeit⁶). — 10. זָמִיר *Pl.* זְמִירוֹת Gesang, *Lobgesang*⁷). — 11. אָלַף belehren, unterrichten, חִכַּם weise machen⁸). — 12. שָׁם *da,* dann, גָּאוֹן

Reden vor *gegen Gott.* Über וַיְרֶב *(verkürzt. Impf. Hiph.* v. רָבָה) s. zu 13, 27. ¹) V. 2: *Hast du das für Recht gehalten, indem du sagst,* denkst: *„meine Gerechtigkeit ist vor Gott"* d. i. grösser als die Gerechtigkeit Gottes. — Das 2. Gl. ist ein Zustandssatz. ²) V. 3: *Dass du sagst, was es,* näml. die Frömmigkeit, *dir nütze, „was für einen Gewinn habe ich vor meiner Sünde,* d. i. was gewinne ich durch Frommsein mehr als durch Sündigen?" מַה־יִּסְכָּן־לָךְ eine *oratio obliqua,* vgl. 19, 28. 22, 17. — מִן in מֵחַטָּאתִי ist comparativ. — Vgl. 34, 9. ³) גָּבְהוּ מִמֶּךָּ *sie* (die Wolken, über denen Gott thront) *sind hoch,* erhaben *über dir.* מִן ist comparat. ⁴) V. 6: *Wenn du sündigst, was kannst du ihm* damit (Böses) *anthun? und* wenn *viel sind deine Vergehungen, was kannst du ihm thun,* zu Leide thun, schaden? (vgl. 7, 20). Im 2. Gl. ist אִם zu ergänzen. — רַבּוּ mit dem Tone auf *ultima,* vgl. Ps. 3, 2. 104, 24. G. § 69, Anm. 12. ⁵) V. 8: *Dem Manne wie du,* d. i. deines Gleichen nur *ist,* gehört zu *dein Frevel und dem Menschensohn,* d. i. dir dem Sterblichen *deine Gerechtigkeit.* Vgl. 22, 2ff. ⁶) V. 9: *Ob der Menge der Unterdrückung schreit man, man klagt ob des Armes,* der Gewaltthätigkeit (vgl. 22, 8), *vieler.* יַזְעִיקוּ *man schreit,* וְשִׁוְּעוּ *man klagt,* vgl. 34, 20 u. s. zu 4, 19. ⁷) V. 10: *Aber man sagt* nicht: *„wo ist Gott* (vgl. Jer. 2, 16. 8), *mein Schöpfer, der* (durch plötzliche und überraschende Rettung) *Lobgesänge giebt,* d. i. Anlass zu Lobgesängen giebt *in der Nacht* (des Unglücks)." אָמַר *man sagt,* s. zu 4, 2. — עֹשָׂי *mein Schöpfer* ist עֹשֶׂה *(Part. Sing.)* mit *Suff.,* vgl. Jes. 54, 5. Ps. 149, 2. G. § 93, 9. Anm. E. § 256 *b.* ⁸) V. 11: *„Der uns belehrt von den,* d. i. durch die *Tiere der Erde, und durch die Vögel des Himmels uns weise macht,* indem diese Gott anrufen, uns zum Vorbilde, Ps.

Hochmut, Übermut [1]). — 13. שָׁוְא das Eitele, Nichtige, שׁוּר beachten [2]). — 14. אַף כִּי geschweige denn da —, דִּין Gericht, Rechtssache, חוֹלֵל (Pl. v. חוּל = יָחַל) warten, m. לְ auf etwas [3]). — 15. פָּקַד strafen, יָדַע m. בְּ um etwas wissen, פַּשׁ* Albernheit [4]). — 16. הֶבֶל als Adv. eitel, vergeblich (vgl. 9, 29. 21, 34), פָּצָה aufreissen, בִּבְלִי ohne, הִכְבִּיר (Q. u.) viel machen, aufhäufen [5]).

Cap. XXXVI. 2. כָּתַר (Q. u.) warten, זְעֵיר ein wenig, חִוָּה belehren [6]). — 3. נָשָׂא erheben, פֹּעַל Schöpfer [7]). — 4. שֶׁקֶר

147, 9. 104, 2 f. מַלְפֵנוּ f. מֵאַלְּפֵנוּ, E. § 73 b. 169 c. [1]) V. 12: Da, näml. wenn die unschuldig Bedrückten sich also (vgl. V. 9) um Gott nicht kümmern und nicht zu ihm um Hülfe flehen, *schreien sie, und er (Gott) erhört sie nicht*, ohne dass er sie erhört — *ob des Übermuts*, über den sie bedrückenden Übermut der Bösen. יְצַעֲקוּ ist mit מִפְּנֵי וגו׳ zu verbinden (vgl. Jes. 19, 20) und וְלֹא יַעֲנֶה ist ein Zwischensatz (vgl. Ps. 18, 42). [2]) V. 13: *Nur Eitles*, d. i. eitle, leere (und unfromme) Klagen *hört*, erhört *Gott nicht, und der Allmächtige beachtet es*, d. i. jene Klagen, *nicht*. Das Suff. f. in יְשׁוּרֶנָּה als Neutr., vgl. 33, 14. 34, 33. [3]) V. 14: *Geschweige denn, dass du Recht hättest, da du sagst, du schauest ihn nicht*, d. i. er entziehe sich dir absichtlich (vgl. 23, 8 ff.), *die Rechtssache ist ja vor ihm*, ihm vorgelegt, *und du mögest darauf warten!* (vgl. 13, 18 — 24. 23, 3 ff. 31, 35 — 37). לֹא תְשׁוּרֶנּוּ וגו׳ eine oratio obliqua, vgl. V. 3. 19, 28. 22, 17. [4]) V. 15: *Und nun wenn nicht ist* etwas, *das sein Zorn gestraft hat* (vgl. E. § 321 b), d. i. wenn sein Zorn die Verkehrtheiten der Menschen (vgl. V. 9 ff.) nicht gestraft hat: „*weiss er*, kümmert er sich etwa *nicht sehr um die Albernheit*, die Verkehrtheiten (der Menschen)?" [5]) V. 16: *Aber Hiob reisst vergeblich seinen Mund auf, ohne Einsicht häuft er Worte auf*. [6]) V. 2: *Warte mir ein wenig, dass ich dich belehre, denn noch sind, giebt es Worte für Gott*, d. i. noch lässt sich manches zur Verteidigung und Rechtfertigung Gottes sagen. [7]) V. 3: *Zu Fernem will ich mein Wissen erheben*, d. i. mit nicht alltäglichen Dingen will ich meine Worte beweisen, *und meinem Schöpfer Recht geben*, d. i. meinen Schöpfer als gerecht darstellen.

Lüge, תָּמִים vollkommen, דֵּעָה Kenntnis, Erkenntnis, תְּמִים דֵּעוֹת vollkommen *an* Erkenntnissen, (vgl. 37, 16)¹). — 5. כַּבִּיר gross, mächtig, מָאַס verschmähen, לֵב *Verstand*²). — 6. חִיָּה leben lassen, am Leben erhalten³). — 7. גָּרַע m. מִן von etwas abziehen, כִּסֵּא Thron, לָנֶצַח auf immer⁴). — 8. אָסַר binden, fesseln, זִקִּים Fesseln, Ketten, נִלְכַּד gefangen werden, חֶבֶל Strick, עֳנִי Elend. — 9. הִתְגַּבֵּר sich übermütig, stolz betragen. — 10. גָּלָה öffnen, מוּסָר Zucht, שׁוּב m. מִן *ablassen* von etwas, אָוֶן Sünde, Frevel⁵). — 11. עָבַד dienen (näml. Gott), *sich unterwerfen*, כָּלָה endigen, zu Ende bringen, טוֹב *Glück* (vgl. 21,

---

¹) V. 4 *b* : Ein Mann, der vollkommene Erkenntnis besitzt, *ist bei dir*, spricht mit dir.   ²) V. 5: *Siehe, Gott ist mächtig, aber er verschmähet nicht*, d. i. ungeachtet seiner Grösse und Macht verschmähet er niemanden, das Recht des Geringsten hält er ebenso heilig als das des Mächtigsten, *ist mächtig an Kraft des Verstandes*. מָאַס *absol.*, wie 42, 6.   ³) V. 6 *b* : *und das Recht der Elenden giebt er*, d. i. den genannten Frommen gewährt er ihr Recht. ⁴) V. 7: *Er zieht vom Gerechten nicht ab seine Augen, und sogar bei Königen auf den Thron* (vgl. Ps. 9, 5) — *du lässt er sie* (die Gerechten) *sich setzen auf immer, dass sie hoch sind*, auf der höchsten Stufe der Ehre und des Ansehens stehen (vgl. 5, 11. 1 Sam. 2, 8. Ps. 113, 7f.). וַיֹּשִׁיבֵם Das וconsec. nach einem mit Nachdruck vorangestelltem Begriff: „auf den Thron, *da lässt er sie sich setzen*", vgl. E. § 344 *b*. Das *Suff. Pl.* bezieht auf צַדִּיק als *coll*.   ⁵) V. 8—10: *Wenn sie* (die Gerechten) *aber gebunden werden mit Ketten, gefangen mit Stricken des Elends* (vgl. Jes. 28, 22. Ps. 107, 10), *so macht er ihnen ihr* (böses) *Thun kund und ihre Missethaten, dass sie nämlich sich stolz betrugen:* — *Und öffnet so ihr Ohr für die Zucht, und sagt, dass sie ablassen sollen vom Bösen;* d. i. wenn die Frommen in Leidensbanden gefangen sind, macht er sie auf die Sünden, zu denen sie sich haben hinreissen lassen, aufmerksam und ermahnt sie zur Busse. — פָּעַל V. 9 im übeln Sinne, wie מַעֲשֶׂה 33, 17. — כִּי יָת׳ hängt von וַיַּגֵּד ab. — כִּי־יְשׁוּבוּן V. 10: „*er sagt, dass sie ablassen sollen*," E § 136 *g*. — Zu V. 9f. vgl. 34, 16—18.

13), נָעִים angenehm, lieblich, *Pl.* נְעִימִים *amoena*, Angenehmes, Wonne. — 12. עָבַר בְּשֶׁלַח s. zu 33, 18, בְּלִי דָעַת *Unverstand* [1]). — 13. חַנְפֵי־לֵב ruchlose *im Herzen, die ruchlosen Herzens,* שִׂים אַף (näml. בְּלֵב) Zorn *hegen,* כִּי *wann,* wenn. — 14. נַעַר Jugend, קָדֵשׁ männliche Hure, *cinaedus, Schandbube* [2]). — 15. חִלֵּץ retten, לַחַץ Bedrängnis, Drangsal [3]).

16. הֵסִית *(Hiph. v.* סוּת*)* verleiten, צַר (in *Pausa* צָר) Bedrängnis, רַחַב Weite, מוּצָק (v. צוּק) Einengung, Besetzung, Enge, נַחַת (s. zu 17, 16) was sich niederlässt (von נוּחַ), שֻׁלְחָן Tisch, מָלֵא voll sein, m. d. *Acc.;* דֶּשֶׁן Fett [4]). — 17. מִשְׁפָּט *Strafurteil,* תָּמַךְ ergreifen [5]). — 18. חֵמָה Glut, Zorn, שֵׂפֶק *(=*סֵפֶק*

---

[1]) V. 11 f.: *Wenn sie hören, gehorchen, und sich unterwerfen, so endigen sie ihre Tage im Glück* (vgl. 21, 13), *und ihre Jahre in Annehmlichkeit:* — *Wenn sie aber nicht hören, so fahren sie dahin, kommen sie um durch das Geschoss,* das göttliche Todesgeschoss (vgl. 33, 18), *und verscheiden im Unverstand* (vgl. 4, 21). [2]) V. 13 f.: *Doch die ruchlosen Sinnes hegen Zorn,* d. i. bieten der göttlichen Zucht Trotz, *schreien,* flehen *nicht, wann er sie fesselt* (näml. mit Leidensbanden, vgl. V. 8): — *So stirbt denn in der Jugend ihre Seele und ihr Leben unter den Schandbuben,* d. i. so frühzeitig und schimpflich wie das der Schandbuben. Der *Juss.* תָּמֹת *sie muss sterben,* vgl. 20, 17. 23, 26 — 28. Zu בְּ in בַּקְּדֵשִׁים vgl. 34, 36. [3]) V. 15: Aber er (Gott) *rettet den Leidenden in seinem Leiden und öffnet in der Drangsal ihr Ohr,* d. i. ermahnt sie in der Drangsal, näml. zur Busse (vgl. V. 10). Über וַיִּגֶל s. zu 13, 27. — Das *Suff. Pl.* in אָזְנָם bezieht sich auf עָנִי als *coll.* [4]) V. 16: *Und auch dich lockt er aus dem Rachen der Not in die Weite, an deren Stelle,* an welcher *keine Enge ist,* d. i. in die unbeengte Weite, das ungestörte, ungetrübte Glück (vgl. Ps. 4. 2. 18, 20. 25, 17), *und die Besetzung deines Tisches soll voll von Fett,* fetten Speisen (vgl. Jes. 25, 6. 55, 2. Jer. 31, 14. Ps. 63, 6) *sein.* — רַחַב ist hier *Femin.,* E. § 174 *g.* u. *Acc. loci.* — [לֹא מוּצָק תַּחְתֶּיהָ] ein Relativsatz. — מוּצָק ist *stat. absol.,* s. zu 7, 15. — תַּחַת *an der Stelle von,* vgl. 34, 26. 36, 20. [5]) V. 17: *Und vom Gericht des Freulers, wie ein Frevler es übt, bist du voll geworden; Gericht und Strafe ergreifen dich.*

20, 22) Händeklatschen, Hohn, כֹּפֶר Lösegeld, Sühnung, הִטָּה (*Hiph.* v. נָטָה) *verführen* ¹). — 19. עָרַךְ ordnen, שׁוּעַ Hülfsgeschrei, (vgl. 30, 24), מַאֲמָצִים* Kräfte, Mittel, מַאֲמַצֵּי־כֹחַ Kraftmittel²). — 20. שָׁאַף nach etwas lechzen, עָלָה *tolli, hinweggenommen werden* ³). — 21. נִשְׁמַר sich hüten, פָּנָה sich wenden, m. אֶל־ zu etwas; בָּחַר m. עַל u. מִן etwas *lieber wählen*, wollen als — (vgl. 7, 15) ⁴). — 22. הִשְׂגִּיב *erhaben handeln*, wirken, מוֹרֶה (*Part. Hiph.* v. יָרָה) Lehrer. — 23. פָּקַד auftragen, vorschreiben, m. עַל d. P. (vgl. 34, 13). — 24. הִשְׂגִּיא (durch Lob) erheben, שֹׁרֵר (*Pil.* v. שׁוּר = שִׁיר vgl. 33, 27) viel, wiederholt *besingen*⁵). — 25. חָזָה m. בְּ (mit Staunen oder Wohlgefallen) *ansehen*⁶).

---

¹) V. 18: *Denn der Zorn darf dich nicht verleiten in Hohn und die Menge des Lösegeldes*, der Sühnung, d. i. die Grösse und Schwere der Leiden (vgl. 6, 2 ff.), die zur Sühnung (deiner Sünden) dienen (vgl. 33, 24), *verführe dich nicht!* — Über פֶּן־ s. zu 32, 13. — Subjekt zu יְסִיתְךָ ist חֵמָה, welches hier *masc.* ist, vgl. 8, 7. E. § 174 g.   ²) V. 19: *Kann er* (Gott) *ordnen*, in Ordnung bringen, *dein Hülfsgeschrei*, d. i. bewirken, dass du zu ihm um Hülfe flehest, wie es sich geziemt, *ohne die Not und ohne alle Kraftmittel*, kräftigen, wirksamen Mittel?   ³) V. 20: *Lechze nicht nach der Nacht*, näml. der Nacht des allgemeinen Unglücks, die (mit dem göttlichen Gerichte, welches du herbeiwünschest, vgl. 13, 18 ff. 23, 3 ff. 24, 1) auf die Erde kommt (vgl. 35, 10), *die ganze Völker wegrafft an ihrer Stelle*. הַלָּיְלָה wird durch לַעֲלוֹת וגו׳ näher bestimmt: „lechze nicht nach der *Nacht*, die dazu dient, Völker wegzuraffen u. s. w." — לַעֲלוֹת ist *Inf. Hiph.*, zusammengezogen aus לְהַעֲלוֹת. — Über תַּחַת vgl. V. 16. 34, 26.   ⁴) V. 21: *Hüte dich, wende dich nicht zur Sünde*, näml. dadurch, dass du gegen Gott murrest und ihm trotzest, *denn diese* (die Sünde) *wählst du lieber als das Leiden*, d. i. denn sündigen willst du lieber, als dein Leiden mit Geduld und frommer Gesinnung ertragen.   ⁵) V. 24 a: *Gedenke, dass du erhebst*, gedenke zu erheben *sein Thun*.   ⁶) V. 25: *Alle Menschen sehen es* (näml. das Thun, die Thaten Gottes) *mit Wohlgefallen an, die Sterblichen blicken darnach von ferne.*

26. שַׂגִּיא gross¹). — 27. גָּרַע herabziehen, נָטָף Tropfen, זָקַק läutern, sickern, אֵד Nebel²). — 28. נָזַל rinnen, fliessen, שְׁחָקִים Wolken, רָעַף träufeln³). — 29. בִּין verstehen, מִפְרָשׂ Ausbreitung, עָב Wolke, תְּשֻׁאָה Krachen, סֻכָּה Hütte⁴). — 30. פָּרַשׂ ausbreiten, שָׁרְשֵׁי הַיָּם die Wurzeln des Meeres, d. i. die Gründe des Meeres⁵). — 31. דִּין richten, strafen, מַכְבִּיר (Part. v. הִכְבִּיר vgl. 35, 16) Menge, Fülle, לְמַכְבִּיר = לָרֹב 26, 3⁶). — 32. צִוָּה m. עַל d. P. u. בְּ: jemandem befehlen, ihn entbieten, schicken gegen jem., מַפְגִּיעַ (Part. Hiph. v. פָּגַע) der Angreifende, Widersacher, Gegner⁷). — 33. הִגִּיד עַל Kunde

---

¹) V. 26: *Siehe, Gott ist gross, und wir wissen nicht* wie gross er ist, wir können seine Grösse nicht begreifen; *die Zahl seiner Jahre*, was die Zahl seiner Jahre betrifft — *so ist nicht Erforschung*, d. i. so ist sie unerforschlich. וְלֹא in וְ das וְ consec., vgl. 15, 17. 23, 12. 25, 5. u. s. z. 4, 7.   ²) V. 27: *Denn er zieht herab* (von den oberen Wassern) *Wassertropfen, sie* (die Wassertropfen) *sickern als Regen auf seinem Nebel*; d. i. in Folge des von ihm hervorgebrachten Nebels, vgl. 1. M. 2, 6. Jer. 10, 13. לְאֵדוֹ *auf seinem Nebel*, d. i. in Folge seines Nebels, vgl. 4. M. 16, 34. Ps. 18, 45.   ³) V. 28: *Wovon rinnen die Wolken, und träufeln auf viele Menschen.* אֲשֶׁר bezieht sich auf מָטָר in V. 28, und ist Acc. zu יִזְּלוּ, G. § 138, 1, Anm. 2.   ⁴) V. 29: *Doch wie sollte man verstehen die Ausbreitungen des Gewölks*, d. i. begreifen, wie die Wolken sich ausdehnen und ausbreiten, um den Himmel zu bedecken (vgl. Ps. 105, 39), *das Krachen*, die krachenden Donner *seiner Hütte*, d. i. der Gewitterwolke, die ihn verhüllt (vgl. Ps. 18, 12)! אַף אִם mit folgendem Impf.: *und ob er . . . würde*, d. i. doch wie sollte er gar . . .!, E. § 354c. — Die 3 Sing. יָבִין mit unbestimmtem Subj.   ⁵) V. 30: *Siehe, er breitet über*, um *sich her sein Licht* (vgl. Ps. 104, 2), *und die Wurzeln*, Gründe *des Meeres deckt er* darauf, näml. auf sein Licht, d. i. mit den aus den Meeresgründen gezogenen und zu schwarzen Wolken gestalteten Wassermassen umhüllt er sein Licht.   ⁶) V. 31: *Denn mit ihnen* (näml. dem Licht und den Wassermassen) *straft er Völker, giebt Speise in Fülle.*   ⁷) V. 32: *Die Hände bedeckt er mit Licht,*

über jem. *geben*, ihn ankündigen, anmelden, רֵעַ Lärm, Getöse, Donner, מִקְנֶה Herde, אַף *sogar*, עָלָה *heraufziehen* ¹).

Cap. XXXVII. 1. אַף *ja!* לְזֹאת *darob*, darüber, חָרֵד zittern, יִתַּר aufspringen, aufbeben ²). — 2. רֹגֶז Toben, הֶגֶה Gemurmel ³). — 3. שָׁרָה (= aram. שְׁרָא) *loslassen, fahren lassen*, כָּנָף Saum, כַּנְפוֹת הָאָרֶץ die Säume, Enden der Erde⁴). — 4. שָׁאַג brüllen, הָרְעִים donnern, גָּאוֹן Hoheit, עָקַב zurückhalten, כִּי *wann*, wenn⁵). — 5. נִפְלָאוֹת als *Adv.* (G. § 100, 2, *c*) wunderbar⁶). — 6. שֶׁלֶג Schnee, הָוָה *fallen*, גֶּשֶׁם der strömende Regen, Platzregen, גֶּשֶׁם מָטָר Regenguss, גִּשְׁמֵי מְטָרוֹת (mit der Bezeichung

---

d. i. von der ihn umhüllenden Lichtmasse nimmt er seine Hände voll, *und entbietet*, sendet es (näml. als Blitze) *gegen den Widersacher*, gegen seine Feinde (vgl. Ps. 11, 6). ¹) V. 33: *Über ihn giebt Kunde*, ihn kündigt an, d. i. seine Ankunft (im Gewitter) künd. an, *sein Donner; die Herde*, das Vieh *sogar* (giebt Kunde) *über den Heraufziehenden*, d. i. das Vieh sogar deutet (durch ein Vorgefühl) an, dass er am Horizont im Gewitter heraufzieht (vgl. *Verg. Ge.* I, 373 ff. *Plin.* H. N. 18, 35). ²) V. 1: *Ja, darob*, d. i. ob seiner Donnerstimme, *zittert mein Herz und springt auf von seiner Stelle*, d. i. bebt heftig auf. ³) V. 2: *Höret genau auf das Toben seiner Stimme*, seines Donners, *und das Gemurmel, das aus seinem Munde kommt!* Über שָׁמוֹעַ שִׁמְעוּ vgl. 21, 2. u. s. zu 13, 17. — מִפִּיו יֵצֵא ein Relativsatz. ⁴) V. 3: *Unter dem ganzen Himmel hin lässt er sie los*, entsendet er sie, näml. seine Stimme, *den Donner, und sein Licht*, seinen Blitz (vgl. 36, 32) *bis an die Säume der Erde*. ⁵) V. 4: *Hinter ihm*, näml. dem אוֹר (V. 3) *her brüllt die Stimme*, der Donner; *er donnert mit der Stimme seiner Hoheit*, mit seiner erhabenen Stimme, *und hält sie*, näml. die Blitze, *nicht zurück, wann seine Stimme gehört werden soll*, d. i. jedem Donner geht ein Blitz voraus. יַרְעֵם f. יַרְעִים, wie V. 5, vgl. G. § 128, 2, Anm. — Das *Suff. Pl.* in יַעַקְבֵם bezieht sich auf אוֹר (V. 3) als *coll.* ⁶) V. 5*b*: *Der Grosses thut, und wir wissen es nicht*, d. i. Grosses, das wir nicht begreifen können (vgl. 5, 9. 9, 10. 36, 26).

Heiligstedt, Präparation zum Buche Hiob.

des *Pl.* am *Nomen rectum*, vgl. G. § 108, 3, *c*. E. § 270, *c*.) Regengüsse, עֹז Kraft, Macht¹). — 7. חָתַם בְּ etwas *versiegeln* (s. zu 33, 16)²). — 8. אָרַב Hinterhalt, *Versteck*, מְעוֹנָה Wohnung, Lager (der wilden Tiere)³). — 9. חֶדֶר Kammer, סוּפָה Sturm, מְזָרִים* (eig. *Part. Pi.* v. זָרָה) die zerstreuenden, *sc.* Winde (welche die Wolken zerstreuen und mit dem heiteren Wetter Kälte bringen), die *strengen Winde*, קָרָה Kälte⁴). — 10. קֶרַח Eis, רֹחַב Weite, מוּצָק Enge (vgl. 36, 16)⁵). — 11. אַף *auch*, ferner, רִי* (*contr.* aus רְוִי v. רָוָה) die Feuchtigkeit, das Nass, הִטְרִיחַ* (*Q.* u.) belasten, הֵפִיץ zerstreuen, ausstreuen, עָנָן Wolke, Gewölk⁶). — 12. מְסִבּוֹת (*Pl.* v. מֵסַב) Wendungen, Kreiswendungen, als *Adv.* ringsum, הִתְהַפֵּךְ sich wenden,

---

¹) V. 6: *Denn zum Schnee spricht er: Falle zur Erde! und zum Regen und den Güssen seiner Kraft*, seinen gewaltigen Regengüssen, näml. spricht er: Fallet zur Erde! הֱוֵא *Imper.* v. הָוָה, vgl. G. § 75, Anm. 22. — אֶרֶץ *Acc.*, vgl. 7, 10. 33, 24 u. s. zu 17, 16. — Vor גֶּשֶׁם im 2. u. 3. Gl. ist לְ aus לַשֶּׁלֶג zu ergänzen. ²) V. 7: *Die Hand aller Menschen versiegelt*, verschliesst *er* (im Winter), so dass er sie nicht aufthun, nicht arbeiten, namentlich die gewohnten Feldarbeiten nicht verrichten können, *dass zur Erkenntnis kommen*, Einsicht erlangen *alle Menschen seines Werks*, d. i. alle von ihm geschaffenen Menschen, d. h. dass alle Menschen einsehen, sie seien nur geschaffene, einer höheren Macht unterworfene Wesen. ³) V. 5: *Da*, dann *gehen die wilden Tiere in das Versteck und ruhen in ihren Lagern*. Das *Impf. cons.* וַתָּבוֹא von der Gegenwart, s. zu 3, 21. ⁴) הַחֶדֶר *die Kammer*, d. i. die Vorratskammer, das Behältnis der Winde, vgl. Ps. 135, 7. Hiob 38, 22. ⁵) V. 10: *Vom Hauche Gottes*, d. i. in Folge davon, dass ein kalter Hauch von Gott über das Wasser fährt, *giebt es Eis, und des Wassers Weite kommt in Enge*, d. i. das Wasser gefriert. יִתֵּן impers.: *es giebt*, vgl. Spr. 13, 10. E. § 295 *d*. — Vgl. 38, 29 f. ⁶) V. 11: *Auch belastet er* (Gott) *mit Feuchtigkeit die Wolke* (vgl. 26, 8), *er streuet aus*, d. i. lässt sich ausbreiten, *das Gewölk seines Lichts*, Blitzes, d. i. die blitzesschwangeren Gewitterwolken.

תַּחְבּוּלוֹת (v. חֶבֶל) Lenkung, Leitung, צִוָּה gebieten, m. dopp.
Acc.; תֵּבֵל אַרְצָה Erdkreis, Erdenwelt¹). — 13. שֵׁבֶט Rute,
Geissel, חֶסֶד Gnade, Wohlthun²).
14. הִתְבּוֹנֵן auf etwas merken, m. d. Acc. — 15. יָדַע m.
בְּ um etwas wissen, m. עַל (V. 16) sich *auf* etwas verstehen,
שׂוּם mit עַל jem. *Aufträge geben*, הוֹפִיעַ *erglänzen lassen*³). —
16. מִפְלָשׂ* Schweben, Schwebung, מִפְלָאוֹת* Wunder, Wunder-
thaten, תְּמִים דֵּעִים vollkommen *an* Wissen, Weisheit (vgl. 36,
4)⁴). — 17. בֶּגֶד Kleid, חַם warm, heiss, הִשְׁקִיט *ruhen*, still
sein, דָּרוֹם Mittagsgegend, Süden. — 18. הִרְקִיעַ m. לְ einer Sache
Ausbreitung, Ausdehnung *geben*, etwas ausbreiten, שְׁחָקִים lichte
Wolken, Wolkenhimmel, *Himmel*, חָזָק fest, רְאִי Spiegel, מוּצָק
(Part. Hoph. v. יָצַק) *gegossen*⁵). — 19. עָרַךְ vorbringen, sc.

---

¹) V. 12: *Und es* (das Gewölk) *wendet sich* dann *ringsum
durch seine Leitung*, von ihm geleitet, *nach*, gemäss *ihrem* (näml.
der Menschen) *Thun alles was*, was nur immer *er ihnen gebietet*,
d. i. nach dem Masse, als man seine Gebote erfüllt, *über die weite
Erdenwelt hin*. Die *Suff.* der 3 *Pl.* in לְפָעֳלָם u. יְצַוֵּם beziehen sich
auf die Menschen, vgl. Ps. 4, 8. 65, 10. — כֹּל וגו׳ ist Obj. zu
לְפָעֳלָם.   ²) V. 13: *Sei es zur Geissel*, zur Züchtigung, *wenn
die seiner Erde ist*, d. i. zukommt, wenn dieselbe sie verdient, *oder
zur Gnade*, zum Wohlthun, *lässt er es*, näml. das Gewölk mit Blitz
und Regen, *treffen*, einen Ort treffen, d. i. sich auf ihn ergiessen.
אִם — אִם *sive - sive*, sei es — oder, E. § 361. — אִם־לְאַרְצוֹ ist
ein untergeordneter Bedingungssatz. ³) V. 15: *Weisst du darum,
wie Gott ihnen Aufträge giebt und das Licht seines Gewölks erglänzen
lässt?* Das *Suff.* in עֲלֵיהֶם bezieht sich auf die im Vorhergehenden
(V. 11 — 14) erwähnten Wetterwolkenerscheinungen. — הוֹפִיעַ ist
Perf. — Der *Inf.* (שׂוּם) ist ins *Verb. fin.* (הוֹפִיעַ) übergegangen,
s. zu 28, 25.   ⁴) V. 16: *Verstehst du dich auf die Schwe-
bungen der Wolke*, begreifst du, wie die Wolke im freien Lufträume
schwebt, ohne von der Wassermasse, die sie enthält, herabgedrückt
zu werden, auf *die Wunder des an Weisheit Vollkommenen?* Vor
מִפְלָאוֹת ist עַל aus dem 1. Gl. zu ergänzen, s. zu 15, 3. ⁵) V. 17
ist mit V. 18 zu verbinden: *Du, dessen Kleider heiss* werden, *wann*

מִלִּים (vgl. 34, 14)¹). — 20. בֻּלַּע vernichtet werden²). — 21· בָּהִיר* leuchtend, hell schimmernd. שְׁחָקִים s. zu V. 28., טָהַר reinigen³). — 22. צָפוֹן Norden, נוֹרָא (*Part. Niph.* v. יָרֵא) furchtbar, *ehrwürdig, hehr,* הוֹד Glanz, נוֹרָא הוֹד *das Hehre des Glanzes,* d. i. der hehrste Glanz (E. § 313 c.)⁴). — 23. שַׂגִּיא gross, עִנָּה *beugen*⁵). — 24. רָאָה *ansehen,* beachten⁶).

Cap. XXXVIII. 1. סְעָרָה Sturm, Wetter⁷). — 2. הֶחְשִׁיךְ

die Erde still ist, d. i. in schwüler Stille liegt, *vom Süden her:
— Kannst du mit ihm,* wie er (vgl. 9, 26. 40, 15), *den Himmel ausbreiten* (vgl. 1. M. 1, 7 f.), *der fest ist wie ein gegossener Spiegel?* Vor תַּרְקִיעַ V. 18 ist das ה *interr.* ausgelassen, G. § 153, 1. E. § 324 a.   ¹) V. 19: *Lehre uns, was wir ihm sagen sollen!* näml. wenn wir mit ihm rechten; *wir können nichts vorbringen vor Finsternis* (des Verstandes), vor Unwissenheit.   ²) V. 20: *Soll es ihm erzählt werden, dass ich reden wolle? oder hat je einer gesagt, dass er vernichtet werden wolle?*   ³) V. 21: *Und nun sieht man das Licht,* Sonnenlicht (vgl. 31, 26) *nicht, das hell schimmert in den lichten Wolken,* d. i. am Himmel, man sieht es nicht, weil Wolken es verhüllen, *aber nachdem ein Wind darüber gefahren ist, so reinigt er sie,* klärt sie auf. בָּהִיר — בַּשְּׁחָקִים ist ein Relativsatz u. רוּחַ וגו׳ ein Zustandssatz.   ⁴) V. 22: *Vom Norden her kommt Gold,* vom fernen Norden holt man das Gold, (aber) *auf Gott ist,* d. i. Gott bedeckt *der hehrste Glanz,* (welcher Glanz die Majestät Gottes den Menschen unnahbar und verschlossen macht.   ⁵) V. 23: *Den Allmächtigen, ihn finden wir nicht* (weder mit dem sinnlichen, noch mit dem geistigen Auge vgl. 23, 3. Qoh. 3, 11), *ihn, der gross an Kraft ist; aber das Recht und die Fülle der Gerechtigkeit beugt er nicht,* d. i. wenn er auch unbegreiflich ist, so ist er doch nie ungerecht. שַׂדַּי *ein cas. absol.*   ⁶) V. 24: *Darum fürchten ihn die Menschen, er* (Gott) *sieht nicht an,* beachtet nicht *alle Weisen im,* in ihrem *Herzen,* alle die sich weise dünken. יִרָאוּהוּ bildet mit יִרְאֶה eine Paronomasie, vgl. 6, 21.   ⁷) וַיַּעַן schliesst sich an Cap. 31 an. — מִן הַסְּעָרָה *aus dem Wetter,* das die Er-

Hiob. Cap. XXXVIII, 2—9. 133

verdunkeln, בְּלִי ohne, דַּעַת Einsicht ¹). — 3. אֱזָר gürten, חֲלָצַיִם Lenden ²).

4. אֵיפֹה (aus אֵי u. פֹּה) wo?, יָסַד gründen, יָדַע בִּינָה Einsicht (von etwas) haben. — 5. שִׂים feststellen, festsetzen, bestimmen, מֵמַד * (v. מָדַד) nur Pl. מְמַדִּים Masse, נָטָה ausspannen, ziehen, קָו u. קַו Schnur, Messschnur ³). — 6. אֶדֶן Grundfeste, Pfeiler, הָטְבַּע eingesenkt werden, יָרָה werfen, hinwerfen, פִּנָּה Ecke, אֶבֶן פִּנָּה Eckstein. — 7. רָנַן jubeln, הֵרִיעַ jauchzen, בְּנֵי אֱלֹהִים Gottessöhne, d. i. Engel (vgl. 1, 6) ⁴). — 8. הֵסֵךְ (Hiph. v. סָכַךְ) einschliessen, דְּלָתַיִם Thüren, גִּיחַ hervorbrechen ⁵). — 9. עָנָן Gewölk, עֲרָפֶל Wolkendunkel, חֲתֻלָּה * Windel ⁶). —

---

scheinung des nahenden Gottes zu begleiten pflegte, vgl. 1. Kön. 19, 11. Ps. 50, 3. Über מִן f. מִן hier und 40, 6. s. E. § 11 c. — Vgl. 40, 6.   ¹) V. 2: *Wer ist da, der verdunkelt Rat*, d. i. der behauptet, dass in meinem (die Regierung der Welt betreffenden) Thun kein bestimmter, wohl durchdachter Plan (sondern nur planlose Willkür) bemerkbar sei, *mit Worten ohne Einsicht?* מִי זֶה] Durch זֶה wird nicht allein die Frage verstärkt, sondern auch noch näher auf das schon Erblickte oder Hervorgerufene bezogen, vgl. Ps. 24, 8. E. § 325 a.   ²) V. 3: *Gürte doch wie ein Mann deine Lenden!* d. i. rüste dich doch, wie es einem Manne geziemt, zum Kampfe! (denn der ist nun da, den du so lange gefordert hast, vgl. 9, 34 f. 13, 18 ff. 23, 3 ff. 31, 35 ff.) *So will ich dich fragen, und du belehre mich!* — Vgl. 40, 7.   ³) V. 5 a: *Wer hat ihre Masse festgestellt, dass du es wüsstest?* Über כִּי dass s. zu 3, 12.   ⁴) V. 7: *Als allzumal die Morgensterne* (am Morgen der Schöpfung) *jubelten, und alle Gottessöhne jauchzten.* Der *Inf.* (רֹן) ist ins *Verb. fin.* (וַיָּרִיעוּ) übergegangen, vgl. V. 8. 9 f. 13. 38 u. s. zu 28, 25.   ⁵) V. 8: *Und wer schloss mit Thüren*, d. i. mit Ufern *das Meer ein, als es hervorbrach aus dem Mutterschoss*, d. i. aus dem Innern der Erde, *herauskam?* וַיָּסֶךְ schliesst sich an מִי יָרָה V. 8 an.   ⁶) V. 9 (mit Fortsetzung des Bildes vom neugebornen Kinde): *Als ich Gewölk zu seinem Kleide machte und Wolkendunkel zu seinen Windeln.*

10. שָׁבַר brechen, חֹק Grenze, בְּרִיחַ Riegel¹). — 11. פֹּה = פֹּא hier, גָּאוֹן Stolz, Übermut, גֵּלִים (Pl. v. גַּל) Wellen²). — 12. יָדַע wissen lassen, anweisen, m. dopp. Acc.; שַׁחַר Morgenröte³). — 13. אָחַז fassen, ergreifen, כַּנְפוֹת הָאָרֶץ Säume der Erde (vgl. 37, 3), נִנְעַר abgeschüttelt werden⁴). — 14. הִתְהַפֵּךְ sich wandeln, חֹמֶר Thon, חוֹתָם Siegel, הִתְיַצֵּב sich darstellen⁵). — 15. נִמְנַע entzogen werden, m. מִן; רָם erhoben⁶).

16. נֵבֶךְ* nur Pl. נִבְכֵי יָם Quellen des Meeres, חֵקֶר תְּהוֹם der tiefste Grund, die innerste Tiefe der Flut, des Meeres. —

---

¹) V. 10: *Und ihm meine Grenze brach und Riegel und Thore setzte.* שָׁבַר חֹק eine Grenze *brechen*, mit Beziehung auf die gebrochenen, schroffen Ufer des Meeres, vgl. ἀκτή und ῥηγμίν. — עָלָיו = לֹו, vgl. 22, 2. 33, 23. G. § 154, 3,b.   ²) V. 11: *Und ich sprach: „Bis hierher sollst du kommen und nicht weiter, und hier sei ein Ziel gesetzt gegen den Übermut deiner Wogen".* לֹא תֹסִיף *und nicht weiter*, eig.: *du sollst nicht fortfahren*, näml. לָבוֹא *zu kommen.* — יָשִׁית impers.: *setze man*, sei gesetzt! näml. חֹק *ein Ziel*, vgl. V. 10. 14, 13.   ³) V. 12: *Hast du von deinen Tagen an* d. i. seitdem du lebst, (jemals) *den Morgen entboten, dem Frührot seinen Ort angewiesen?* Für das יִדַּעְתָּה שַׁחַר ist (mit dem Q'ri) יִדַּעְתָּ הַשַּׁחַר zu lesen; denn die Endung der 2. Perf. S. wird sonst nirgends im B. Hiob תָּה geschrieben, vgl. יָדַעְתָּ 5, 24. 25. 15, 9. 38, 18. 21, 33. 39, 1. 2.   ⁴) V. 13: *Dass es* (das Frührot) *die Säume der Erde fasst, und* (durch diese Anfassung) *die Frevler von ihr* (wie von einem Teppich) *abgeschüttelt werden*, d. i. die lichtscheuen Frevler (vgl. 24, 13 ff.) mit Anbruch des Tages plötzlich verschwinden (vgl. 24, 16 ff.).   ⁵) V. 14: *Sie* (die Erde) *wandelt sich wie Siegelthon*, d. i. auf der vom anbrechenden Tageslicht allmählig beleuchteten Erde treten die Gestalten hervor wie die Figuren des Siegels auf dem früher gestaltlosen Thon, *und sie*, d. i. die Dinge auf der Erde, *stellen sich dar wie ein Gewand*, d. i. in mannigfaltigen Umrissen und Formen.   ⁶) *Und es wird den Frevlern ihr Licht*, d. i. die Nacht, die ihnen statt des Lichts dient (vgl. V. 13. 24, 17), *entzogen, und der* (zur Vollbringung von Gewaltthaten) *erhobene Arm wird zerbrochen*, d. i. sinkt (vom Tageslichte plötzlich überrascht) kraft-

17. נִגְלָה enthüllt, geöffnet werden¹). — 18. הִתְבֹּנַנְתָּ עַד bis zu etwas *hinblicken*, es überschauen, רַחַב Weite, Breite²). — 19. אֵי־זֶה *welcher?* (vgl. V. 24. E. § 326 a)³). — 20. לָקַח *bringen*, גְּבוּל *Gebiet*), בִּין *wissen*, *kennen*, נְתִיבָה Pfad⁴). — 21⁵). — 22. אוֹצָר Vorrat, שֶׁלֶג Schnee, בָּרָד Hagel. — 23. חָשַׂךְ *sparen*, *aufsparen*, m. לְ für etwas; צַר Drangsal, קְרָב Kampf, מִלְחָמָה Krieg⁶). — 24. נֶחֱלָק sich teilen, הֵפִיץ *sich* zerstreuen, verbreiten (G. § 53, 2), קָדִים Ostwind⁷). — 25. פִּלַּג *(Q.* u.) zerteilen, שֶׁטֶף Strömung, strömender Regen, תְּעָלָה Kanal, חֲזִיז

los nieder. ¹) צַלְמָוֶת, שַׁעֲרֵי מָוֶת *die Thore des Todes*, *Thore der schwarzen Finsternis*, d. i. die Thore des Totenreiches (שְׁאֹל), vgl. 10, 21 f. 17, 16. 28, 22. — Zu V. 17 vgl. 26, 6. ²) V. 18 a. ist ein Fragesatz. Das ה *interrog*. ist vor הִתְבֹּנַנְתָּ ausgelassen, um den Zusammenstoss zweier ה zu vermeiden, E. § 324 b. — Das *Suff. f.* in כֻּלָּהּ als *Neutr*.: *das alles*. ³) V. 19: *Welches ist der Weg dahin, wo das Licht wohnt? und die Finsternis — welches ist ihr Ort?* Über den Relativsatz יִשְׁכָּן־אוֹר vgl. V. 24. G. § 123, 3, c. E. § 332 a. — חֹשֶׁךְ ein cas. absol. ⁴) V. 20: *Dass du sie* (das Licht und die Finsternis) *brächtest in ihr Gebiet* (das sie zu erleuchten oder zu verfinstern haben), *und dass du kenntest die Pfade zu ihrem Hause. כִּי dass*, vgl. V. 5 u. s. zu 3, 12. — Die *Suff*. in תִּקָּחֶנּוּ, גְּבוּלוֹ u. בֵּיתוֹ gehen auf אוֹר u. חֹשֶׁךְ V. 19. Der *Sing*. derselben bezieht sich auf jene nomina *einzeln* gedacht. — נְתִיבוֹת בֵּיתוֹ *die Pfade zu ihrem Hause*, s. zu 28, 23. ⁵) V. 21 ironisch: *Du weisst es, denn damals, d. i. als alle diese Dinge von mir geschaffen wurden, wurdest du geboren, und die Zahl deiner Tage ist viel.* Über אָז mit dem *Impf*. s. G. § 127, 4, *a*, und über den *Pl*. רַבִּים s. zu 15, 20. ⁶) V. 23: *Die* (näml. den Schnee und Hagel) *ich aufgespart habe für die Zeit der Drangsal, für den Tag des Kampfes und des Krieges* d. i. für die Anlässe, wo ich die Menschen dadurch züchtigen will. Vgl. Jos. 10, 11. Jes. 28, 17. 30, 30. 32, 19. Ez. 13, 13. Hagg. 2, 17. Ps. 18, 13 f. 2. Sam. 23, 20. 1. Macc. 13, 22. ⁷) V. 24: *Welches ist der Weg, auf dem das Licht sich teilt, der Ostwind sich verbreitet über die Erde hin?* Über den Relativsatz יֵחָלֶק אוֹר s. zu V. 19.

קְלֹות Wetterstrahl (vgl. 28, 26. 4)¹). — 26²). — 27. הִשְׂבִּיעַ sättigen, שֹׁאָה וּמְשׁוֹאָה Wüste und Verwüstung (vgl. 30, 3), הַצְמִיחַ sprossen lassen, מֹצָא דֶשֶׁא Ort, wo Gras hervorkommt, *Grasboden.*
28. הוֹלִיד zeugen, אֵגֶל * nur *Pl.* אֶגְלֵי טַל Tautropfen. — 29. קֶרַח Eis, כְּפוֹר Reif³). — 30. הִתְחַבָּא (v. חָבָא, verwandt mit חָמָא) *sich verdichten*, הִתְלַכֵּד sich zusammenschliessen, fest werden⁴). — 31. קָשַׁר binden, מַעֲדַנּוֹת (für מַעֲנַדּוֹת v. עָנַד 31, 36)* die Bande, כִּימָה die Plejaden, das Siebengestirn, מוֹשְׁכוֹת (v. מָשַׁךְ arab. fesseln) Fesseln, כְּסִיל das Sternbild *Orion,* פָּתַח lösen⁵). — 32. מַזָּרוֹת * (= מַזָּלוֹת 2. Kön. 23, 25) die Bilder des Tierkreises, עַיִשׁ* (= עָשׁ 9, 9) das Bärengestirn, der grosse Bär, הִנְחָה führen, leiten⁶). — 33. חֻקָּה (s. v. a. חֹק) Gesetz, שִׂים *feststellen,* bestimmen, מִשְׁטָר* Herr-

---

¹) V. 25: *Wer hat zerteilt dem Regengusse den Kanal und einen Weg dem Donnerstrahl,* d. i. wer hat den Regenstrom dahin geleitet, wo er sich ergiessen soll, und hat dem Donnerstrahl seine bestimmte Richtung gegeben? Zum 2. Gl. vgl. 28, 26b. ²) V. 26: *Um zu regnen auf Land ohne Menschen* (welche dasselbe bebauen). auf *Wüstenei, worin kein Mensch ist.* אֶרֶץ לֹא־אִישׁ *Land ohne Menschen,* s. zu 12, 24. — עַל im 1. Gl. wirkt im 2. fort, vgl. 37, 16 u. s. zu 15, 3. — לֹא אָדָם בּוֹ ein Relativsatz, vgl. 123, 3,b. ³) V. 29: *Aus wessen Leib ging das Eis hervor, und der Reif des Himmels — wer hat ihn geboren?* מִי steht hier im *Genetiv*, G. § 122, 3. — כְּפֹר ש' ein *cas. absol.* ⁴) V. 30: *Wie Stein verdichtet sich das Wasser, und die Oberfläche der Flut schliesst sich zusammen,* wird fest. ⁵) V. 31: *Knüpfest du die Bande der Plejaden,* d. i. bewirkst du, dass die Sterne des Siebengestirns sich stets zusammenfinden, und stets dieselbe Gruppe bilden, *oder lösest du die Fesseln des Orion,* d. i. kannst du die Sterne des Orion von ihrer Stelle wegnehmen, so dass derselbe, der an den Himmel gefesselte Riese, von seinen Fesseln befreit wird und vom Himmel verschwindet? ⁶) V. 32: *Führst du die Bilder des Tierkreises heraus* an das Himmelsgewölbe *zu seiner Zeit,* d. i. zur rechten Zeit, für jeden Monat sein besonderes Bild (vgl. 5, 26. 5. M. 11,

schaft¹). — 34. שִׁפְעַת מַיִם Wasserflut²). — 35. שָׁלַח senden, בָּרָק Blitz³). — 36. טֻחוֹת (v. טוּחַ = טְחָא ar. dunkel sein) *dunkeles Gewölk*, (And.: Nieren) שֶׂכְוִי* (v. u. שָׂכָה sehen), Erscheinung, Phänomen, *Luftgebilde* (A.: Hahn)⁴). — 37. סָפַר zählen, abzählen, שְׁחָקִים Wolken, נֵבֶל u. נֵבֶל Schlauch, Gefäss, נִבְלֵי שָׁמַיִם *Schläuche des Himmels*, d. i. die Wolken, הִשְׁכִּיב hinlegen, (von einem mit Flüssigkeit angefüllten Gefäss) umlegen, *ausgiessen*. — 38. יָצַק sich ergiessen, מוּצָק Gegossenes, Gusswerk (s. zu 37, 18), רֶגֶב Scholle, דָּבַק zusammenkleben⁵).

39. צוּד jagen, לָבִיא Löwin, טֶרֶף Raub, Beute, כְּפִיר junger

---

14. 28, 12. Ps. 1, 3. 104, 27), *und den Bär samt seinen Kindern — leitest du sie?* — מְזָרוֹת And.: die beiden (nördl. und südl.) Kronen (vgl. נֵזֶר); And. *(Dillm.)*: מַזָּרוֹת = מַזָּרוֹת (vgl. E. § 79 d.) die Glanzsterne, die, welche vor allen andern glänzen, die Planeten (vgl. זהר glänzen). — עַיִשׁ עַל־בּ׳ *cas. abs.* — עַל *samt*, vgl. 1. M. 32, 12. E. § 217 *i, δ*. — Die בָּנִים *Kinder* sind die 3 Schwanzsterne des grossen Bären. —. תַּנְחֵם *Impf. Hiph.* v. נָחָה m. *Suff.* ¹) V. 33: *Kennest du die Gesetze des Himmels*, d. i. die Gesetze, nach welchen die Erscheinungen, die am Himmel vorgehen oder von ihm abhängen (wie der Lauf der Gestirne, der Wechsel der Tages- und Jahreszeiten, der Witterung u. s. w.) bestimmt und geordnet werden (vgl. 1. M. 8, 22. Jer. 31, 35 f.), *oder stellst du seine Herrschaft*, seinen Einfluss *über die Erde fest* (vgl. 1. M. 1, 14—18. Ps. 136, 7—9)? Das *Suff. Sing.* in מִשְׂטָרוֹ bezieht sich hier auf שָׁמַיִם, das als *Sing.* mit der Bedeutung: *Herrscher* od. *König* aufgefasst ist, E. § 318 a. ²) V. 34: *Erhebst du zur Wolke deine Stimme*, *dass eine Wasserflut dich bedecke?* d. i. gebietest du der Wolke, eine Wasserflut auf dich herab zu ergiessen? Das 2. Gl. ist wörtlich wiederholt aus 22, 11, wo es aber einen bildlichen Sinn hat. ³) וְיֵלְכוּ וגו׳ *dass sie gehen* u. s. w. ⁴) V. 36: *Wer legte in dunkles Gewölk Weisheit*, oder *wer gab der Lufterscheinung Einsicht?* ⁵) V. 38: *Wann der Staub sich ergiesst zum Gusswerk*, d. i. (durch den Regen) flüssig und wieder eine feste, wie gegossene Masse wird, *und die Schollen*

Löwe, מַלֵּא חַיָּה das Leben anfüllen, d. i. den Hunger stillen.
— 40. כִּי wann, שָׁחַח sich bücken, ducken, מְעוֹנָה Lager,
סֻכָּה Dickicht, אֶרֶב Lauer[1]). — 41. הֵכִין schaffen, (vgl. 27,
16 f.), עֹרֵב Rabe, צַיִד Raub, כִּי wann, wenn, יֶלֶד Junges (von
Tieren), תָּעָה umher irren, לִבְלִי ohne.

Cap. XXXIX. 1. יָעֵל Steinbock, סֶלַע Fels, חוֹלֵל (Pil. v. חוּל)
kreisen, gebären, אַיָּלָה Hirschkuh, שָׁמַר beobachten, wahrnehmen[2]). — 2. מִלֵּא (eine Zeit) voll machen, vollbringen[3]).
— 3. כָּרַע sich beugen, in die Knie sinken (von dem gebären-
den Tiere), פִּלַּח durchbrechen lassen (die Jungen), gebären,
חֵבֶל Schmerz, Wehen (der Gebärerin), gew. im Pl. חֲבָלִים (st.
c. חֶבְלֵי); שָׁלַח ח׳ die Wehen loslassen, von sich lassen, d. i.
sich ihrer entledigen[4]). — 4. חָלַם stark werden, erstarken,
רָבָה wachsen, בַּר das Freie, das (freie) Feld[5]). — 5. שָׁלַח חָפְשִׁי
freilassen, פֶּרֶא wilder Esel, Waldesel, מוֹסֵר (f. מַאְסָר) nur Pl.
(וֹת— u. יִם—) Bande, עָרוֹד * wilder Esel[6]). — 6. עֲרָבָה Steppe,

---

an einander kleben? צֶקֶת Inf. v. יָצַק.   [1]) לְמוֹ־אָרֶב zur Lauer.
— Über לְמוֹ s. zu 27, 14. 4. Zu V. 41 vgl. Ps. 147, 9. Luc.
12, 24.   [2]) V. 1: Weisst du die Zeit des Gebärens der Felsen-
steinböcke, d. i. die Zeit, wann die Gemsen gebären, nimmst du
das Kreisen der Hindinnen wahr, d. i. kannst du wahrnehmen,
wann die Hindinnen kreisen? Das ה interrogat. im 1. Gl. wirkt
im 2. Gl. u. in V. 2 fort. — חֹלֵל Inf. Pil. v. חוּל.   [3]) V. 2:
Zählst du die Monde, die sie voll machen, d. i. die sie bis zur Geburt vollbringen müssen, bis zur Geburt brauchen, und weisst du
die Zeit ihres Gebärens, die Zeit wann sie gebären? תִּמְלֶאנָה ein
Relativsatz. — לְדִתְּנָה f. לְדִתָּן Inf. v. יָלַד m. Suff., G. § 91, 1,
Anm. 2.   [4]) תְּפַלַּחְנָה bildet mit תְּשַׁלַּחְנָה eine Paronomasie. —
Die Suff. masc. in חֶבְלֵיהֶם u. בְּנֵיהֶם V. 4 beziehen sich auf ein
Fem., s. zu 1, 14.   [5]) וְלֹא־שָׁבוּ לָמוֹ und sie kehren nicht zu
ihnen, d. i. zu den Alten, zurück.   [6]) Das Adj. חָפְשִׁי ist zweites
Objekt od. Prädikatsaccus., zu שָׁלַח, E. § 284 a. — Das 2. Gl.:
und (wer) löste die Bande (vgl. 12, 18) des wilden Esels, d. i. setzte
den wilden Esel in Freiheit?

Einöde, מְלֵחָה Salzsteppe ¹). — 7. שָׂחַק לְ etwas verlachen, verspotten (vgl. 5, 22), הָמוֹן Getümmel (einer Volksmenge), קִרְיָה Stadt, תְּשֻׁאוֹת Lärmen, Geschrei, נֹגֵשׂ Treiber (der Tiere) ²). — 8. תּוּר *durchspähen,* מִרְעֶה Weide, Futter, יָרוֹק* das Grüne, דָּרַשׁ אַחַר m. nach etwas suchen ³).

9. אָבָה wollen, רֵים (= רְאֵם) Büffel (A.: Rindsantilope), לִין übernachten, אֵבוּס Krippe ⁴). — 10. קָשַׁר binden, m. בְּ an etwas; תֶּלֶם Furche, עֲבֹת Strick, שִׂדֵּד *(Q.* u.) eggen, עֵמֶק Thal, Thalgrund ⁵). — 11. עָזַב m. אֶל jemandem (etwas) *überlassen,* יְגִיעַ Arbeit ⁶). — 12. שׁוּב *(K'thib)* trans. (vgl. 42, 10.) zurückbringen, *heimführen,* זֶרַע Same, *Saat,* Getreide, גֹּרֶן Tenne, אָסַף sammeln, einsammeln ⁷). — 13. רְנָנִים (eig. *clamores,* dann) weiblicher Strauss, נֶעֱלָס sich fröhlich geberden, (vom Straussenflügel:) *sich fröhlich schwingen,* אֶבְרָה Schwungfeder, חָסִיד fromm, נֹצָה Fittich, Gefieder ⁸). — 14. בֵּיצָה Ei, nur im

---

¹) V. 6: *Zu dessen Hause ich machte die Einöde, und zu seiner Wohnung die Salzsteppe.* — אֲשֶׁר בֵּיתוֹ *dessen Haus,* G. § 123, 1. ²) V. 7a: *Er lacht des Getümmels der Stadt* (wo sich der zahme Esel abmühen muss). ³) V. 8a: *Er durchspäht die Berge als seine Weide.* Für יְתוּר Erspähetes ist (mit LXX, *Vulg.,* Ew. u. a.) יָתוּר *(Impf.* v. תּוּר) zu lesen. ⁴) עַל־אֲבוּסֶךָ *an deiner Krippe.* עַל ist gebraucht, weil der an der Krippe liegende Büffel mit dem Kopfe *über* dieselbe hervorragen würde. ⁵) V. 10: *Bindest du den Büffel an die Furche seines Seiles,* d. i. zwingst du ihn, an sein Zugseil gespannt, (wie der zahme Ochs) Furchen zu ziehen, *oder egget er Thalgründe hinter dir her,* d. i. dir folgend, wie du ihn ihm vorangehend leitest? ⁶) V. 11: *Vertrauest du ihm, weil gross seine Kraft ist* (wird seine übergrosse Kraft und Wildheit bei dir Vertrauen auf ihn zulassen?), *und überlässest du ihm deine Arbeit?* ⁷) V. 12: *Verlässest du dich auf ihn, dass er heimführe deine Saat, dein Getreide, und auf deine Tenne sammle* (näml. deine Saat)? כִּי *dass* nach dem Verb. תַּאֲמִין als Obj. desselben, E. § 336 *b.* — Für יָשׁוּב liest das *Q'ri* das für die transitive Bedeutung v. שׁוּב gebräuchliche *Hiph.* יָשִׁיב. — גֹּרֶן Acc., G. § 118, 1, *a.* ⁸) V. 13: *Der Straussin Flügel schwingt sich*

Hiob. Cap. XXXIX, 14—18.

Pl. בֵּיצִים; חָמַם warm werden lassen, wärmen¹). — 15. זוּר zerdrücken, דּוּשׁ zertreten²). — 16. הִקְשִׁיחַ (*Q.* u.) hart behandeln, רִיק leer, als *Neutr.* Leeres, Eitles, לָרִיק *für Eiteles,* d. i. vergebens, בְּלִי ohne, פַּחַד Furcht³). — 17. הִשָּׁה vergessen lassen (s. zu 11, 6), חָלַק m. לְ d. P. u. בְּ d. S.: jemandem *Anteil* geben *an* etwas⁴). — 18. הִמְרִיא schlagen, sich peitschen, סוּס Ross, רָכַב reiten, *Part.* רֹכֵב Reiter⁵).

---

fröhlich; ist es wohl *eine fromme,* liebevolle *Schwinge und Feder?* נֶעֶלְסָה 3 *Perf. f.* in *Pausa.* — אִם im 2. Gl. in der einfachen Frage *ob* wohl?, G. § 153, 2. E. § 324c. — חֲסִידָה *pia,* zärtlich gegen die Jungen, mit Anspielung auf den Storch, der von seiner Zärtlichkeit gegen die Jungen den Namen חֲסִידָה *(avis) pia* hat. ¹) V. 14: (Der Straussin Flügel ist nicht eine liebevolle Schwinge und Feder [V. 13b.], sie ist kein zärtlicher Vogel) *vielmehr überlässt sie der Erde ihre Eier* (indem sie die Eier nicht, wie andere Vögel in geschützte Nester, sondern in den nur wenig aufgescharrten Sand legt), *und lässt sie auf dem Staube warm werden,* (durch die Sonnenhitze) wärmen und brüten. כִּי *vielmehr,* s. zu 5, 2. 22, 2. — Subj. zu תְּחַמֵּם, תְּשַׁכַּח, תָּעוֹב u. s. w. ist רְנָנִים, das seinem Sinne nach *fem. Sing.* ist, G. § 146, 3. E. § 318a. — In תְּחַמֵּם ist das *Suff.* הָ zur Vermeidung des Übelklangs weggelassen. ²) V. 15: *Und sie vergisst,* bedenkt nicht, *dass ein Fuss sie* (die Eier) *zertreten, und das Wild des Feldes sie zermalmen kann.* Über das *Impf. cons.* וַתִּשְׁכַּח s. zu 3, 21. — Die *Suff. fem. sing.* beziehen sich auf den *Pl.* בֵּיצִים vgl. 14, 19. G. § 146, 3. ³) V. 16: *Hart behandelt sie ihre Jungen,* d. i. die Eier, aus denen die Jungen ausgebrütet werden sollen, *als nicht ihr* gehörige (vgl. E. § 217 d, a, 1), d. i. als wenn sie ihr nicht gehörten; *vergeblich ist ihre Mühe,* (wenn ihre in den Sand gelegten Eier zertreten werden) *ohne Furcht,* d. i. ohne dass sie deswegen besorgt ist. Weil רְנָנִים immer mit dem *Fem.* des Verb. construiert wird, so ist (nach *Ew.* im Comment. zu d. St.) für הִקְשִׁיחַ zu lesen הַקְשִׁיחַ als *Inf. absol.,* der hier für das *Verb. finit.* steht, s. G. § 131, 4, a. ⁴) V. 17a: *Denn Gott hat sie Weisheit vergessen lassen,* d. i. hat ihr Weisheit versagt. הִשָּׁה *Perf. Hiph.* v. נָשָׁה m. dem *Suff.* 3. *fem.* ⁵) V. 18: *Wann sie* (mit ihren Flügeln) *in die Höhe peitscht,* so u. s. w. בְּעֵת mit

19. גְּבוּרָה Kraft, הִלְבִּישׁ womit bekleiden, m. dopp. Acc.; צַוָּאר Hals, רַעְמָה Zittern¹). — 20. הִרְעִישׁ springen lassen, אַרְבֶּה Heuschrecke, הוֹד Pracht, נַחַר* Schnauben (des Rosses), אֵימָה Schrecken²). — 21. חָפַר graben, *scharren*, שִׂישׂ sich freuen, m. בְּ über etwas; יָצָא ausziehen (zum Kriege, zur Schlacht), לִקְרַאת entgegen, נֶשֶׁק (u. נֵשֶׁק 20, 24) Rüstung³). — 22. חָתַת erschrecken, beben⁴). — 23. רָנָה* klirren, אַשְׁפָּה Köcher, לַהַב Flamme, חֲנִית Speer. כִּידוֹן Wurfspiess⁵). — 24. רַעַשׁ Rauschen, Ungestüm, רֹגֶז Toben, גָּמָא schlürfen, הֶאֱמִין *Stand halten*, שׁוֹפָר Trompete⁶). — 25. בְּדֵי (zusammengez. aus בְּ u. דֵּי *st. constr.* v. דַּי) so oft als, הֶאָח Interj. der Freude, (hier vom mutig wiehernden Rosse:) hui!, הֵרִיחַ riechen, wittern, מִלְחָמָה Kampf, רַעַם Donner, רַעַם שָׂרִים das Donnerwort, die donnernden Befehle *der Feldherren*, תְּרוּעָה Kriegsgeschrei⁷). — 26. הַאֲבִיר* (denom. v. אֶבְרָה) die Schwingen

---

ausgelassenem אֲשֶׁר: zur Zeit da, d. i. wann, vgl. 6, 17. E. § 337c. ¹) V. 19b: *kleidest du seinen Hals mit Zittern*, d. i. mit zitternder, flatternder Mähne.   ²) V. 20b: *Die Pracht seines Schnaubens ist Schrecken!*   ³) V. 21: *Es* (das Ross) *scharrt* (kampflustig und ungeduldig) *im Thalgrund und freut sich der Kraft*, seiner Kraft, *zieht aus entgegen der Rüstung*, d. i. dem gerüsteten Feinde. Subj. zu יַחְפְּרוּ sind die Rosse. Der *Sing.* ist in den *Pl.* übergegangen (vgl. 15, 29. 20, 23). Doch befremdet hier ein solcher Numeruswechsel, weil schon in demselben Gl. wieder der *Sing.* gebraucht wird. Daher ist wohl für יַחְפְּרוּ zu lesen יַחְפֹּר und anzunehmen, dass ersteres für letzteres unrichtig geschrieben ist (vgl. 26, 12.).   ⁴) יֵחַת Impf. Qal v. חָתַת in Pausa.   ⁵) V. 23: *Über ihm klirrt der Köcher*, näml. der Köcher seines Reiters, *die Flamme des Speers und Wurfspiesses*, d. i. der blitzende Speer und Wurfspiess, (und doch fürchtet es sich nicht).   ⁶) V. 24: *Mit Ungestüm und Toben schlürft es den Boden*, d. i. fliegt es über den Boden dahin, so schnell, als ob es ihneinschlürfte, *und hält nicht Stand', wann der Schall der Trompete ertönt.* יִגְמָא, s. G. § 75, Anm. 21, a.   ⁷) בְּדֵי שֹׁפָר *so oft nur die Trompete tönt.* — וּמֵרָחוֹק וגו׳ *und von ferne wittert es den Kampf, das Donnerwort, die*

gebrauchen, *sich emporschwingen,* נֵץ Habicht, פָּרַשׂ ausbreiten, תֵּימָן Süden [1]). — 27. עַל־פִּי' *auf das Geheiss* jemandes, הַגְבִּיהַּ hoch machen, *hoch fliegen,* נֶשֶׁר Adler, הָרִים *hoch,* in die Höhe bauen, קֵן Nest [2]). — 28. סֶלַע Fels, הִתְלוֹנֵן (Hithpal. v. לִין) übernachten, weilen, שֶׁן־סֶלַע *Felsenzahn,* d. i. Felsenspitze, מְצוּדָה Berggipfel. — 29. חָפַר *erspähen* [3]). — 30. אֶפְרֹחַ ein Junges (von Vögeln), עָלַע (abgekürzt aus עִלְעַל Pilp. v. עוּל, E. § 118a.) schlürfen, בַּאֲשֶׁר an (dem Orte) wo, wo, חָלָל Erschlagener [4]).

Cap. XL. 1. עָנָה *anheben* zu jem. zu reden, m. dem *Acc.* (vgl. V. 5). — 2. יִסּוֹר * *Tadler,* הוֹכִיחַ zurechtweisen, zur Rede stellen [5]).

4. קָלַל gering, zu gering sein [6]). — 5. אַחַת *einmal,* שְׁתַּיִם *zweimal* [7]).

---

donnernden Befehle *der Feldherren und das Schlachtgeschrei.* [1]) V. 26: *Schwingt sich durch deine Einsicht der Habicht empor, breitet seine Flügel aus nach Süden,* nämlich vor Eintritt der kälteren Jahreszeit? [2]) V. 27: *Oder fliegt auf dein Geheiss der Adler empor, und* ist es auf dein Geheiss, geschieht es auf deinen Befehl, *dass er sein Nest in die Höhe baut?* כִּי in וְכִי [3]) hängt von עַל־פִּיךָ ab. [3]) לְמֵרָחוֹק hier (= מֵרָחוֹק Jes. 23, 7. Spr. 7, 19) *in die Ferne, fernhin.* [4]) V. 30b: *und wo Erschlagene sind, da ist er.* [5]) V. 2: *Will hadern mit dem Allmächtigen der Tadler? Der Gott zurechtwies,* zur Rede stellte, *antworte darauf,* d. i. auf alles, was ich ihn gefragt habe! רִב ist der *Inf. abs.* von רִיב und steht für das *Verb. fin.,* G. § 131, 4,b. — Das *Suff. fem.* in יַעֲנֶנָּה als *Neutr.* [6]) V. 4: *Siehe, zu gering bin ich, was soll ich dir erwidern? Meine Hand leg' ich auf meinen Mund,* d. i. ich verstumme (vgl. 21, 5. 29, 9). [7]) V. 5: *Einmal hab' ich geredet,* näml. gegen dich, *und werde nicht* wieder *anheben zu reden; und zweimal* (hab' ich geredet), *und werde es nicht mehr thun!* וּשְׁתַּיִם — אַחַת *einmal — und zweimal,* d. i. mehrmals, vgl. 33, 14. 29. Ps. 62, 12. — וְלֹא אוֹסִיף eig.: *und ich werde nicht fortfahren,* näml. zu reden, vgl. 38, 11. 40, 32.

6. vgl. 38, 1¹). — 7. vgl. 38, 3. — 8. אַף *auch, sogar*, הֵפֵר brechen, *aufheben*²). — 9. הִרְעִים donnern³). — 10. עֲדֵה etwas anziehen, גָאוֹן Hoheit, גֹּבַהּ Höhe, Majestät, הוֹד Glanz, הָדָר Pracht. — 11. הֵפִיץ *ergiessen, sich ergiessen lassen*, עֶבְרוֹת אַפֶּךָ die Überströmungen, *Ausbrüche* deines Zornes, רָאָה *anblicken*, גֵּאֶה stolz, הִשְׁפִּיל erniedrigen, demütigen. — 12. הִכְנִיעַ (*Q.* u.) beugen, הָדַךְ* niedertreten⁴). — 13. טָמַן verbergen, חָבַשׁ *ein-schliessen*, טָמוּן *Verborgenes, Dunkel*⁵). — 14. הוֹדָה loben⁶).
15. בְּהֵמוֹת Behemoth (= ägypt. *P-ehe-mout*, d. i. der Wasserochse) *das Nilpferd*, חָצִיר Gras, בָּקָר Rindvieh⁷). — 16. מָתְנַיִם *Du.* Lenden, אוֹן Stärke, שָׂרִיר* fest, nur *Pl.* בֶּטֶן שְׂרִירֵי die *Sehnen* oder Muskeln des Bauches. — 17. חָפֵץ beugen, זָנָב Schwanz, אֶרֶז Ceder, גִּיד Sehne, פַּחֲדַיִם *Du.* Schenkel, Keulen, שָׂרַג (*Pu.* v. im *Q.* u. שָׂרַג) verflochten sein⁸). — 18. אָפִיק Rinne, Röhre, אֲפִיקֵי נְחוּשָׁה Röhren von Erz, eherne Röhren, גֶּרֶם Knochen, מָטִיל* (geschmiedeter) Stab, בַּרְזֶל Eisen.

---

¹) Über מַג s. zu 38, 1.   ²) V. 8: *Willst du* (nicht allein mit mir rechten und gegen mich reden, sondern) *sogar mein Recht*, d. i. das Recht, welches ich in der Weltregierung übe, *aufheben*, näml. indem du leugnest, dass das Recht sei, was ich thue, *mich ver-dammen*, mich der Ungerechtigkeit beschuldigen, *damit du gerecht seist*, für gerecht geltest?   ³) V. 9: *Oder hast du einen Arm*, eine Macht *wie Gott, und willst du* (um zu beweisen, dass du Gott an Macht gleichkommst) *mit der Stimme*, d. i. laut, *wie er donnern?*   ⁴) תַּחְתָּם *an ihrer Stelle*, d. i. wo sie eben sind, urplötzlich, vgl. 36, 20. — Zu V. 11 *b* u. V. 12 *a* vgl. Jes. 2, 12 ff.   ⁵) V. 13: *Verbirg sie in den Staub*, in das Grab *allzumal, ihr Angesicht ver-schliess in Dunkel*, d. i. in den שְׁאוֹל, (damit sie nie wieder ans Licht kommen und wagen ihr freches Angesicht zu erheben)!   ⁶) V. 14: *So will auch ich dich loben, dass deine Rechte dir hilft*, dass du aus eigener Macht etwas ausrichten kannst (vgl. Jes. 59, 16. 3, 5. Ps. 44, 4).   ⁷) אֲשֶׁר־עָשִׂיתִי עִמָּךְ (das Nilpferd) *das ich gemacht*, geschaffen *habe mit dir*, d. i. so gut als dich (vgl. 9, 26. 37, 28).   ⁸) V. 17: *Es beugt seinen Schwanz wie eine Ceder*, d. i. wenn es seinen Schwanz beugt, so kann es diesen so

— 19. רֵאשִׁית Erstling, הִגִּישׁ darbringen, darreichen ¹). — 20. בּוּל (f. יְבוּל) Erzeugnis, *proventus*, Früchte, שָׂחַק scherzen, spielen ²). — 21. צֶאֱלִים Lotusbüsche, סֵתֶר Schirm, קָנֶה Rohr, Schilfrohr, בִּצָּה Sumpf. — 22. סָכַךְ bedecken, סָבַב umgeben, עָרָב (nur im *Pl.* עֲרָבִים) Weide, Weidenbaum, נַחַל Bach ³). — 23. עָשַׁק Gewalt üben, (von einem Flusse:) gewaltthätig kommen, *anschwellen*, über die Ufer gehen, חָפַז zittern, (ängstlich) *fliehen*, בָּטַח *sorglos bleiben*, כִּי *wann*, wenn, גִּיחַ hervorbrechen (vgl. 38, 8) ⁴). — 24. לָקַח *fangen*, מוֹקֵשׁ *Fangseil*, נָקַב durchbohren ⁵).

---

starr und steif wie einen Cedernast machen, *die Sehnen seiner Schenkel sind verflochten*, bilden ein dichtes und starkes Geflecht. בְּמוֹ־אָרֶז gehört zum Obj. ¹) V. 19: *Es ist der Erstling der Wege*, das erste, vorzüglichste der Werke, ein Meisterstück der Schöpferthätigkeit *Gottes* (vgl. 26, 14. Spr. 8, 22); *der es schuf, sein Schöpfer, reichte* (ihm) *dar sein Schwert*. Das 2. Gl. schliesst sich an 15 b an und bildet so den Übergang zu V. 20. — הַעֹשׂוֹ] Der Artikel vor dem *Part. m. Suff.*, weil letzteres *Acc.* ist, G. § 135, 2. E. § 290 d. — יַגֵּשׁ f. יַגִּישׁ, G. § 128, 2, Anm. — Das *Suff.* in חַרְבּוֹ bezieht sich auf das Nilpferd. *Sein Schwert*, d. i. sein Gebiss, namentlich seine scharfen *Schneidezähne*, mit denen es wie mit einer Sichel Gras und Saaten abmäht. ²) V. 20 b: *und alle Tiere des Feldes spielen daselbst*, d. i. alle übrigen Tiere des Feldes (sind nicht in Gefahr von ihm angefallen zu werden, sondern) spielen ruhig und sicher um ihn her. ³) V. 22 a: *Lotosbüsche als sein Schatten decken es.* צִלֲלוֹ Appos. zum Subj. צֶאֱלִים. — צִלֲלוֹ (mit aufgelöster Verdoppelung vor dem *Suff.*, E. § 255 b) f. צִלּוֹ — יִסְבֻּהוּ bildet mit יְסֻבֻּהוּ und צֶאֱלִים m. צְלָלִים ein Wortspiel. ⁴) V. 23 b: *er bleibt sorglos, wann ein Jordan*, d. i. ein grosser, reissender und stark angeschwollener Strom (wie der Jordan) *an sein Maul hervorbricht*, d. i. dringt. יַרְדֵּן ist hier als nom. appell. gebraucht. ⁵) V. 24: *Vor seinen Augen*, indem es zusieht, *fängt man es, mit den Fangseilen durchbohrt man ihm die Nase.* יִקָּחֶנּוּ *man fängt es*, יִנְקָב־ *man durchbohrt*, vgl. 28, 2 ff. — Zum 2. Gl. vgl. V. 26.

25. מָשַׁךְ ziehen, לִוְיָתָן *Livjathan*, d. i. Krokodil, חַכָּה Angel, חֶבֶל Strick, *Schnur* (der Angel), הִשְׁקִיעַ niederdrücken¹). — 26. אַגְמוֹן Binse, ein aus Binsen geflochtener *Strick* (vgl. σχοῖνος), חוֹחַ Ring, לְחִי Backen. — 27. תַּחֲנוּנִים (v. חָנַן) Flehen, הִרְבָּה ת׳ viel Flehens machen, רַךְ zart, sanft, רַכּוֹת als *Neutr. Sanftes*, d. i. sanfte Worte. — 28. כָּרַת בְּרִית einen Bund schliessen²). — 29. שָׂחַק בְּ *mit* jem. spielen, צִפּוֹר kleiner Vogel, קָשַׁר *anbinden* (mit einem Faden), נַעֲרָה Mädchen³). — 30. כָּרָה עַל *über* etwas *handeln*, es verhandeln (s. zu 6, 27), חָבָר* Genosse, Geselle, חָצָה teilen, כְּנַעֲנִים *Kanaanäer*, d. i. Kaufleute⁴). — 31. שֻׂכָּה* Stachel, spitziges Geschoss, צִלְצָל (v. צָלַל) Klirren, klirrendes Instrument, צִלְצַל דָּגִים Fischharpune, Fischerhaken. — 32. שִׂים כַּף עַל die Hand *an* jem. legen⁵).

¹) Wegen V. 26 ff. ist V. 25 als Frage (mit ausgelassenem הֲ) aufzufassen (vgl. V. 30): *Ziehst du den Livjathan mit der Angel, fängst du den Livjathan wie einen Fisch mit der Angel und ziehst ihn aus dem Wasser, und drückst du mit der Schnur seine Zunge nieder* (— indem näml. durch die Schnur der Angelhaken, der in seinem Maule steckt, angezogen und dadurch die Zunge niedergehalten wird —)? ²) V. 28: *Wird er einen Bund mit dir schliessen, wirst du ihn zum ewigen Knecht nehmen?* d. i. wird er mit dir einen Vertrag schliessen, dass er (wie ein Haustier, vgl. 39, 9) dir lebenslänglich diene, und du ihm dagegen seinen Unterhalt gewährst? ³) V. 29: *Wirst du mit ihm spielen wie mit einem kleinen Vogel und ihn anbinden für deine Dirnen*, damit sie mit ihm spielen? — כְּצִפּוֹר *wie mit einem kleinen Vogel*, s. zu 28, 5. — Vgl. *Catull.* II, 1—4. ⁴) V. 30 ein Fragesatz (vgl. V. 25): *Verhandeln ihn die Genossen*, Fischergenossen, *teilen sie ihn unter die Kanaanäer*. ⁵) V. 32: *Lege an ihn deine Hand, gedenke des Kampfes*, d. i. dann wirst du an diesen einmal versuchten Kampf allezeit denken müssen; *thu' es nicht wieder!* d. i. du wirst es nicht wieder thun! שִׂים Imper. — זְכֹר Imper. cons., E. § 347 b. — אַל־תּוֹסַף eig.: *fahre nicht fort*, näml. deine Hand anzulegen, vgl. V. 5. 38, 11. 40, 5. — תּוֹסַף Jussiv mit der Pausalaussprache, E. § 224 b.

Hiob. Cap. XLI, 1—7.

Cap. XLI. 1. תּוֹחֶלֶת Erwartung, Hoffnung, נִכְזָב *sich als lügnerisch*, trügerisch *erweisen*, מַרְאֶה Anblick, הוּטָל (Hoph. v. im Q. u. טוּל, pass. v. הֵטִיל) hingestreckt werden¹). — 2. אַכְזָר kühn, verwegen, הֵעִיר aufregen, הִתְיַצֵּב sich stellen, hintreten²). — 3. הִקְדִּים jem. etwas zuvorthun, zuvorgeben³). 4. הֶחֱרִישׁ *verschweigen*, mit Schweigen übergehen, בַּדִּים Glieder, חִין* = חֵן *Anmut*, עֶרֶךְ *Einrichtung, Bau* (des Körpers)⁴). — 5. גִּלָּה aufdecken, כֶּפֶל Verdoppelung, רֶסֶן Zaum, das Gebiss (vgl. χαλινοί), כֶּפֶל רִסְנוֹ sein doppeltes Gebiss⁵). — 6. דְּלָתַיִם Pforten, אֵימָה Schrecken⁶). — 7. גַּאֲוָה Stolz, *Pracht*, אָפִיק

---

¹) V. 1: *Siehe, seine Hoffnung*, d. i. die Hoffnung eines Menschen, der den Kampf mit dem Krokodil wagen wollte, *ist getäuscht! wird er nicht sogar auf seinen Anblick*, schon bei seinem Anblick, *niedergestreckt*, d. i. von einem solchen Schrecken ergriffen, dass er besinnungslos zu Boden sinkt? מַרְאָיו Sing. m. Suff., vgl. HL. 2, 14. 1. M. 41, 21. 1. Sam. 19, 4. G. § 93, 9, Anm. ²) V. 2: *Nicht ist einer verwegen genug*, keiner ist verwegen genug, *dass er ihn aufregte! und wer ist der*, welcher *vor mir sich stellen*, vor mich hintreten *wird*? d. i. wagt schon niemand das Krokodil, mein Geschöpf, aufzuregen, wer wollte nun vollends sich unterfangen, mich, den Schöpfer, zum Streite herauszufordern? Zu אַכְזָר ist das Subj. *Einer*, welches auf V. 1 sich leicht ergänzen lässt. Über מִי הוּא s. zu 4, 7. u. 13, 19. ³) Überhaupt kann man nicht gegen Gott auftreten, um an ihn Ansprüche zu machen, und zwar deshalb nicht, weil er einem nichts schuldig ist, da man ihm nichts gegeben hat. — V. 3: *Wer hat mir etwas zuvorgegeben, dass ich es vergelten müsste?* Was *unter dem ganzen Himmel ist, mein ist es*, alles, was unter dem ganzen Himmel ist, ist mein Eigentum (vgl. Ps. 50, 10ff.). הוּא als Neutr.: *es*, s. zu 8, 19. ⁴) דְּבַר גְּבוּרוֹת die Sache der Kräfte, d. i. wie es sich um seine Kräfte verhält (vgl. 5. M. 15, 2). ⁵) פְּנֵי לְבוּשׁוֹ *die Oberfläche seines Gewandes*, d. i. die Oberseite seines geschuppten Panzers. ⁶) V. 6: דַּלְתֵי פָנָיו *die Pforten seines Antlitzes*, d. i. sein (bis hinter Augen und Ohren reichender) Rachen. — Das 2. Gl.: *rings um seine Zähne ist Schrecken*, d. i. alle seine Zähne sind schrecklich anzusehen.

Rinne, מָגֵן Schild, סָגַר schliessen, festschliessen, חוֹתָם Siegel, צַר eng[1]). — 8. נָגַשׁ m. בְּ sich an etwas reihen, רוּחַ Hauch, Luft[2]). — 9. דָּבַק festkleben, fest zusammenhängen (vgl. 38, 38), הִתְלַכַּד sich zusammenhalten, zusammenschliessen (vgl. 38, 40), הִתְפָּרֵד sich trennen[3]).

10. עֲטִישָׁה* das Niesen, הָהֵל (Hiph. v. הָלַל) leuchten lassen, ausstrahlen, עַפְעַפֵּי־שָׁחַר Wimpern der Morgenröte (vgl. 3, 9)[4]). — 11. לַפִּיד Fackel, כִּידוֹד* Funken, הִתְמַלֵּט entgleiten, hervorsprühen. — 12. נְחִירַיִם* Du. Nasenlöcher, Nüstern, עָשָׁן Rauch, דּוּד Topf, נָפוּחַ דּוּד ein angeblasener, d. i. (durch angeblasenes Feuer) erhitzter Topf, אַגְמוֹן Binse[5]). — 13. נֶפֶשׁ Atem, גֶּחָלֶת (Pl. גֶּחָלִים) Kohle, לָהַט entzünden, לַהַב Flamme. — 14. צַוָּאר Hals, לִין weilen, עֹז Kraft, דּוּץ* springen, hüpfen, דְּאָבָה* das Verzagen. — 15. מַפָּל eig. was herabhängt, מַפְלֵי בָשָׂר die fleischigen Wampen, דָּבַק fest ankleben, eng anschliessen, יָצוּק hier u. V. 16. Part. v. יָצַק fest gegossen, בַּל nicht, נָמוֹט (Niph. v. מוֹט) wanken[6]). — 16. פֶּלַח Mühlstein, תַּחְתִּי m.

---

[1]) V. 7: *Eine Pracht sind die Rinnen der Schilder*, d. i. seine gewölbten Rückenschilder, *geschlossen mit engem Siegel*. סָגוּר *geschlossen*, d. i. die man geschlossen hat. Das *Part. pass.* mit dem Acc. vgl. Ps. 87, 3. G. § 143, 1, a. E. § 295 b. — חוֹתָם צָר Acc. instrum., G. § 143, 2. E. § 279 c. [2]) V. 8: *Eines ans andere reihen sie sich, und kein Hauch kommt zwischen sie.* אֶחָד בְּאֶחָד, s. G. § 124, Anm. 4. [3]) V. 9 a: *Eines am andern kleben sie fest.* אִישׁ בְּאָחִיהוּ, s. G. § 124, Anm. 4. [4]) V. 10: *Sein Niesen strahlt Licht aus, und seine Augen sind wie die Wimpern der Morgenröte*, d. i. schimmern wie die ersten Strahlen der aufgehenden Morgenröte (vgl. 3, 9). Über die Construktion des *Pl.* עֲטִישֹׁתָיו mit dem *Fem. Sing.* תָּהֵל s. zu 14, 19, und über תָּהֵל mit dem Tone in *penultima* s. zu 3, 3. [5]) V. 12: *Aus seinen Nüstern geht Rauch hervor, gleich erhitztem Topf mit Binsen*, d. i. mit Binsen als Brennmaterial. וְאַגְמוֹן *mit Binsen*, vgl. Jes. 13, 9. E. § 339 a. [6]) V. 15: *Die Wampen seines Fleisches, seine fleischigen Wampen schliessen eng an, fest gegossen ist es,*

יָה—u. יִת—f. der, die, das untere. — 17. שְׂאֵת Erhebung (s. zu 13. 11), גּוּר sich fürchten, m. מִן vor etwas; אַיִל (v. אוּל) nur Pl. אֵילִים Helden, שֶׁבֶר Bruch, שְׁבָרִים (abstract.) Bestürzung, Schrecken, הִתְחַטֵּא (vor Schrecken) *sich selbst verfehlen*, d. i. besinnungslos und irre werden¹). — 18. הִשִּׂיג (Q. u.) erreichen, treffen, בְּלִי nicht, קוּם bestehen, Stand halten, חֲנִית Speer, מַסָּע Geschoss, שִׁרְיָה (= *שִׁרְיָן od. שִׁרְיוֹן, E. § 163 h.) Panzer²). — 19. חָשַׁב לְ für etwas achten, halten, תֶּבֶן Stroh, בַּרְזֶל Eisen, רִקָּבוֹן* Morschheit, עֵץ רִקָּבוֹן morsches Holz, נְחוּשָׁה Erz (s. zu 28, 2). — 20. הִבְרִיחַ in die Flucht jagen, בֶּן־קֶשֶׁת *der Sohn des Bogens*, d. i. der Pfeil, קַשׁ Stoppel, נֶהְפַּךְ לְ sich *in* etwas verwandeln, קָלַע Schleuder³). — 21. נֶחְשַׁב כְּ einer Sache gleich geachtet werden, תּוֹתָח* (v. u. יָתַח) Knüttel, Keule, רַעַשׁ das Rauschen, כִּידוֹן Wurfspiess⁴). — 22. חַדּוּד* spitzig, חַדּוּדֵי חָרֶשׂ *die spitzigen der Scherben*, d. i. die spitzigsten Scherben (s. zu 30, 6), רָפַד hinbreiten, חָרוּץ Dreschschlitten, טִיט Kot, Schlamm. — 23. הִרְתִּיחַ sieden lassen, סִיר Topf, מְצוּלָה Tiefe, שִׂים כְּ *machen wie* —, gleich machen, מֶרְקָחָה Salbentopf, יָם der *See*, (vgl. 14, 11)⁵). — 24. הָאוּר

---

näml. die Wampen, *auf ihm, die Wampen sind ihm wie angegossen, wanket nicht,* ohne bei den Bewegungen des Körpers zu wackeln. ¹) מְשֹׁתוֹ f. מִשֵּׂאתוֹ, vgl. E. § 73 b.   ²) V. 18: *Trifft man ihn mit dem Schwerte, so hält es* (das Schwert) *nicht Stand,* (nicht hält Stand) *Speer, Geschoss und Panzer.* מַשִּׂיגֵהוּ חֶרֶב ein Zustandssatz mit unbestimmten Subj.: *ihn treffend einer mit dem Schwerte,* d. i. wenn man ihn mit dem Schwerte trifft, vgl. 1. M. 4, 15. G. § 145, 2, Anm. E. § 341 e u. 357 c. — חֶרֶב Acc. instrum., s. zu V. 7. — Im 2. Gl. ist aus dem 1. בְּלִי תָקוּם zu ergänzen. ³) V. 20 b: *Zu Stoppeln wandeln sich ihm Schleudersteine,* d. i. er empfindet sie nur als Stoppeln.   ⁴) תּוֹתָח als *coll.* oder Gattungsbegriff mit dem *Pl.*, vgl. Ps. 11, 7.   ⁵) V. 23 b: *den See macht er gleich einem Salbentopf,* d. i. so mit Schaum bedeckt, dass das Wasser aussieht, wie die Mischung in einem Salbentopf. יָם *der See,* d. i. hier der Nil, der, wenn er ausgetreten ist, einem See gleicht.

erleuchten, נָתִיב Pfad, שֵׂיבָה graues Haar¹). — 25. מָשָׁל Beherrschung, חַת Schrecken, Furcht, בְּלִי־חָת Nichterschrecken, Unerschrockenheit²). — 26. רָאָה *anblicken* (vgl. 40, 11), בְּנֵי שַׁחַץ die stolzen Tiere (s. z. 28, 8)³).

Cap. XLII. 2. נִבְצַר abgeschnitten, verwehrt werden, m. מִן; מְזִמָּה Gedanke, Unternehmen⁴). — 3. הֶעְלִים verbergen, verdunkeln⁵). — 4⁶). — 5. שֵׁמַע das Hören, Gehör⁷). — 6. מָאַס

---

¹) V. 24: *Hinter sich erleuchtet er den Pfad*, näml. durch den Wasserschaum, der die Richtung seines Weges bezeichnet, *man hält die Flut* (die er durchzogen) *für graues Haar*, näml. wegen der weissgrauen Farbe ihres Schaumes (vgl. ἄλς πολιή Hom. Ilias 1, 350. Od. 4, 405; *canum mare* Plin. Ep. 6, 31, 17). יַחְשֹׁב mit nnbestimmten Subj., s. zu 6, 20. ²) V. 25: *Nicht ist auf dem Staube*, d. i. auf Erden, *eine Beherrschung seiner*, d. i. eine Herrschaft über ihn, d. h. nichts auf Erden kann ihn überwältigen und beherrschen, *er der gemacht*, geschaffen *ist zur Unverzagtheit*. עָשׂוּ f. עָשׂוּי (wie auch einige *codd.* haben), s. zu 15, 22. ³) V. 26: *Alles Hohe*, d. i. was es auf Erden nur Furchterregendes und Achtungforderndes giebt, *blickt er an*, d. i. er schaut ihm keck ins Gesicht, *er ist König über all' die stolzen Tiere.* ⁴) V. 2: *Ich weiss, dass du alles vermagst, und kein Gedanke*, Unternehmen *dir verwehrt*, d. i. für dich unmöglich *ist.* יָדַעְתָּ *(K'thib)* f. יָדַעְתִּי (wie auch das *Q'ri* und einige *codd.* lesen), vgl. Ps. 140, 13. 1. Kön. 8, 48. Ez. 16, 59. G. § 44, Anm. 4. ⁵) In V. 3 u. 4 wiederholt Hiob die Worte Gottes 38, 2 u. 38, 3. 40, 7 etwas verändert, und antwortet darauf in V. 3 u. 5. — V. 3: „*Wer ist, der Rat verdunkelt ohne Einsicht*" (s. zu 38, 2)? *darum habe ich ausgesprochen, ohne zu verstehen, ohne Verstand, für mich zu Wunderbares, ohne zu erkennen*, d. i. darum habe ich unverständige Äusserungen über Dinge, die für mich zu hoch sind, gethan. הִגַּדְתִּי ist mit ט׳ נִפְלָאוֹת zu verbinden, und וְלֹא אָבִין u. וְלֹא אֵדַע sind Nebensätze, vgl. 10, 21. 15, 18. 35, 12. מִן in מִמֶּנִּי comparativ: „Wunderbareres *als ich*, d. i. für mich zu Wunderbares," vgl. Ps. 131, 2. E. § 217*b*. ⁶) V. 4: „*Höre doch, ich will reden, ich will dich fragen, und du belehre mich*" (vgl. 38, 3. 40, 7). ⁷) V. 5: *Gemäss dem Hören des Ohres*, d. i. so wie das Ohr vom Fernen hört, *hatte ich dich*

verwerfen, נָחַם *(Niph.* v im *Q.* u. נִחַם) Reue empfinden [1]).
— 7. חָרָה בְ entbrennen (vom Zorne) *gegen* —, נְכוֹנָה *(Part. f. Niph.* v. כּוּן) Richtiges, Wahres [2]). — 8. פַּר Stier, אַיִל Widder, הֶעֱלָה עוֹלָה ein Brandopfer darbringen, בְּעַד für, הִתְפַּלֵּל beten, mit עַל für jem., כִּי אִם *nur* (auch ohne vorhergehende Verneinung, E. § 356 *b)*, נָשָׂא פְּנֵי פ' auf jem. Rücksicht nehmen, לְבִלְתִּי vor dem *Inf.:* nicht zu —, נְבָלָה Thorheit, *Strafe* derselben [3]).

10. שׁוּב *trans.* wenden, שְׁבוּת (v. שׁוּב, E. § 165 *b)* Wendung, מִשְׁנֶה das Doppelte [4]). — 11. יֹדְעִים Bekannte (vgl. 19, 13), לְפָנִים vordem, ehedem, נוּד beklagen, condolieren, m. לְ; אִישׁ *ein jeder*, נִחַם trösten, קְשִׂיטָה *Kesita*, ein Geldstück (eig. etwas Gewogenes) נֶזֶם *Ohr-* und *Nasenring* [5]). — 12. אַחֲרִית *das Spätere*, רֵאשִׁית *das Frühere*, (vgl. 8, 7); über die übrigen

---

gehört, von dir gehört, *aber jetzt hat mein Auge dich gesehen*. Zu dem Gegensatz zwischen *Hören* und *Sehen*, vgl. 28, 22. 29, 11. Ps. 48, 9. רָאָתְךָ 3. *Perf. f.* v. רָאָה m. *Suff.* in *Pausa*, vgl. 33, 4. G. § 75, Anm. 19. [1]) V. 6: *Darum*, weil ich von dir eines Besseren belehrt, zur Erkenntnis gebracht worden bin, *verwerfe ich es*, näml. was ich gethan und geredet habe, d. i. widerrufe ich, *ich empfinde Reue auf Staub und Asche*. אֶמְאַס absol., vgl. 7, 16. 36, 5. [2]) אַחַר hier = אַחַר אֲשֶׁר *nachdem*, vgl 3. M. 14, 43. — אֵלַי *von mir*, vgl. V. 8. 1. M. 20, 2. Ps. 2, 7. [3]) כִּי אִם־פָּנָיו וגו' *nur auf ihn werde ich Rücksicht nehmen* (vgl. 1. M. 19, 21), *dass ich euch nicht anthue*, nicht an euch übe *Strafe der Thorheit*, d. i. die Strafe der von euch begangenen Thorheit, denn ihr habt nicht geredet *von mir* u. s. w. Zu עָשָׂה נְבָלָה עִם vgl. עָשָׂה חֶסֶד עִם 10, 12. 1. M. 21, 23. 40, 14 u. a. [4]) V. 10: *Und Jahve wendete die Wendung Hiobs*, d. i. stellte Hiob wieder her, d. h. stellte seine Gesundheit wieder her, *während er* (Hiob) *für seinen Freund, seine Freunde betete, und Jahve vermehrte alles, was Hiob hatte, zum Doppelten*, um's Doppelte von dem, was er vorher gehabt hatte. [5]) כָּל־יֹדְעָיו לְפָנִים *alle seine Bekannten von ehedem*.

Wörter von V. 12 s. zu 1, 3¹). — 13. שִׁבְעָנָה* ein Siebend, sieben (E. § 269b). — 14. יְמִימָה* Jemima, d. i. Taube, קְצִיעָה Kassia, d. i. lieblich wie Kassiaduft, קֶרֶן הַפּוּךְ Keren-Happuch, d. i. Schminkbüchse, Büchse mit Augenschminke. — 15. יָפָה schön, נַחֲלָה das Erbe, erbliches Besitztum²). — 16. חָיָה leben, דּוֹר Geschlecht³). — 17. שְׂבַע יָמִים lebenssatt⁴).

---

¹) וַיְהוָה — מֵרֵאשִׁתוֹ und Jahve segnete das Spätere, d. i. die spätere Lebenszeit Hiobs mehr als sein Früheres, d. i. seine frühere Lebenszeit (vgl. 8, 7). ²) V. 15: Und man fand keine so schönen Weiber u. s. w. — Das Pass. נִמְצָא m. dem Acc. נָשִׁים, s. zu 22, 9. — Die Suff. masc. in לָהֶם, אֲבִיהֶם u. אֲחֵיהֶם beziehen sich auf ein Fem., s. zu 1, 14. ³) Für וַיִּרָא liest das Q'ri unnötig וַיִּרְאֶה (vgl. Ez. 8, 14), welche Form mit voller Endung gewöhnlich nur in den späteren Büchern vorkommt (vgl. 1. Kön. 14, 9). G. § 75, Anm. 3 am Ende. — Zu V. 16 vgl. 1. M. 50, 23. Ps. 128, 6. Spr. 17, 6. Tob. 9, 11. ⁴) שְׂבַע יָמִים lebenssatt, d. i. (nicht lebensüberdrüssig, sondern) nachdem er den Becher des Lebensglückes bis auf den letzten Tropfen ausgeleert hatte (vgl. 1. M. 25, 8. 35, 29).

Druck von M. Schulze in Alsleben a. S.

www.ingramcontent.com/pod-product-compliance
Lightning Source LLC
Chambersburg PA
CBHW030311170426
43202CB00009B/955